榜样
在身边

中国民主同盟上海市委员会　编

群言出版社
QUNYAN PRESS

图书在版编目（CIP）数据

榜样在身边 / 中国民主同盟上海市委员会编 . -- 北京 : 群言出版社，2022.5

ISBN 978-7-5193-0727-1

Ⅰ. ①榜… Ⅱ. ①中… Ⅲ. ①中国民主同盟 – 人物 – 先进事迹 – 上海 Ⅳ. ①K827=7

中国版本图书馆 CIP 数据核字（2022）第 052424 号

策划编辑：刘　波
责任编辑：李　群　宋盈锡
封面设计：王　敏

出版发行：群言出版社
地　　址：北京市东城区东厂胡同北巷 1 号（100006）
网　　址：www.qypublish.com（官网书城）
电子信箱：qunyancbs@126.com
联系电话：010-65267783　65263836
法律顾问：北京法政安邦律师事务所
经　　销：全国新华书店

印　　刷：北京九天鸿程印刷有限责任公司
版　　次：2022 年 5 月第 1 版
印　　次：2022 年 5 月第 1 次印刷
开　　本：710mm × 1000mm　1/16
印　　张：19.75
字　　数：280 千字
书　　号：ISBN 978-7-5193-0727-1
定　　价：88.00 元

序言

2021年是中国共产党成立100周年、中国民主同盟成立80周年和上海民盟组织建立75周年。着力展现当代上海民盟盟员风采的《榜样在身边》一书即将付梓，我感到特别高兴。

上海盟员大家辈出，群星璀璨，涌现出了荣获国家最高科学技术奖的谷超豪院士等一大批学术泰斗，以及陈望道、苏步青、谈家桢、李国豪、江景波等30多位大学校长。这些令人高山仰止的代表人物、杰出前辈，是我们后生晚辈永远的楷模和榜样。

民盟精神薪火相传，生生不息。一代又一代的上海盟员，以实际行动传承民盟先贤们的政治理念、优良传统和道德风范，砥砺奋进新时代，凝心聚力建新功，不断践行和传递着爱国爱民的信念与精神。

为弘扬优良传统，激发盟员们的责任感和使命感，本书精选60余位上海盟员的感人事迹：他们或扎根于本职岗位，在专业领域内精耕细作，建功立业；或积极参政议政，为国家和社会发展奔走调研，建言献策；或立足传承，受民盟前辈的影响和感召奋发图强，勇担重任……他们都在不懈奋斗中实现着自己的人生价值。这些稿件大部分由民盟市委宣传部的同志们近4年来采写而成，立足展现当代盟员们的工作生活和精神风貌。

展示榜样力量，讴歌时代精神。希冀广大上海民盟盟员不断坚定政治信念，凝聚思想共识，常怀感恩之心，常思奋起之志，扎实工作、积极履职、无私奉献，为上海加快建设社会主义现代化国际大都市，奋力夺取新时代中国特色社会主义的伟大胜利，作出更多新贡献！

陈群

民盟中央副主席、上海市副市长、民盟上海市委主委

2021年12月

编委会

主　　编

杨德妹

副 主 编

姚卓匀　丁光宏　费俭

执行主编

戴立波　殷志敏

目 录 CONTENT

艺苑荟萃

盟心铸爱

薪火相传

前辈风范

王智量：人生没有白走的路

喜欢文学的你，对王智量这个名字一定不会陌生。他是新中国成立后普希金代表作《叶甫盖尼·奥涅金》第一个诗体译本的译者。在《上尉的女儿》《安娜·卡列尼娜》《黑暗的心》《我们共同的朋友》《前夜》《贵族之家》《屠格涅夫散文诗》等30余部译著上，你都能看到他的名字。

王智量1928年生，笔名智量，著名翻译家、学者。1952年毕业于北京大学西语系，留校任教，1954年转入中国社会科学院文学研究所。1978年调入华东师范大学，任中文系教授，1983年入盟，1993年退休。除了翻译，他还有著作《论普希金 屠格涅夫 托尔斯泰》《论19世纪俄罗斯文学》等；主编《俄国文学与中国》《外国文学史纲》《比较文学三百篇》等；创作长篇小说《饥饿的山村》。2013年出版《智量文集》14卷，2019年11月荣获中国翻译界的最高奖项“翻译文化终身成就奖”。

第一次与王智量老师通话时，92岁的老人仍热情洋溢地说：“虽然听不清，但我非常愿意和你交流，可以来我家，地址是……”几小时后，在华师大一村一幢41平方米的旧公寓里，笔者有幸采访了王智量老师及其夫人吴妹娟老师。

“不是为了什么，就是喜欢”

谈到“翻译文化终身成就奖”，王老师谦虚地表示：“突然得知获得这个奖，也不知自己值不值得‘终身成就’”。问及他何时开始走向文学翻译之路时，他说：“我在读中学的时候就开始做翻译，不是为了什么，就是喜欢。”

当时，韦丛芜先生翻译的《罪与罚》深深吸引了他，那时候，他就很想学俄语。后来又读《普希金文集》，更增加了他学习俄国文学、想成为俄国文学研究者的渴望。

“我在北京大学开始读的是法律系。”幸运的是，为适应国家迫切的政治需要，1949年北大在西语系内开办了俄语组（即后来的俄语系）。“当时西语系的系主任是朱光潜，校长是胡适。我那时候二十多岁还年轻，先跑去找朱光潜，说我是法律系的，要转到西语系的俄语组，后来又跑到校长办公室找胡适，胡适说，这么个事情你还来找我，好好，你去你去。这样我就成为西语系俄语组的第一届学生，也是系里的团支部书记。”

“当时的大学生生活相当艰苦。但在新中国成立的热烈气氛中，我们每个同学都充满热情、活力和理想。大家一心只想努力地学习，恨不能在最短的时间里把俄语学到手，无论春夏秋冬，我们每天在民主广场上高声地朗读俄语，好像自己多背一页书，祖国的建设事业就多一分力量似的。”他就是在这样的情况下开始阅读，后来又开始背诵《叶甫盖尼·奥涅金》的。

“翻译这本书花了几十年”

王智量翻译的《叶甫盖尼·奥涅金》被誉为“标志性的译作”，俄罗斯所有的普希金纪念馆中都陈列着他的译本。

“翻译这本书花了几十年。”1949年，王智量与几十名北大学生被送到哈尔滨外国语学校学习俄语，在这里，他典当了自己的西服上衣，用仅有的钱买下了莫斯科出版的一套《别林斯基选集》和普希金的《叶甫盖尼·奥涅金》。就是这本《叶甫盖尼·奥涅金》伴随他走过了无数艰难岁月。

“我当时的俄语水平很低，但坚信自己以后一定能读，也一定要读。”在不到一年的时间里，王智量用自学方式，把普希金这本诗体小说中的四百多个十四行诗节全都背了下来，这使他的俄语水平取得了很大进步。此后，无论走到哪里，他都没有放下《叶甫盖尼·奥涅金》，一有空就默读它。1956年，在何其芳先生的教导和鼓励下，他开始了翻译这本书的漫长历程。

“翻译既是我苦难的源头，也是我生活下去的力量，最终引领我走向通往幸福的道路。”自1958年起，他先被下放到河北山区，后转至甘肃农村，妻离子散，恶病交加，数度陷入人生困境。就是在这样的境况下，在太行山下踩土压稻种的节奏中，在吃着野菜树皮去拉犁种地的时候，在每晚昏暗的油灯下，他时刻没有忘记《叶甫盖尼·奥涅金》的翻译工作。他在糊墙纸、废弃烟盒和马粪纸上，一点点记录下心中想好的译文。1960年年底，王智量睡在硬座车座位底下，从兰州来到上海，他的全部行李是几袋书和装满各种碎纸片和几个小本本的手提包，那便是一节节《叶甫盖尼·奥涅金》的译稿。

在上海无业的艰难日子里，王智量完成了《叶甫盖尼·奥涅金》的翻译初稿，之后他仍反复阅读原文，斟酌遣词用句，推敲格律韵脚，前前后后修改了不下十遍。1982年，这份“多灾多难”的译稿终于由人民文学出版社出版问世。中国读者第一次从他的译文中，原汁原味地领略了“奥涅金诗节”的韵脚、韵味和节奏。

法国诗人瓦雷里说：“我的诗，甘愿让一个读者读一千遍，而不愿让一千个读者只读一遍。”王智量以此为座右铭，希望自己翻译的每一部作品都是完美的。他因翻译风格被奉为直译派的代表。他认为，翻译工作，不仅是向读者介绍外国原作的内容，也应该介绍原作的艺术形式。诗歌翻译更应该如此，只有这样，读者才能通过译文领略到诗歌原著的特点。

如今，他的译作已流传到世界各地。1999年，在普希金诞生200周年纪念大会上，俄罗斯驻华大使在发言中，特别感谢王智量对普希金、托尔斯泰和屠格涅夫的作品翻译和研究方面所做的工作，俄罗斯政府向他颁发了纪念章和感谢状。

从“因诗获罪”到“因诗得福”，王智量觉得自己的人生“没有白走的路”。

“你想要幸福吗？先得学会吃苦”

王智量老师很喜欢屠格涅夫的这句话：“你想要幸福吗？先得学会吃苦。”这句话也概括了他自己的人生。

即使时隔五十几年，当笔者问及王老师有哪些难忘的经历时，他仍清楚地记得在甘肃农村时的艰苦生活：“那时的经历，让我真真切切地感受到了中国农民高尚淳朴的品质，中国农民真的很了不起。”他把这段经历融进了小说《饥饿的山村》的撰写中，“我很想再回到那个村子里去看看。”

还有一个让他难忘的人，那便是母亲。“我的父母亲对我的影响是很大的。父亲是一个正直的人，他去四川某地的部门做科长，不满意就不干了。现在回想起来真佩服他的勇气。我的母亲很理解他、很同情他，但同时也挑起了生活上的重担。我们生活上一切都靠母亲，她不吃饭也要给我们兄弟三人吃。有一次她一夜没睡觉，第二天早晨才知道她把自己的衣服剪了，改了改给我做衣服。母亲是上海圣玛利亚学校首届毕业生，英语造诣颇深，如果不是家庭负担，定是前途无量。”

“这些事情我一辈子都不会忘记。”讲到这里，王老师的眼里泛起了泪花。

“有人爱看，我真开心”

作家陈丹燕曾在《王智量先生记》中写道：“老师有着瘦削的长脸，燃烧的眼神，讲到俄苏文学时，常常大段为我们用俄文背诵韵脚浪漫的旧俄长诗……老师有颗斯拉夫式浪漫和热烈的心，他的心在俄苏文学课上热烈地跳动着。当老师讲到他喜爱并翻译了屠格涅夫的《贵族之家》时，班上许多女生都纯朴地爱上了他。”

“开始也不知道他这么受欢迎。”吴妹娟老师回忆道：“有一次去学校的理发店理发，听到旁边有几个学生催促说：麻烦快点，我们要赶去中文系听讲座。理发师指着我说：她爱人也是中文系的。他们问叫什么，我说叫王智量。学生们兴奋地说：‘哎呀，我们就是去听王老师的讲座！王老师上课不要太好哦，听王老师讲课，就像看彩色电影，老赞了！’”讲到这里，吴老师不禁笑了：“这时我才知道，他这么受大家欢迎。”

时隔多年，吴老师仍清晰地记得，有一次她悄悄地坐在教室最后一排听丈夫讲课：“他普通话好，嗓音也好，站在讲台上像一名演员。那天，他讲的是屠格涅夫的《门槛》，进来先把手表放在讲桌上，几百个字的散文诗，从象征主义讲起，正好讲了两个课时。现场鸦雀无声，结束时掌声雷动，学生们都跑上前去围着他。所以，去年《朗读者》节目邀请他，我就建议他朗读《门槛》。”

谈到这里，王老师插话道：“当老师，我母亲说过三个字：凭良心。我绝对不会因为讲课内容会对我产生什么影响而不讲，也不会拘泥于教学大纲，我讲的内容，都是我认为应该让学生知道的东西。”

采访结束前，笔者拿出一本《叶甫盖尼·奥涅金》，王老师像孩子般地笑了起来：“你还有我的书啊，我真开心。作为写书和译书的人，有人爱看，就是对我最大的鼓励。希望我们有机会再聊，请认真地告诉我你的想法，好话我也喜欢听，坏话我也喜欢听，这对一个作者来说很重要。”说罢，他随手翻开了这本倾注了他半生心血的书。于是，小屋子里回荡起王老师朗朗的读诗声：

你的来临勾起多少幽怨，
春天啊，春天，恋爱的季节！
是怎样一种慵倦的波澜，
侵入我的心田、我的血液！
我在乡村的寂静怀抱中，
心头的情思却十分沉重，
我尽情领略荡漾的春光，
习习春风吹在我的脸上！
……

合上书，他露出了纯真的笑容，眼神清澈，仿佛依然是70年前北大校园里那个高声朗读的少年。

（执笔人：殷志敏）

江景波：把自己贡献给人民

江景波先生既是同济的“牧马人”，也是民盟上海市委的老领导。就在2020年春节前夕，陈群主委还专程看望了他，当时93岁的江老精神矍铄，心情开朗，并深情寄语上海民盟在新的一年取得更大的成绩。没想到，仅仅二十几天后，江老就永远地离开了我们……

“从艰苦岁月一路走来，我深感当前社会的来之不易，唯有继续尽我所能，回报社会与他人，才能不辜负这个伟大的时代。”这是江老生前最常说的一句话。

历经艰苦，迎来曙光

1927年夏，江景波出生于福州郊区农村。由于家庭经济困难，他出生后不久，父亲和母亲先后去新加坡谋生，他的童年生活在颠沛流离中度过的。抗战胜利后，他才和父母取得联系，同时自学完全部高中课程，考入上海大夏大学土木系。从那时起，他便发奋学习，希望将来可以为国家为人民做些贡献。

1950年，江景波大学毕业之际，党和政府发出“一定要把淮河修好”的号召，而他所学的专业，正是工程急迫所需。因此，他毅然放弃了去英国剑桥大学读研究生的机会，前往贫瘠的淮北平原，和大家一起在艰苦的环境中奋战，并圆满地完成了任务。带着“治淮功臣”的称号，江景波回到上海，在同济大学开始了教师生涯，全身心投入到他所热爱的工程实践和教学工作中去。

1952年，同济大学有关领导告诉他，“民盟组织初建，极需要人”。对于民盟，江景波并不陌生。在他读大学的时候，震惊全国的李闻事件、民盟抵制临时国大、总部被迫搬至香港以及一系列民盟组织的爱国民主运动，都给他留下了深刻印象。而陈望道、苏步青、李国豪等上海民盟的大家们也影响着他，于是他欣然于1952年10月加入民盟。

在“申请入盟动机”一栏中，他这样写道：“希望入盟后在盟组织中提高自己的政治水平，把自己贡献给人民。”这是他入盟的初衷，也是他实践了一生的座右铭。

同济的“牧马人”

1978年，江景波迎来了事业上的春天。他曾形象地说，那时“像个久旱逢甘霖的孩子”，一头扎进教学科研事业中，废寝忘食。在这一年，当了24年讲师的江景波晋升为副教授，后来被任命为同济大学教务处长、副校长。

1984年年初，经全体中共党员、党外讲师和副科级以上1100多人民主推荐，江景波以935票当选同济大学校长。这让曾被认为“海外关系复杂”的他感到自己得到了“莫大的鼓舞和无限的信任”。

担任校长的5年里，正值中国高等教育全面改革的发端，江景波干了一件大事。他倡导发扬“同舟共济”的同济精神，推行全国高校第一个校长负责制的试点工作，这在当时产生了极大的轰动。他积极探索多元化高校办学体制，着手学校领导体制、人事制度和后勤管理改革，努力把同济大学建成教学和科研中心。

按照上述设想，江景波制订了同济大学的发展规划，在充实教师队伍、提高师资力量、改善教学条件、加强科技开发、扩大对外联系等方面，都产生了重要的管理效应。

在政治思想工作方面，江景波反复强调，越是深入改革，就越要加强政治思想工作，设置了政治思想工作机构，配备了专职、兼职人员，制定了政策和制度，并拨专款加强班主任、政治辅导员的工作。

在教学方面，他提出“严格要求、更新内容，教得活、学得活、少而精”的方针，提倡教师将科研中获得的最新成果充实到教学内容中去，加强基础，拓宽知识，培养能力，出好人才。

在学校管理方面，江景波坚持民主集中制，建立了校务会议制度，学校重大问题的决策都在校务会议上讨论决定。他还十分重视教代会、工代会的作用，经常去教室、食堂、宿舍、实验室、图书馆，与教师、学生对话，听取他们的意见和建议。每年主动向教代会、工代会做报告，汇报工作，让教职工代表进行考评。这一举措在当时也是开风气之先。

虽然繁重的管理工作占据了江景波的大多数时间，但他仍然没有丢下自己的学术研究，出版了《网络计划技术》《建筑施工》《建筑施工组织学》《网络计划的计算与实例》《城市建设管理》等多部论著。

担任校长后，身为侨眷的江景波有了许多出国考察的机会，父母和亲朋也多次催促他出国团聚定居。

江景波确实很想念远方的亲人，却更清楚自己身上的重担，清楚自己对事业对祖国的深深眷念。“这种情愫让我难以割舍，只能埋藏自己的寂寞，婉拒远方的亲人。”他也因此被朋友们戏称为同济的“牧马人”。

“党派之中也大有可为”

20世纪90年代初的一天，时任民盟上海市委主委的谈家桢先生找到江景波，希望当时作为兼职副主委的他，能去民盟“坐坐班”。

谈老的信任让江景波非常感动，他欣然接受了这一“挑战”。于是他与民盟市委机关有了8个月的“亲密接触”。这段机缘不仅让他对民盟有了更深的感情，也让江景波把在同济大学的改革精神带到了民盟上海市委机关。

在完成学校的管理和教学工作外，江景波每周坚持到机关召开工作例会，记录各个部室的每项重要工作并逐条跟踪。民盟市委原专职副主委马克烈清楚地记得：“江先生每到办公室就从口袋里掏出一张小纸，上面写着当天要做的几件事，完成一项就撕去一条。”江景波还与机关干部轮流约谈，了解并推动工作；大胆使用人才，重视后备干部的培养；主张机关干部学计算机用计算机，提高工作效率。

民盟市委机关报《上海盟讯》就是在这个时候从小开版改为大开4版的。之前的改版工作虽已提上日程，但几经周折，进展缓慢。江景波得知后说：“为什么不能改成大报？有困难我来解决。”在他的努力下，1994年8月，《上海盟讯》终于改版成功。民盟市委宣传部的老同志曾回忆道，当时，江先生拿着面目一新的报纸，笑容可掬地走进了宣传部，“哪个版面编得好，哪篇文章写得漂亮，江先生如数家珍”。

此外，当时党派机关收入较低，江景波极力向有关方面争取，提高机关干部的收入，解决职称问题。他还拿出自己的津贴请机关干部吃点心，并请大家到他家里做客，交流工作，加强联系。

但是，对干部们在工作中的缺点，他也会提出中肯而严肃的批评，在原则性问题上甚至“毫不留情”。当时有一位驾驶员，把公车开回家处理私事，江景波大力查处了此事，并要求驾驶员罚款2500元以示警诫，杜绝以后再有类似事件发生。这位驾驶员在反思之后，与江景波成为忘年交，他常说：“江校长是真心关心我。”

江景波始终强调民主党派要积极开展社会调研，履行参政议政职能。他自己也身体力行，在教育领域提交了许多提案建言，不少内容涉及高教改革与发展、积极发展职业教育、建立高校贷学金制度等，以推动教育事业发展。

自1992年起，江景波担任了全国政协常委，1996年还当选为民盟中央副主席。2003年后担任民盟中央名誉副主席。

离开，民盟上海市委机关后，江景波一直关心着大家，每年新春，都会亲手写上贺卡问候。许多机关及盟内同志们也会经常去看望他，他总是语重心长地勉励青年们：民盟的命运是和中国共产党的命运紧紧相连的，“加强学习，好好工作，党派之中也大有可为”。拳拳赤子心溢于言表。

2016年，在民盟市委举行的《良师·诤友——江景波参政议政文集》出版座谈会上，鲐背之年的江先生，将自己的经历用一口福建口音的普通话娓娓道来，他对大家说：“经历了那么多困苦的岁月，后来条件好了，觉得什么东西都是甜的，所以工作起来特别卖力。”在场人士听得入神，不禁为之动容。

江景波先生是优秀的教育家和社会活动家，同时，他也是我们的良师益友，是我们后生晚辈做人、做事、做学问乃至为官的榜样。今天，他虽然已经远去，但是我们不会忘记他为民盟事业作出的卓绝贡献和宝贵的精神财富。他永远是我们心中的“燃灯者”。我们有责任接过他手中的灯，传承民盟的优良传统，共同担负起新时代的重任。

江老，一路走好！

（执笔人：殷志敏）

孙文芝："以一个母亲的名义祝你们平安"

"我这里有200多封信，都是志愿军战士们及朝鲜驻华大使馆寄来的，想交给盟组织保管。"在民盟成立80周年之际，我们拜访了98岁高龄的老盟员孙文芝女士，请她口述在20世纪40年代，与丈夫尚丁全力保护上海全市盟员花名册的事迹。而她的这番"题外话"，却引出了另一段鲜为人知的感人事迹。

"用生命来保卫它"

出生于1923年的孙文芝，早在1944年便加入中国民主同盟。她的丈夫便是曾任黄炎培秘书、民盟中央委员、民盟上海市委副主委等职的尚丁。

1947年10月，民盟被国民党政府宣布为"非法组织"，总部被迫解散。尚丁受命担任民盟华东区执行委员、民盟上海市委委员兼组织部部长，负责把盟组织转入地下，直到上海解放。而当时记录着上海民盟地下组织500多名盟员信息的一本珍贵的花名册，就藏在尚丁家中。

在那个"黑云压城城欲摧"的非常时刻，尚丁忙于奔走，根本无法把名册带在身边。于是，他把这项特殊的使命交给了最信任的妻子，并对她说："这是上海全市盟员的名册，组织决定作为一项极其重要的机要任务，交给你负责保管。这关系到整个民盟的地下组织和全市盟员的安全，你要用生命来保卫它。”并告诉她此后，盟的组织活动都不要参加，尽可能少出门。

这本花名册只有手掌大小，极薄的纸上密密麻麻写满了小字，记有每个盟员的姓名、工作单位、家庭住址、入盟年月、入盟介绍人等内容，是祝公健撤退到香港前花了十几个日日夜夜抄录下来的，后由辛志超交付给尚丁。

“一个不到二两重的小本子，捧在手里，感到它的分量可有千斤重哪！”孙文芝拿到册子后用油纸包好，但一夜没有合眼。她想了很多保藏它的方案，最后决定把女儿的玩具小钢琴拆开，把小本子藏进去，再把小钢琴钉好。“我又储存着半桶火油，准备着万一被捕时，点火与它同归于尽。”

后来，孙文芝还是不放心，又把小册子转移到一个很小的热水袋里，倒过来用一根细细的铁丝系住，从小阁楼窗口探身出去，顺着小天井靠墙的水落管里放下去，吊在半空中，才放心些。此后，她片刻不敢大意：“组织活动不参加了，连中国妇联的会也不去开，甚至连对面的小菜场也很少去，每天就吃咸菜、酱豆子。”即使在1949年2月生二女儿住院期间，她也只能吃白粥。史良得知她的情况，特意请秘书送来了一百只鸡蛋，“我感动得流泪了”。

回忆起当年的事情，孙文芝无限感慨：“当时史良的秘书是来过我们家的，她被捕后，被特务吊打了很久，都没有出卖我们。还有其他的民盟同志，有被捕的，有牺牲的，但是没有叛变的，这是值得我们骄傲的一件事情，至今我都非常感激他们！”说到这里，她哽咽了……

在尚丁和孙文芝夫妇的舍命掩护下，这本小册子历经千难终于完好地保存下来，为新中国成立后上海民盟组织恢复活动奠定了重要的基础。

“把钱送给灾难深重的朝鲜孩子们”

“中国人民抗美援朝总会郭沫若主席：我以三个孩子的母亲的名义，寄上人民币1200万元，请代转给朝鲜的一个孤儿院，赠给那些在反抗美国侵略的正义斗争中，壮烈牺牲了生命的朝鲜英雄父母的孩子们。”

这是孙文芝于1953年写给郭沫若的一封信的开头。

“这1200万元是当时的旧币，是我和丈夫在长年从事教育工作中，省吃俭用积累起来的所有财产。”孙文芝进一步解释道：“在新中国成立前那些黑暗的日子里，中国孩子们的沉痛遭遇，常常引起我的极大同情。从那时起，我就常想多积累一些钱，把它贡献给儿童保育事业，希望多少能够减轻孩子们生活中的不幸。新中国成立后，中国儿童都获得了新生，党和国家都在关怀着他们，他们总算够幸福的了。因此决定把这些钱送给灾难深重的朝鲜孩子们。”

孙文芝不知道怎样把这笔钱捐出去，于是便给郭沫若写信，想让他帮忙转给在战乱中失去双亲的朝鲜孤儿。她还在信里写道：“作为中国的一个普通母亲，我要坚决为孩子们的幸福未来而斗争！为了向这群朝鲜孤儿们的父母表示崇敬，为了对这群朝鲜孤儿表示爱抚，赠予他们这笔为数不大的钱，以表示母亲们拥护和平、保卫孩子的决心。”

没想到，这封信隔日便以《一个母亲的愿望——孙文芝为给朝鲜孤儿捐款写给郭沫若主席的一封信》为题在《人民日报》上发表，并引起中朝两国轰动，国内立刻掀起了各行各业人民自动捐款支援抗美援朝战争的热潮。因信末附有地址，于是，一封封信件如雪花般涌向了孙文芝的家里，“有时候一天有三四封信，那时候，每天回家的路上我都在想，今天会不会收到来信呢？”

其中，朝鲜战争灾民救济委员会委员长朴正爱在给她的信中写道：“您对朝鲜战灾孤儿的这种热爱，已使战斗的朝鲜妇女更深刻地体会到伟大的中国的妈妈们，对我们是多么体爱，多么友谊，同时更鼓舞朝鲜妇女的胜利信心。”

而让孙文芝最为感动的，是众多志愿军战士们的来信：“这些信都是我们最可爱的人——志愿军战士在战火纷飞的战场上写给我的。”在信中，战士们都亲切地称呼她为“妈妈”。

“妈妈，我现在是志愿军的一个青年战士，但是我的童年却是在灾难深重的日子里度过的。我不满3岁就死了母亲，13岁那年，日本鬼子又杀死了我的父亲。我们一家只剩下我这一个幼苗，日子该是多么阴暗凄惨啊！当时，同情我家悲惨遭遇的人，把我收养在一所后方的儿童保育院里，在那里，我与将近五百个和我遭到同样命运的小伙伴们度过了漫长的岁月。祖国解放的炮声给我们带来了新的希望，中国孩子们真正幸福的生活开始了。可是，比我童年更悲惨的遭遇，从1950年6月25日起，又降临在朝鲜孩子们的身上。”

“当我和同志们看到您给抗美援朝总会郭沫若主席的信时，都说：这是每个母亲的愿望。咱们祖国的母亲都是这样慈祥、爱子女，仇恨杀害子女的敌人。”

“这种崇高的母爱，温暖了每个朝鲜人民，每个朝鲜母亲和孩子的心，也深深地感动了我和每个为和平、为朝鲜的孩子们而斗争的战士们。”

“您不只是三个孩子的母亲，也是我的母亲，是爱好和平的孩子们的母亲……我要向母亲表示决心。为要达到母亲的愿望，我向母亲保证在任何恶劣危险的情况下，都要挺身而出，消灭敌人，在必要的时候可以献出我宝贵的生命。”

……

志愿军战士们不但和“妈妈”分享着战斗生活中的点点滴滴，还寄来了自己与战友的照片及小纪念品。其中，有一名战士为她讲述了身边战友牺牲的壮烈事迹，让她震撼不已：“每到夜深人静，我就会想到那封信，想到那位英雄的烈士，不由得走到我的小孩的床前，看着她们熟睡的红红的小脸，我更觉得孩子的可爱，也更觉得战士们的伟大了。”

孙文芝和丈夫尚丁认真地读着每一封信，常常回信到深夜，有时，他们还会把三个可爱女儿的照片夹在信里，寄给志愿军战士们。她在一封回信中写道：

“我算不准时间，我想清晨的太阳也许就要在你们那里升起了。同志们，我以一个母亲的名义祝你们平安，向你们致最崇高的敬礼！”

如今，68年已经过去，孙文芝仍惦念着这些志愿军战士们：“这些年我们颠沛流离，多次搬家，丢了很多东西，唯独这些信，我一封都没有丢。这些可爱的战士们都是我的孩子，我的亲人，不知他们后来有没有平安归来？不知他们现在过得怎么样？”

她说，现在最大的愿望，就是在自己百年后，把这些信放在民盟的档案馆里好好保存：“让大家记住这些最可爱的人！”

（执笔人：殷志敏）

邹逸麟：治学为求真

2020年6月19日凌晨，复旦大学首席教授、著名历史地理学家、民盟上海市委原副主委邹逸麟先生在沪病逝。惊闻此讯，大家纷纷扼腕痛惜。邹先生治学求真、为人正直，犹记去年此时，我们还专程采访过他。他热情地与我们畅聊人生的场景，仍历历在目。

酷爱阅读，遵循内心选择

1935年，邹逸麟出身于一个相对富庶的商人家庭。曾祖父时举家搬至宁波做生意，父亲在上海办实业。他从5岁便开始上小学，一直顺利读到高中、大学。

“少年时代的我，最美好的回忆不是校园生活，而是带给我无比愉悦、无限遐想的课外阅读时光。”邹逸麟回忆道，小学五年级时，看的第一部小说是《说岳全传》。那时，上海的弄堂里有很多小书摊，可以借旧小说和杂志看。他看书很快，一本书借来后一两天就看好了，赶快还了再借。他喜欢老舍、巴金、董鼎山、徐訏、施济美等作家。高中后，他开始迷恋翻译小说，只要能借到的几乎都看过。“我觉得通过大量的阅读，使我对人生有了更多体验，这是不读书的人不能体会的，这也是一种精神享受啊！”

1952年，高中毕业后，他被山东大学历史系录取。当年的山东大学历史系名师云集，张维华、杨向奎、郑鹤声、赵俪生、童书业、黄云眉、王仲荦、陈同燮8位名教授，人称“八马同槽”。在这些老师的教导下，邹逸麟受益匪浅。1956年，夏天毕业前，因为不愿留在青岛，他婉拒了郑鹤声先生让他留校当助教的好意，服从组织分配，进了中国科学院历史研究所任实习研究员。回忆至此，他感慨道：“在做人生选择时，要遵从内心的真实意愿才好。”

师从谭其骧，俯首耕耘一甲子

1957年年初，邹逸麟因跟随谭其骧先生做重编改绘杨守敬《历代舆地图》项目，回到了上海。从此，他在中国历史地理专业领域，俯首耕耘近一甲子，见证了20世纪50年代以来中国历史地理学科的发展历程，几乎参与了这一期间的所有大项目。这些项目的特点，一是多人参与合作，二是历时数年乃至数十年。正是这些耗时费力的基础性的大型科研项目，才能使中国历史地理学科的成就得以令世界瞩目。

谭其骧是我国当代历史地理学奠基人之一。由其主编的《中国历史地图集》在学界被称为“谭图”。这项工作前后绵延30年，在编绘的过程中，一批历史地理学者，练就了扎实的专业基本功，从而成长为名副其实的学者。邹逸麟便是其中的一员。

“谭老师是我的恩师。”邹逸麟并没有听过谭先生给本科生上的课，也没有做过他的研究生，严格意义上讲，不算是他的学生。他与谭先生更像是一种传统的师徒关系。“从1957年年初跟随谭其骧先生治学，到1992年他离去，我做的项目都是在他的指导下进行的。”邹逸麟回忆说，后来复旦大学成立历史地理研究所，每两个礼拜就去谭先生家汇报工作。邹逸麟任所长后，他当副所长，还是经常去谭先生家里汇报工作，“我们的关系比一般的师生关系更好。谭先生做学问非常认真，他经常讲，不实事求是的、虚的话，在国际上、在学术界是拿不出来的、站不住脚的。1987年，谭先生赠我一条幅，首句即‘治学为求真，别无他求，求得真必有用，违真终无用’”。

邹逸麟感念谭先生的教诲，踏实为学，经过多年的积累，取得了丰硕的学术成果。他把自己在历史地理学科所做的主要工作，归纳为：2本地图集，3种工具书，4本专业教材。2本地图集即《中国历史地图集》《中华人民共和国国家历史地图集》；3种工具书是《中国历史大辞典·历史地理分册》《辞海·历史地理分册》以及《中国大百科全书》的历史地理条目；4本专业教材为《中国历史地理概述》《中国历史自然地理》《中国历史人文地理》《黄淮海平原历史地理》。

邹逸麟是继第一代现代历史地理学学科开创者谭其骧、侯仁之、史念海之后，公认的历史地理学科带头人，是第二代历史地理学者中影响最大的学者。作为继谭先生之后，复旦史地所的第二任掌门人，邹逸麟在长达数十年里，起到了承先启后的作用。

谈起治学经验，邹逸麟谦虚地说：“我最深的体会是，学术上的成功没什么诀窍，就是认真地去做一桩桩事情。我们小时候受的教育是只管耕耘，不问收获。做学问就是这样，你不要想每桩事情对我有什么好处再做，这是错误的，许多收获都是在你不知不觉中产生的。做每桩事情都要花功夫，你要相信，只要花功夫下去，必有成就。我很幸运，能够在一个领域里搞了近60年，这么多年耕作下来，有点成就也不稀奇。”

加入民盟，参政议政十五载

邹逸麟是三届全国政协委员，前后参政议政达15年。

“出于责任，我的事也不再局限于故纸堆，变得开始关注、思考学术之外的世界。社会上总是觉得政协委员的发言和提案起不了什么作用，其实不然。”邹逸麟举例说，2007年，他曾在第十届五次会议上提交了“关于提请国务院有关部门给予抢救性拨款支持《中华人民共和国国家历史地图集》出版”的提案。起因是1981年国务院领导正式批准编纂出版《国家地图集》重大工程的启动，这是一项开创性的学术工程，25年后，5部地图中的4部已经完成，唯独历史地图集迟迟未能出版。全国有关高校和科研机构百余位专家，花了20余年时间通力协作完成后，却因政府财力支持严重不足，无法出版，其中编委会多位主编、副主编先后谢世，唯一在世的侯仁之教授也已95岁，编委任继愈、刘宗弼也都年逾90，其中的工作骨干也大多为古稀老人了。时光飞逝，图集尚难以问世，不禁令人扼腕叹息。这个提案提交后，中央领导作了批示，财政部门立刻拨款2000万元，该提案还被民盟中央评为优秀提案。“由此可见，我们政协委员在国家经济和文化建设中还是可以起到一定作用的。”

“除了针对性强、主要解决当下某一局部问题的提案，我觉得政协委员更可以提一些有预见性的提案。”邹逸麟回忆道，他曾提过“从社会就业、分配、住房等根本制度上解决中小学生负担过重、教育乱收费、应试教学的问题”的提案。他认为这些问题的根子不在学校、不在老师、不在家长，更不在学生本身，根本问题在社会。当时的社会现状是：重点大学毕业生找工作易，待遇高；一般大学、大专毕业生找工作难，待遇低；蓝领工人岗位少，待遇更低；年轻男性因房无法结婚，而房价又高得一般收入者无法忍受等。因此，他提出了由政府指导，逐步解决诸如大力设办应用技能培训学校、扩大蓝领工作岗位、提高蓝领工作岗位的待遇、在税收方面鼓励建造中低档普通住房等建议。“今天看来，我数年前的提案得到了认同。”

1994年，邹逸麟加入民盟。此后担任民盟复旦大学委员会主委、民盟上海市委副主委、民盟中央委员等职务。“当时接踵而至的党派工作对我来说是个全新领域，需要我尽快适应并进入角色，不能占着位置不干事啊！”邹逸麟严于律己、以身作则，以其个人魅力影响着盟员们。他还根据复旦大学盟员们的特点安排党派工作，受到盟员们的欢迎。

谈起15年参政议政工作的体会，他说："我觉得作为学者，对社会问题应有自己独立的见解，这才是真正地做共产党的挚友、诤友。"

承前启后，留下宝贵遗产

2008年退休后，邹逸麟仍然会为学生们作讲座，并参与《清史·地理志》《中国运河志》等书的编写工作。闲暇时间多了之后，他继续着一生的爱好——阅读，如《牡丹亭》《苏东坡传》《源氏物语》《陆犯焉识》《挪威的森林》等。"我觉得，海量的阅读积累，能让你深层次的感悟世事人生，从而进入不一样的精神境界。"

此外，多年来的参政议政经历，也让他保持着每天阅读新闻的习惯，时刻关注民生和社会热点话题。那天，我们采访他时，邹先生还谈了很多对当下问题的看法。他说："我不是研究这个领域的，讲的不一定恰当。但作为一名文科的学者，一名老先生，对人们所关注的社会问题，是应该发声的。"譬如对于如何传承传统文化，他认为，我们应该把传统文化中的精华和糟粕部分区分开来，继承和发展其中的精华部分。近代中国文化界撰写道德文章方面都特别好的先生，比如梅贻琦、蔡元培以及我们民盟的陈望道、谈家桢等，他们都有共同的特点，就是在中国传统文化很好的基础上，学习西方文明。

采访到最后，邹先生感慨道："学问是做不完的，每代人都有每代人的任务，我们这代人就做到这里了，好坏自有人评说，也不可能一代人就做得很完美。我就是把谭先生的东西接过来，交给下一代，把这个学科发展下去，希望后来的学者能够把历史地理学的研究范围拓展出去，使历史地理学成为一门国际性的学科，为世界环境变迁研究作出贡献。"

（执笔人：殷志敏）

汪寿明：忆师友，自深思

汪寿明，1940年生，华东师范大学对外汉语系教授，上海市文史研究馆馆员，曾任民盟上海市委副主委。长期从事古代汉语、汉语音韵学、汉语言学史、对外汉语的研究和教学工作。主要研究成果有《中国历代音韵学文选》《汉语音韵学引论》《上海方言十夜谈》等。

盟宣（民盟上海市委宣传部，以下简称盟宣）：拜读了您最近写的《忆华东师大中文系的名师们》，感到非常亲切，文中提到的徐中玉、钱谷融以及作家王西彦等老先生都是民盟盟员。

汪寿明：是的，华东师大中文系的老先生中有不少盟员，除了徐先生和钱先生，还有许杰、王智量、张德林等。张德林教授是做文艺理论研究的，今年88岁了。1987年，是他介绍我加入民盟的。目前，中文系有三名盟员还是上海文史研究馆馆员，陈子善上个月获聘，陈大康和我是2014年受聘的。

盟宣：华东师大的民盟组织有着非常好的传统，您能为我们介绍下相关情况吗？其中有哪些难忘的人和事？

汪寿明：华东师大自建校以来，一直就有民盟的组织活动。许杰、李锐夫等同志都主持过盟务工作。1987年，民盟华东师大支部改建为总支部委员会，徐中玉为总支部主任，1990年改建为民盟华东师大委员会，历任主委为钱谷融、何声武、章义和、陈大康和我。有几位老先生让我印象特别深刻。

李锐夫主委是著名的数学家，曾担任华东师大副校长、上海市高等教育局副局长、民盟上海市委副主委等职务。他熟读经史，还精通英语，早年在英国剑桥大学深造，是一位特别绅士、正直的人，对人很和气，1987年病逝。

还有徐中玉先生。我上学时，徐先生给我们开设的是“中国古代文论选”。“文革”结束后，徐先生担任中文系主任、名誉系主任。他当时已年过花甲，但还是以充沛的精力，在各项工作上费尽心血，无论是系里的工作还是盟务工作，都事无巨细，十分认真。他和南京大学匡亚明校长联合发起恢复“大学语文”课，在新中国的高等教育史上留下了浓重一笔。

前几天参加了徐中玉先生的追悼会，我感到心情非常沉痛，不禁想起了当年去他家采访的情景。1995年，我受《群言》杂志的委托曾对先生作过一次专访，对先生有了深入的了解，感到先生的心态成熟却不失激情、厚重却依然清纯，是一位外冷内热、外刚内柔的人。

1990年到1993年，钱谷融先生担任主委。1958年，我进入华东师大中文系学习，钱先生给我们上“中国现代文学”课。1962年我毕业留校之后，开始和先生相熟，记得他最喜欢看《世说新语》。1988年到1994年，我担任了中文系副主任，与先生的联系就更多了。先生要求研究生入学考试必须考一篇作文，他说：从作文里可以看出这学生是否有“灵气”，至于专业知识是可以补的。钱先生的做事风格与徐先生不同，他常说自己“无能”“懒惰”，但我觉得他身上有一种“魏晋名士风度”，一种“清静无为”的处世风格，他为人谦和，很关心大家，做主委时有自己的一套工作方法。

何声武教授在钱先生做主委时担任副主委，后来继任主委。何先生是数学界的著名学者，做事认真，努力踏实，当时是全国政协委员、民盟市委副主委，可惜他突发心脏病抢救无效，1998年就去世了，才57岁。

从这些老同志们的身上，我学到了很多东西，转眼自己也有32年的盟龄了。

盟宣：您曾担任三届市政协委员，还是民盟市委第十一、十二届委员会副主委，有哪些体会与我们分享?

汪寿明：党派工作使我从书斋里走出来，有了关注更广大社会的机会，让生命更开阔灵动。记得刚入盟时，我在新盟员大会上发了言。当时我就想，要给自己一个坐标点，找准位置，让自己在这个点上发挥专长，做力所能及的事情。在实地考察的基础上，我拿出写论文的功夫用心写提案，主要集中在教育和民生等方面，有的问题已经得到落实，有的还在改善中，改变只能一点点来，有些事情不能急于求成。

1999年，我被增补为民盟市委副主委，之前任民盟市委的副秘书长。江景波、翁曙冠等老一辈的民盟先生们给了我很多教育。翁曙冠还是我的中学校长，他是一个谦谦君子，对人非常和蔼可亲。

还有民盟市委的几任主委，他们虽然工作方法不同，但都是全身心地投入到民盟事业中去，勤勤恳恳地为民盟作贡献。比如，谈家桢主委，当时年纪已经很大了，但是能来参加的活动都来了，这很不容易。

盟宣：学术上，您师从音韵大家史存直先生，史先生对您有哪些影响？

汪寿明：我的毕业论文是《王荆文公诗用韵考》，先生是我的指导老师。1962年我毕业留校后便担任先生的助手，跟先生学音韵学。据说当时留校也是先生向学校提出的。那时先生要求我每周两次去他那儿，读顾亭林的《音学五书》、江晋三的《音学十书》等音韵学名著，或整理《诗经》的韵脚，他则在另一间书房里读书。

史先生不仅是一位著名的语言学家，早年还曾是一位积极投身于爱国运动的革命者。他一生耿直、正直，做人“存直”，治学也“存直”，可谓“名”副其实。先生与陈独秀曾就音韵问题做过探讨，陈独秀在给魏建功的一封信中认为“史存直君——不肯轻信他人之说，能自深思”。

盟宣：您最近手里还有哪些工作？

汪寿明：最近在重印《古文字诂林》12卷本，我是副主编，主编李玲璞教授已经去世。

盟宣：这套12卷的巨著“集万卷于一册，汇众说于一编”，是我国规模最为宏大的古文字汇释类专业工具书，当年是怎样编成的？

汪寿明：这项工程从1991年立项到2004年出版，花了14年时间。汉代以后，众多学者对古文字的研究取得了丰硕的成果，但是这些成果从未被全面汇集，《古文字诂林》汇集了1万多个字头，1000多万字的考释资料，保留前人研究成果的精华，力求将汉语中最有生命力的那一部分传承下去。当时有8位专家担任这项工程的顾问，待全部完工时，有6人已不在人世，可见抢救前人的研究成果非常紧迫。当时我们虽然做得苦，但“板凳需坐十年冷，文章不写一句空”，做学问就需要潜下心来，耐得住寂寞。

值得一提的是，这项工程是王元化先生组织的，他当时是上海市古籍整理出版规划小组组长，虽然书出来后从头到尾都没有他的名字，但申请经费、组织专家学者的都是他，而且每一个关键阶段都少不了他的悉心指导。王元化先生常说自己是“楚人”，也是一位很耿直的先生，疾恶如仇。

盟宣：您是音韵学专家，最近在相关领域有哪些新的思考？

汪寿明：谈不上新的思考，有时候看到一些东西会有些想法。比如，前几天网上有篇文章，试着用上古汉语演唱重金属。看起来有点“娱乐至死”的味道，但是音韵学绝不是娱乐。古代中国和今天一样，肯定存在多种不同的方言，如何确定构拟出来的古音是出自哪一地的方言？它们声调的调值又怎么来确定呢？拟音并不能代表上古音的全部，不能就此简单地推论。

还有上海话等各地方言的传承问题，在我看来，地方文化的传承是有重要意义的，但有两点要注意：一是我国有《中华人民共和国国家通用语言文字法》，一切要依法进行；二是根据方言造出来的汉字，不宜提倡。

可能有人觉得我的观点已经不合时宜了，但我认为学术研究是一件非常严谨的事情，千万不能用“娱乐至死”的精神去搞。

盟宣：您前面说史存直先生“能自深思”，在您身上也看到了这一点。

汪寿明：史先生总能坚持“自深思”得出的结论，发扬“虽千万人吾往矣”的气概，在批评声中毫不动摇，显示了一位真正的知识分子追求真理的可贵品质，这是永远值得我学习的。

（执笔人：殷志敏）

周修睦：未若文章之无穷

在《上海盟讯》创刊70周年之际，我们拜访了《解放日报》编辑周修睦老先生。先生曾于20世纪80年代编辑过《上海盟讯》，如今已93岁，很多事情不记得了，说话也很慢，但我们仍可以从只言片语中，走进他的人生，勾勒出他与民盟60多年的情缘。

“我的老师是陆诒”

谈起民盟，周先生第一句话便是：“我的老师是陆诒，他是盟员。”

他清楚地记得和陆诒的一些交往片段：“1949年冬，我被华东新闻学院派到上海记协实习。那时北京要办一个全国性的新闻史料展览会，上海记协为此做准备，我们这个临时小组的负责人便是名记者陆诒。陆公当时是《新闻日报》采访部主任，有时跟我们纵谈新闻界旧事新闻，使我们大开眼界。两个月后，我们完成任务，开会小结，陆公讲话，大意是说，干编辑记者这一行，一要勤做笔记，二要重视资料，资料工作是非常重要的。后来我才知道，陆公晚年写《战地萍踪》《文史杂忆》，都得益于他保存得非常完整的笔记和简报资料。”

资料工作结束后，在陆诒的推荐下，周修睦到《新闻日报》工作。1960年，《新闻日报》合并到《解放日报》，他就在《解放日报》做编辑直到离休。

“最要紧的是标题”

在陆诒的介绍下，周修睦早在20世纪50年代便加入民盟，并于1984年起，兼任《上海盟讯》的主编。“每个月我会去民盟市委机关，或者机关的同志来我这里，我们一起开编辑会，把稿子组起来，看看哪些可以用，哪些不可以用，还会改一些标题。”

谈到编辑《上海盟讯》有哪些经验让我们后辈人借鉴，他说：“编辑最要紧的任务就是标题。标题做得好，文章就有人来看。文章很好，标题不好也没有人看。标题下还有引题，引题也要做得好。这就要求我们做编辑的要平时多读书，多积累材料。”

“我们当时针对社会上的问题，针砭时弊。有一些约的特稿，在《解放日报》上没有发出的，就在盟讯上发。我自己也在盟讯上发过很多杂文，一些文章还被其他报刊转载。”

在2015年出版的《从〈国际歌〉和〈东方红〉说起：周修睦杂文自选集》一书中，包含了周先生多篇经典杂文作品，其中《“落实”要落到实处》《职位和胆量》《“读圣贤书，所为何事？”》《客卿、臣仆、主人》《“带走”和“留下”》《“样板戏”的历史使命》《书生报国　笔耕不已——悼念陆公》《该说的没有说》《拉响凄厉的警报声》等多篇文章，均首发于《上海盟讯》。

“做了一辈子的编辑”

周先生是潮汕人，后来在上海读书、组建家庭，从此再也没有离开过上海。看书、写文章、做编辑，就是他生活的全部。离休后，他继续主编了许多刊物，直到2005年。

关于离休后的编辑生涯，他突然回忆起了一个细节：“我有一次编《现代工商》的时候，从洗手间出来，在走廊摔了一跤，很快地爬起来了，还急忙看看四周有没有人，生怕被人家看到，说我老了不行了。”讲完，自己哈哈大笑起来，说这件事从未向人提过。问他这是什么时候的事情，他想了想：“快80岁的时候吧，后来真的干不动了，就不做了。真是做了一辈子的编辑啊。”

“年寿有时而尽，未若文章之无穷。”周先生在文章中曾说，“看着自己过去写下的文字，仿佛一片片留着或深或浅时令变迁痕迹的落叶，而且无法涂抹。现在我想，又何必涂抹呢？在时令变迁的痕迹里，也许可以读出点什么来。”由此笔者想到，70岁的《上海盟讯》，也正是由这些刻画着岁月痕迹的片片落叶组成的，如今才会枝繁叶茂，丰富着我们的精神世界。

（执笔人：士文）

饶平如：相思始觉海非深

2020年4月4日，99岁的饶平如先生与世长辞。就在不久前的1月19日，我们还专程拜访过他，当时的他精神矍铄，风趣健谈。尽管在打动无数人的《平如美棠——我俩的故事》出版前后，已接受了百余次的各类采访，但他仍认认真真地为我们叙述人生中的点点滴滴。

他从20世纪50年代加入民盟时谈起，说那几年是他“最快乐的时光”。

他指着钢琴上摆放的“中国人民抗日战争胜利七十周年纪念奖章”和“庆祝中华人民共和国成立70周年”纪念章给我们看，还开心地说墙上的巨幅结婚照是人家帮忙合成的。

他从书架上抽出一本本厚厚的相册，里面有我们熟悉的那些画，有他和美棠的照片，还有更多没有公开发表过的画作和资料，在每一幅图片边，都密密麻麻地写满了文字。

他跨过两级楼梯，从另一个房间拿出被翻译成英语、法语、韩语、意大利语、西班牙语等各个版本的《平如美棠——我俩的故事》。

他讲起妻子毛美棠和那只叫作“阿咪”的猫，眼里会泛起泪花，而回忆起无数艰难岁月，却说“我再给你们讲一个笑话”。

他说，他的第二本书即将出版，名字叫作《平如的本子》。

他还笑着说，自己离百岁还有“一步之遥”，生和死在他看来都是开心的事情……

遇到美棠以前，我不怕死，不惧远行

1921年，饶平如出生于江西一个读书人的家庭。1940年，读到高二的他积极报名，成为黄埔军校18期学员。

20岁那年，饶平如从黄埔军校毕业，在常德、衡阳、湘西等正面战场与日军作战。在枪林弹雨中数次险死还生。

1945年，湘西雪峰山外围战。时为100军63师188团迫击炮连2排排长的饶平如趴伏在山头，子弹擦身飞过。前一天，就在这个位置，他放炮打死打伤了对面山上行军的70多个日本兵。这一天，他和战友完全暴露在早有准备的敌人火力下，十步外，四班班长李阿水被炮弹击中，片刻工夫便牺牲了，这一幕让饶平如永生难忘。

他抬起头，看见天空晴朗，云影徘徊，又环顾四周的莽莽青山，突然觉得，这就是自己的葬身之地了。“有蓝天，有白云，有莽莽青山，死得其所啊！”他说，“那时真的不害怕。”

山头受困，九死一生，他最终活了下来。

父母之命，一见钟情

抗战胜利后，饶平如接到父亲的来信，希望他请假回家参加弟弟的婚礼，同时也想借此机会把他的婚事谈好。

就这样，平如跟随父亲来到了美棠家。“我一进去之后，就看到一个女孩子在那里涂口红，我心里面就感觉到很好，很高兴。人家问，你看这个女孩子美不美啊，我说当然是很美丽的。”从此，这位不怕战死的热血青年开始有了担忧：“在遇到她以前我不怕死，不惧远行，也不曾忧虑悠长岁月，现在却从未如此真切地思虑起将来。”

1948年，他们在南昌举办了隆重的婚礼。两人虽然多地辗转，但“生命中许多微细小事，天长日久便成为弥足珍贵的回忆”。饶平如说，恋爱、结婚这段时间，“是我人生中最美的时刻”。

1951年，他们来到上海。平如在舅舅开的大德医院和大德出版社同时做会计和编辑。“两份工作的工资有240块，当时算相当高了。”他把所有的钱都交给美棠保管：“管钱太麻烦。我只喜欢做自己喜欢的事，写写画画玩玩，所以我们配合得很好的，她也替我想，也照顾我。”

1956年，上海6家出版社合并为上海卫生出版社（后合并到上海科技出版社），饶平如就是这一年和好几位同事一同加入了民盟。

“当时盟组织开展了很多好玩的活动，印象很深的是成立了英语俱乐部，经常在中山公园等地方练习口语。”

饶平如喜欢学英语。为了提高业务水平，他聘请了英国老师苦学5年英语。他任职文字和美术编辑的《妇幼卫生》，是当时中国唯一一份宣传妇幼保健卫生的杂志。为了扩大稿源，他还大胆地给一些国家的大使馆写信“讨经验、要稿子”，直到稿件发表后，他才被相关部门告知“不能私自联系”。“但之后仍不断收到苏联、保加利亚等国家寄来的资料。”他得意地说。

饶平如一直笑着回忆这段时光，“我还是愿意回到50年以前那个时候，人还在，我们在一起，再苦再累都有意义”。

我们从没有起过一丝放弃的念头

1958年，饶平如被下放到安徽“劳动教养”，一年半以后“留地就业”。

从此与妻子离别22年。

美棠曾被劝告与丈夫划清界限，但她没有理会。“她后来和我说，你要是搞婚外情，我早就跟你离婚了……可你又不是汉奸卖国贼，不是贪污腐化，不是偷窃扒拿，你什么都不是，我为什么要跟你离婚？”美棠还对孩子讲：“爸爸是个好人。”

“那些年我在安徽，日子很拮据，但美棠要比我更加艰难。”家庭生活的重担落在了美棠肩上，她变卖了自己的所有首饰，“本来想留一个金镯子给女儿，怎么能留得住。晚上给女儿带上，天一亮，就拿下来卖掉了。”

为了补贴家用，美棠去做临时工，去上海自然博物馆修台阶，背水泥。“美棠过世后，我路过自然博物馆，会去门口坐坐，有时会想，这个台阶里面，不知道哪一块是她抬过的水泥。”

两地相隔，他们从未中断过书信联系。“尽管我们分别的时间很漫长，但灵魂始终联系在一起。我们有信心，总归会有团聚的一天。”

1979年，平如终于回到上海，在原单位参与《中国医学百科全书》的校对工作。此后，生活逐步好转，“但正如杨绛先生讲的那句话：我们一生坎坷，到暮年才有一个安静的居处，但是老病相催，已经到了生命的尽头。”

平如得了两次不小的病，在美棠的精心照顾下康复了。而平如好了，美棠又得了重病。80多岁的他每天5点钟起床，为她梳头、洗脸、烧饭、做腹部透析，每天4次，消毒、口罩、接管、接倒腹水，还要打胰岛素、做记录，一做就是4年，别人帮他不放心。

美棠的记忆力日渐衰退，她说想吃哪家的点心，平如蹬着自行车到很远的地方去买，等他买回来的时候，她又不要了。

有一天，美棠称丈夫将自己的孙女藏了起来，不让她见，平如怎么说她都不信。“我就坐在地上，号啕大哭，绝望了。”

2008年3月19日，美棠看到平如，眼圈一红，留下了最后一滴眼泪。平如上前握住她的手，感受着一点点逝去的温度，“这就是永远的离别了”。

海并不深，怀念一个人比海还要深

相思始觉海非深。美棠走后，平如难过了很久。半年后，他决定记录下自己和美棠的爱情故事。“画画是我消除苦闷的一个方法，画完之后，觉得轻松一些。而且我想把她的故事告诉大家，让家里的第二代、第三代孩子们都能听到。”

两年多的时间里，平如用18本画册中的300幅画记录下了他和美棠60年的婚姻生活，同时也记载了时代的变迁。

他画下了与美棠第一次见面时的场景；画下了两人热热闹闹的婚礼场面；画下了已损毁的结婚照；画下了他们生活中的每一个生动细节……“画到美棠的最后一滴眼泪，我自己也是流着眼泪画完的。”

2011年，孙女欣欣把他的画传到网上，很多人看到后非常感动。柴静在采访他后写下了《赤白干净的骨头》。柴静问：“您已经90岁了。难道这么长时间，没有把这个东西磨平了，磨淡了？”饶平如答：“磨平？怎么讲能磨得平呢？爱这个世界可以是很久的，这个是永远的事情。”

2013年，《平如美棠——我俩的故事》出版，引起了极大轰动。他们的爱情被读者们称为“世间最美的爱情”。这本书当年便获得了《新京报》2013年度好书、《南方都市报》2013年度装帧设计奖、新浪中国好书榜2013年度最感动图书、凤凰读书2013年度典藏书等数十个书籍奖项。几年内加印了十几版，印数20余万册，并被翻译成多种文字，受到美国、英国、意大利、德国、韩国、荷兰、法国等世界各地读者们的欢迎。

法国《观点》周刊这样写道：“当我们的主人公，一位生于20世纪中国的普通人，在耄耋之年拿起他的画笔讲述一段伟大的爱情故事时，中国现代史鲜为人知的一面突然清晰地展现在我们眼前。完成这项壮举的就是饶平如先生，在深爱的妻子离世已近十年后，他对她的爱情依然坚贞不渝。”

这些年，原本冷清的家中热闹起来，记者、出版商、读者纷纷慕名前来。“很多人找我来聊天，谈故事，我觉得这不叫打扰，大家都是关心我。”闲下来的时候，他会写毛笔字、打拳、弹钢琴、画画、看书、喂猫咪。

钢琴是他2011年才买的，并自学着妻子最爱的歌曲。在2017年湖南卫视中秋晚会上，96岁的饶平如现场弹唱《魂断蓝桥》主题曲，回忆他跟美棠的那些或艰难或美好的曾经。他还分享给在场的观众16个字：“人生苦短，莫负初衷，凡事相信，凡事期待。”

饶平如说，有出版社已打算将他近年的新画作再出本书，叫作《平如的本子》。在这本书中，会谈到他的更多经历和家事，“还有我妈妈的家事。妈妈是位才女，小时候，同学来找我，妈妈说的那句‘同学少年多不贱’，我一直记得”。

“如果说人生如戏，我在人生中演过很多角色，但还是和美棠在一起的那段时间最开心。”

爱是永不止息

“您现在再想起美棠是什么感觉？”那天，我们小心翼翼地问他。

“十几年过去了，这些年我也感悟到了，生老病死是自然规律。生是开心的事情，死也是开心的事情，都是人生必经的过程。美棠一直在我的记忆里，但我应该没有当初那样难过了。不过，我们的小猫阿咪在2019年11月26日去世了，这是我和老伴儿共同养过的猫，我特别难过。”

饶平如告诉我们，他还把夫妻俩和小猫之间发生的很多趣事画了本画册，但是不知被哪一批前来拜访的人拿走了，这成了他十分遗憾的事情：“我画这些只想给自己和家人留个纪念，又不值钱，他们拿走干什么呢？现在阿咪走了，画册也不见了。”说到这里，他眼里泛起了泪花。

他难过于猫咪走了，画册丢了，其实，又何尝不是想留住关于美棠的一切。

为了纪念美棠，平如曾在家中种下一株小小的海棠，初夏时开满花朵。他说：“旅途当中，找着好同伴，这辈子活着也很坦然。现在她先下车，我到一定时候也下去……人生就是旅途。”

爱是什么？饶平如说，他喜欢《圣经》中的那句话：“爱是恒久忍耐，爱是永不止息。”

如今，平如与美棠已在天上团聚，而他们的故事仍在世间传颂着。

爱，生生不息。

（执笔人：殷志敏）

高文彬：全程参与东京审判的最后一人

2020年9月7日凌晨，中国最后一位全程亲历东京审判者、上海海事大学教授高文彬先生在上海病逝。

高文彬（1922—2020），法学家、翻译家、历史学者。1985年9月加入民盟。1945年毕业于东吴大学法学院。1946年5月至1948年8月期间，高文彬参与东京审判，先后任国际检察局中国检察官办公室翻译、中国检察官办事处秘书职务。他曾说："我这一生做了两件很有意义的事，其中之一就是'二战'后参加东京审判。"

从应聘翻译到留任秘书

1941年9月，毕业于东吴大学附属高中的高文彬，进入东吴大学法学院，进行系统的英美法和中国法的学习，并于1945年获法学学士学位。8月15日，日本宣布无条件投降，高文彬回忆说，那时，大家一起分享抗战胜利后的喜悦，"那段时间是我最开心、最激动的时刻，感觉日本侵略军终于恶有恶报了"。

1945年11月，远东国际军事法庭国际检察局正式组建，向哲濬任中国检察官。东京审判适用英美法程序，同时，法庭的官方语言使用英文和日文，因此，需要继续增派相关专业人员。当时的东吴大学是国内唯一一所教授英美法课程的学校，于是，高文彬的老师、上海著名律师刘世芳，把满怀热情且英文极好的高文彬推荐给向哲濬。经过测试，高文彬等5位翻译被录用。

“我们是1946年5月去日本的。乘坐的是美国军用飞机，从上海江湾机场飞过去的。”就这样，高文彬成为参与东京审判的17位中国代表中的一员。

1946年5月至9月期间，高文彬担任国际检察局中国检察官办公室翻译。翻译工作结束后，他因表现出色，被向哲濬留下任秘书之职。

担任中国检察官秘书时，高文彬的主要工作是翻译、核对庭审记录，负责国际检察局和中国检察组的联络和往来文件处理等。他通宵达旦完成了各项工作。就这样，高文彬继续参加中国检察组的工作，直至1948年8月全部工作结束，经历了东京审判的整个过程。

东京审判历时924天，因其案情庞大复杂、证人证据之多，成为人类有史以来参与国家最多、规模最大、开庭时间最长、留下档案文献最为浩瀚的一场审判。在中方代表参与的审判环节中，面临的困难和压力一个接着一个。经过艰苦卓绝的起诉、举证、辩论、审讯和量刑，17位中国代表完成了一项又一项不可能完成的任务，甚至说服了末代皇帝溥仪出庭作证。

揪出“百人斩”元凶

根据东京审判适用的英美法程序，对于任何疑犯均做无罪推定，必须由检察方提出充分证据，由法官认定后进行定罪量刑。由于日本在投降前及投降后的一段时间有组织地销毁了大量证据，而国民政府当局对东京审判的前期准备工作不足，未能系统地搜集证据和证人，证据搜集的重任就落在了中国检察组肩上。中国检察组的每一个人都会抽出时间去查找能够对审判有帮助的证据材料。

高文彬就是在翻看档案材料时，发现了一份让人震惊的材料。他在1937年12月《东京日日新闻》（今《每日新闻》）中发现了标题为《“百人斩”超纪录》的报道，文中写到，向井敏明和野田毅两个日本下级军官在从上海进攻南京途中，约定以先杀满100个中国人者为胜，因一人斩了105人，一人斩了106人，又决定重新用杀满150人开始竞争，报道配图就是南京大屠杀中臭名昭著的"'百人斩'杀人竞赛"实照。"想到自己的同胞像牲口一样被屠戮时，我的心都碎了。"高文彬说，"作为中国人，唯一的想法就是将他们处决。"

根据这一发现，中国检察团队很快搜集到了《东京日日新闻》《大阪日日新闻》《大阪朝日新闻》等多家报纸的大量同题报道。这种惨绝人寰的杀戮，被当时的日本政府当作一种荣誉大肆宣扬。《东京日日新闻》更对其进行持续的关注，时间地点明确，杀人过程及数字清楚确切，还配发了照片，成为侵华日军暴行的又一铁证。

高文彬随即把报纸复印三份，一份留在中国检察组办公室，另两份转寄给南京审判战犯军事法庭。时任庭长的石美瑜收到资料后马上呈报国民政府，国民政府通过盟军将已退役的向井敏明和野田毅缉拿归案，并押送南京军事法庭受审。尽管对所犯的罪行百般抵赖，但在确凿的证据面前，他们终于得到了正义的审判。1948年，两个刽子手在南京雨花台刑场被执行枪决。如今，侵华日军南京大屠杀遇难同胞纪念馆悬挂有高文彬的大幅照片，表彰他在揭露日军南京大屠杀中提供的重要证据。

1948年8月17日，在完成中国检察组的工作后，高文彬随同向哲濬回国。他们带回两大箱东京审判全套庭审记录，一套送到南京国民政府司法行政部，一套送到东吴大学法学院，遗憾的是，后来两套记录全部遗失。11月，高文彬通过报纸了解到东京审判的最终结果，主要战犯受到应有的惩罚。

参与编辑《元照英美法词典》

回到国内，高文彬继续在上海工作，成为国民政府外交部驻上海办事处的一名专员，1949年起在上海军管会外事处工作，期间还兼任东吴大学法学院讲师。

1952年，高文彬受东吴大学一名被错打成“特嫌”老师的牵连，被判刑并送外地改造。期间，他坚持学习和阅读，把英文版《毛主席语录》读了无数遍。

1979年，高文彬终于回到上海，就职于上海海运学院（现为上海海事大学）远洋系任国际法学教师，主讲国际法、国际私法、海洋法等。他继续勤奋工作着，1986年被提升为教授，1988年退休并被返聘担任原职。他参与翻译《国际法译丛》《国际私法译丛》《国际法与技术转让》等；参加编写《大众法学》《法律百科知识手册》《涉外法律使用手册》等；为英国《世界扣船》丛书撰写“中国扣船”部分；发表《海洋在国际法中的地位》《论共同海损》等论文。

1990年2月至1991年8月，他还应邀赴美国缅因州州立大学法学院和旧金山加州大学海斯汀法学院讲学，并被海斯汀法学院推荐为“马文·安特生基金会”第一任外国专家讲师。

1997年，高文彬开始参与《元照英美法词典》的编纂工作。这是一项精细、繁重却没有报酬的工作。他所负责的是以A、D、H为首的词条的校订。编委会把经过英中对译的初稿送到高文彬家里，而后定期把校订后的稿子取回。请他审阅的初稿都是手写稿，看起来颇费劲。他一丝不苟地对每一条目进行审定，边勘误边对照，有出错的地方，就修正抄写后贴到样稿上。他废寝忘食，期间因过于劳累而中风，出院后，又继续投入到编撰工作中。

2003年，这部词典一经出版就得到海内外学术界的一致认可。词典的扉页上，记录下了高文彬的名字。

永不褪色的爱国情怀

1985年9月，经时任上海海洋学院远洋系副主任的程克武和王义源介绍，高文彬加入中国民主同盟，从此在政治上有了自己的归宿。

此后，他不顾年事已高，积极参加各种盟务活动。即便是在退休后，每当民盟组织退休盟员活动时，他都会不辞辛苦地赶到学校参加。而民盟上海市委、区委和海事大学委员会每年都会去探望他。民盟上海海事大学委员会秘书长、原常务副主委蒋志伟老师回忆道："高老是一个热心人，我曾因建校史馆对其进行过采访，他都能娓娓道来。他曾遭受到相当长时间的生活磨难，但能够如此之快地走出阴影，融入社会，是我们不得不佩服的。"

"我们一定要铭记历史，珍视和平，坚持不懈地开展爱国主义教育。"这是高文彬常说的一句话。他叮嘱自己的学生，无论在哪个岗位上工作，都要记住自己是中国人，要为维护国家尊严和利益出力；叮嘱在国外的孩子，"不能做任何有损祖国的事，如违反这一条，我就与你们断绝父女关系。"

在中国各项纪念抗战胜利的活动中，高文彬都尽量出席。生病前，他还一直在参与东京审判相关史料的整理工作。据上海交通大学东京审判研究中心主任、盟员程兆奇教授介绍，高老参加过该中心的很多活动，十分关心中心的研究工作："高老这一生，经历了别人难以想象的坎坷。但他依然热爱生活、热爱事业，拥有深厚的家国情怀和人格魅力。他全程参与东京审判并揪出了日本'百人斩'的元凶，为维护国家和民族的尊严作出重要贡献。"2016年，95岁的高老尽管步履蹒跚，仍要坚持参加东京审判开庭70周年的纪念活动，当时他还提出建立"东京审判纪念馆"的愿望。

晚年的高文彬一直保持着海派男人的做派，在北外滩的住宅里颐养天年。民盟浦东区委原副主委王卫平回忆道："每次去探望老高时，90多岁的他始终穿戴得整整齐齐，头发梳得一丝不苟。在炎热的天气里，高老还特意从冰箱里拿出小毛巾和冰镇饮料给客人。"高文彬喜欢喝咖啡、品红酒，喜欢音乐和摄影。自20世纪40年代开始，只要有机会他就拍摄，为后人留下了大量珍贵照片。

高文彬一生跌宕起伏，堪称传奇。无论面对苦难还是辉煌，他始终怀有一颗赤诚的爱国之心。他的名字，会永远被载入历史史册。

（执笔人：殷志敏）

焦　晃：舞台就是生命

焦晃，1936年生人，1983年10月加入民盟，国家一级演员、中国戏剧家协会会员。焦晃曾获中国话剧“金狮奖”终身荣誉奖，入选中国话剧百年名人堂，获“白玉兰”戏剧表演特殊贡献奖、中国电视艺术终身成就奖、第六届上海文学艺术终身成就奖等。2021年，焦晃又获得了两个新称号：在中国民主同盟成立80周年纪念大会上，他被授予“荣誉老盟员”称号；在第十七届“中国戏剧节”上，他又获得“中国文联终身成就戏剧家”称号。

日前，我们拜访了这位85岁的老盟员。

一

走进焦晃家，首先映入眼帘的是客厅中的一幅他饰演乾隆的剧照。因在《雍正王朝》《乾隆王朝》《汉武大帝》等剧中的出色表现，他被观众誉为“最强的老戏骨”“皇帝专业户”。顺着我们的目光，焦晃指着照片笑道：“得意扬扬的乾隆。”但随后，他又话锋一转：“其实我主要是搞舞台演出的，演了几十个戏，算是演中国演话剧最多的人之一吧。”焦晃说，他从小就爱上了戏剧。

1942年抗战期间，焦晃随母亲从北京逃难到重庆，“走了两个月，

先后坐了十一二辆敞篷马车，后来又坐板车，到了西安才有汽车，那是油矿局的汽油车，棚子后面有一小块地方，我妈带我和两个姐姐就坐在那”。在重庆读小学时，焦晃的老师得知他是“从北平来的”，就让他和冰心的女儿吴宗远排一个戏，这是他第一次参加戏剧活动。而焦晃真正感受到戏剧的魅力，还是上初中之后。

1946年，10岁的焦晃随全家来到了上海，后来在继光中学读初中。有一天，老师对他说：“焦晃，你站起来把这篇课文念一念。”“我想糟了，我还不会用上海话念课文。班上有很多捣蛋鬼，肯定会嘲笑我。但也只好硬着头皮念，整个教室里鸦雀无声。读完后我忐忑不安，没想到的是，同学们都用惊奇的眼光看着我。从此我便开始对戏剧文化产生了极大的兴趣。”后来，焦晃又进了学校戏剧组，排了两个戏，初中毕业时，就立下了考戏剧学院的志向。

在同济中学读高中的整整三年里，焦晃都在为报考上海戏剧学院做准备，一边广泛阅读文学名著，一边用打垒球的方法锻炼自己的形体。同济中学没有搞戏剧的，他自己导演并主演排了两部戏，其中有一部是苏联的独幕剧《灯火辉煌》。

“19世纪的文学对我的影响是非常大的。”这段时间，焦晃阅读了大量文学作品：罗曼・罗兰、托尔斯泰、狄更斯、屠格涅夫……他还记得一个人躲在房间里，读着《约翰・克利斯朵夫》泪如泉涌的情景。“他们对我一生都有很深的影响。不但是艺术方面的，还有人生观上，到今天我都觉得自己从未做过对不起他人的事情。”

焦晃的父亲焦树藩其实并不赞成他考戏剧学院。焦树藩毕业于燕京大学，20世纪50年代任教北京对外贸易学院（现对外经济贸易大学）。他一心想让儿子报考理工科。“我跟他说我数理化不行，看着头疼。”焦晃笑着说道，直到他高中毕业考进了上戏，父亲才默认了。

二

谈到在上海戏剧学院表演系读书的日子，焦晃拿出了一张60多年前的合影，颇为自豪地回忆起老师和同学们："我们班上有20个人，是从几千个人中甄选出来的。开学时熊佛西院长给我们做的报告，朱端钧当时是教务长，我们都上过他的课。当时还有苏联专家列普科夫斯卡娅老师，对我们都有很深的影响。老师们要求都很严格，同学们一起苦练声乐和形体，可以说，我们是最强的一个班。"读书期间，他还接演了人生的第一部电影《大风浪里的小故事》。

1959年，焦晃从上戏毕业进入青年话剧团。在朱端钧、杨村彬等前辈的指导下，主演了很多中外戏剧。之后，他的事业一度停滞，直到1975年参演电影《难忘的战斗》，他扮演一个反派角色"刘副区长"。"很长一段时间不能演出。所以即便是反面人物，当时能给我来演，也已经是很不错了。那时候角色脸谱化，正面人物站在那里打红光，我站在那里的时候，脸上变青光了，很有意思。"焦晃说。

从1977年到1992年退休，焦晃陆续参演了《安东尼与克莉奥佩特拉》《红房间·白房间·黑房间》《悲悼三部曲》等11部话剧，其中大部分是他所钟爱的国外经典名剧，观众亲切地称他为"莎剧王子"。与此同时，他还先后参与拍摄了《拓荒者的足迹》《庭院深深》《沙漠驼铃》等影视作品。

"那时候，一到排戏，我就拿着铺盖卷到团里去，晚上他们五点钟下班后，我一个人在舞台上排练、揣摩角色，累了把铺盖铺在办公室桌子上就睡。"

他最为怀念的，是在长江剧场演出的那十年："观众们都聚精会神地看我们演出，偌大的场子，连根针掉在地上都能听到。还有年轻的工作人员，每次去排戏的时候，他们都高兴地说：'焦晃老师来啦！'……这些同志现在也都老了吧。"

不过，让更多人记住焦晃的，是他退休后参与拍摄的电视剧《雍正王朝》，他在这部戏里扮演康熙一角，并以其行云流水般的精湛演技，一举拿下了当年电视领域的“飞天”和“金鹰”两座大奖，观众们都激动地表示：“焦晃老师不是在演绎康熙，而是再现康熙。”后来，他又陆续接演《乾隆王朝》《汉武大帝》《忠诚》《荣归》等多部电视剧，深受观众好评。

尽管如此，焦晃仍没有远离舞台，他认为自己是话剧人，演电视剧就是客串。他先后又演了《美国来的妻子》《背叛》《正红旗下》《钦差大臣》等多部话剧。

“我演《钦差大臣》的时候，已经75岁了。那时候在北京演出，我特意让两个人帮我听听散场后观众们的反映。他们说基本上都在议论：‘焦晃几岁了？’‘70几岁了。’‘不可能，活蹦乱跳的一个人。’”讲到这里，他哈哈大笑起来。

三

“我的确没有偷一天懒，案头工作是一定要做的。”对于所饰演的每一个角色，焦晃都有自己的思考：“角色就是从自己身上长出一个新的人物来，所谓‘非我，非非我’，意思是：不是我，也不是不是我。比如乾隆和康熙两个角色，可以装束相似，但却是两个人。这是我一直在考虑的。”在参演《乾隆王朝》时，焦晃为揣摩角色，写了厚厚一大摞纸：“几乎重写了90%。每一场戏都不一样，充满变化，但只有发展的状态才是活的。”

“几十年来，每扮演一个角色，都要从内到外的脱胎换骨一次，从身上长出新的东西。因为每一个人物都要不一样，一样了就没意思，而愉快也恰恰在这个地方。”焦晃接着谈道，“演员要掌握角色，有一个对形体和内部感受都严格控制的状态。就像我们现在讲话交流，五分钟前和五分钟后都在变化中，我的声音响起来了，你坐在那的动作也不一样了。都是活着的东西，所以每一场戏都有不同。”

他还说到一个很有意思的细节：“当时我一个礼拜六场戏，总有两场感觉特别好，回来睡不着觉，兴奋；有两场觉得一般；有两场觉得惭愧。所以有人对我说看了我的戏，我要问礼拜几看的，他说：‘礼拜二看的。’我说：‘还好。’他说：‘礼拜三看的。’我说：‘不要谈……不要谈了。’活着的角色，看起来外部形态一样，但自己感觉完全不一样的。”

四

“加入民盟，当然是受了胡伟民的影响，是他先入盟，跟我说到民盟来吧，我说‘好’。”著名话剧导演胡伟民与焦晃合作《安东尼与克莉奥佩特拉》《秦王李世民》等多部话剧，他曾在一篇文章中这样写焦晃：“熟悉他的人都知道，没有聚光灯的照射，闻不到油彩味，呼吸不到剧场的空气，他是活不下去的，舞台就是他的生命。”

“胡伟民当时是我最好的搭档，可惜走得太早。那天下午我还约了他吃饭，左等右等没来。后来才知道，他踩脚踏车去医院看病，就在拿药的时候倒下的，才54岁，太可惜了！”焦晃又想起了盟内的一些老朋友，“杨村彬和王元美夫妇都是非常正直的人。”还指着客厅墙上的一幅字说，“这字是王元化的。那天我看到他，他说别走别走，我送你样东西……以前我们在干校被关在一块，关系都很好。”

回忆起以前的人和事，焦晃还有一个最大的遗憾：“我演了那么多舞台戏，父亲和母亲一部都没看过。1956年的时候，父亲就调到北京工作去了，我在上海演，他们也没法来。我妈90岁走的，我爸104岁走的，所以现在的我就像个小孩子似的，觉得自己可怜巴巴的，别看我80几岁了，但每天都想妈妈。”

“很久没有参加民盟的活动了，现在出门不方便。”说到这里，他有些沮丧，“我感觉自己的创作和为人准则还是很坚定的，不动摇，但人不够坚强。这4年里，腰肌劳损很严重，出门还得备着轮椅和拐棍，很狼狈。最糟糕的是手不能写字，有一些艺术上的想法很想写出来。这么多年一天都没有休息过，现在怎么可以变成这个样子？”

“不过，我今年还会出演一次乾隆。”讲到这里，他眼睛又亮了起来，“演83岁的乾隆，跟我年纪也差不多，恐怕也是我最后一次演了。”为了这次出演，焦晃每天坚持从顶楼下楼两次，到户外锻炼身体。

“如果还有可能，我还是想为咱们国家的文化建设多尽一份心，多出一把力。”他说道。

（执笔人：殷志敏）

谢遐龄：在社会学中感悟哲学

谢遐龄，1945年出生，复旦大学社会发展与公共政策学院教授，复旦大学上海儒学院理事长。1995年入盟，曾任民盟上海市委第十二、第十三届副主委，民盟第七、第八届中央委员，民盟第九、第十届中央常委，上海市政协第八届委员、第九届常委，第九、第十届全国政协委员等。

盟宣：您大学就读于清华大学电机系，后来为什么转到哲学领域？

谢遐龄：20世纪60年代的时候，国家搞建设，工科最需要人，所以我响应国家号召，报考工科。当时清华大学电机系分数比较高，就去了电机系。其实当时想考复旦大学回上海的，但那年复旦没有在北京招生。

我一直爱好哲学。高中的时候，老师在课堂上讲授哲学颇为思辨，能熟稔地运用辩证法把各种句子、各种词组合来组合去，说得人晕头转向的，但有理有据，相当好玩儿。那时候觉得哲学好像嚼舌头，很有意思，就迷上了。大学的时候我就利用课余时间阅读各种哲学书籍，为此还被老师批评不务正业。

大学毕业后，我两次被派往基层锻炼，后来又做了5年的中学老师。这些经历让我了解了社会，特别是农村的情况。我习惯于观察和思考，因而有些事情别人都想不起来了，我当时却都注意到了，而且现在还记得。当时还下功夫读了很多文献，如《毛泽东选集》《马克思恩格斯选集》《列宁选集》等，还有一些哲学书，如汤因比的《历史研究》和黑格尔的《小逻辑》等。人生是丰富多彩的，难免会有起有伏、多种经历和磨难。在实践和思考中，我收获很多。

恢复高考后，有机会考研究生，我就去了复旦大学哲学系，师从陈珪如先生，获得硕士学位。当时选择的是自然辩证法专业，后来读博的时候转向了外国哲学史专业。

盟宣：作为全国首批哲学博士生，您读博时师从全增嘏和王玖兴两位先生？

谢遐龄：本来打算继续跟着陈珪如先生念博士，但她的博导资格还没有批下来。陈先生的丈夫胡曲园先生当时是我们的系主任。在两位老师的帮助下，我被挂在了全增嘏先生名下。当时全增嘏先生身体已经不好了，系里不让我们过多地去打扰他，两个礼拜看先生一次，一次不超过20分钟。全增嘏先生是非常了不起的人，清华学堂赴美留学生，先后就读于斯坦福大学和哈佛大学，曾任复旦大学外文系系主任，胡曲园先生把他请来主持外国哲学。他对哲学极熟，做学问很认真，一丝不苟，德望极高。那时候我去拜访贺麟先生，他一听说我是全增嘏的学生，就对我非常客气。

全增嘏老师去世后，得陈京璇教授出面，请到王玖兴先生担任我的导师。博士答辩会上，王玖兴先生一口气讲了半个小时，通过解读我的论文《康德对本体论的扬弃》为我辩护。后来得知，为了化解不利意见，他把我的论文细细读了四遍。我终身感怀先生的师恩。

盟宣：您提到的贺麟先生、全增嘏先生和胡曲园先生都是我们盟员，当时是不是在他们的影响下加入了民盟？

谢遐龄：当时觉得我国重要哲学家和社会学家都在民盟，像潘光旦先生，以及“哲学三先生”中的梁漱溟、冯友兰先生等，我也做哲学嘛。我的亲炙老师徐雍舜先生及夫人王应安先生都是民盟成员，就顺理成章选择了民盟。

盟宣：您曾任全国政协委员，有过哪些思考？

谢遐龄：什么是协商民主？协商民主最为清晰的表述，体现在2014年习近平总书记在中国人民政治协商会议成立65周年大会上发表的讲话中，他表示：协商民主是中国社会主义民主政治中独特的、独有的、独到的民主形式，它源自中华民族长期形成的天下为公、兼容并蓄、求同存异等优秀政治文化，源自近代以后中国政治发展的现实进程，源自中国共产党领导人民进行革命、建设、改革的长期实践，源自新中国成立后各党派、各团体、各民族、各阶层、各界人士在政治制度上共同实现的伟大创造，源自改革开放以来中国在政治体制上的不断创新，具有深厚的文化基础、理论基础、实践基础、制度基础。这段话把协商民主的来龙去脉表述得极其全面。

协商民主的源头可以追溯到《尚书·尧典》中尧确定舜为候选的接班人的廷议。孟子与齐宣王的一次对话论及进贤，也属于协商民主的理论建设。齐宣王问孟子，怎样才能鉴别一个人是否有才能？"国君进贤，如不得已，将使卑逾尊，疏逾戚，可不慎与？左右皆曰贤，未可也；诸大夫皆曰贤，未可也；国人皆曰贤，然后察之；见贤焉，然后用之。左右皆曰不可，勿听；诸大夫皆曰不可，勿听；国人皆曰不可，然后察之；见不可焉，然后去之。左右皆曰可杀，勿听；诸大夫皆曰可杀，勿听；国人皆曰可杀，然后察之；见可杀焉，然后杀之。故曰国人杀之也。如此，然后可以为民父母。"孟子表述了进贤、杀罪人都要层层听取意见，再行研究，而后做出决断。孟子说的既是群众路线，也是协商民主。协商民主就是广泛听取意见，然后做决断。

习近平总书记的讲话将协商渠道充分扩大到一切范围："要拓宽中国共产党、人民代表大会、人民政府、人民政协、民主党派、人民团体、基层组织、企事业单位、社会组织、各类智库等的协商渠道"，意在"广纳群言、广集民智，增进共识、增强合力。协商主体十分清楚，做了时代创新。

盟宣：在复旦执教的20多年里，您同时教授哲学和社会学两门不同学科的课程。在您看来，这两个学科有什么关联？

谢遐龄：博士毕业后，我便到复旦大学哲学系社会学教研室，1988年院系调整，被分配到中国哲学教研室。1995年，为了支援复旦大学社会学系建设，我又回到社会学系，任社会学系主任。我的研究方向也没有大的变动，比如最近研究的“天命”，属于经学，算中国哲学吧，也可以归入宗教社会学。

其实，在大学期间我就开始接触社会学。当时我的邻居徐雍舜是吴文藻的学生、费孝通的学长，受他的影响，我打下了社会科学基础。此前十几年的锻炼经历也使我对社会学的研究更富有感性悟解与理性认知，是“更接地气的哲学”。真正的哲学一定是从当代生活的深处发出的呼唤。哲学家要学会把哲学从学院高冷的位置上拉下来，让哲学更“接地气”。

“哲学”这个词传入中国社会之始，人们就被告知，哲学起始于追寻世界本原。然而，今天此问已部分转由物理学回答。哲学可说的，至多的是提醒人们，物理学解释的并非本然世界，而是世界图景。作为寻源之学的哲学，现在最前沿的课题是揭示文明起源。社会学（准确地说是人类学）试图完成这一使命，成绩可称斐然。然而，解释文明何以多元遇到了困难：同为智人，为什么发展出各异的文明？这一使命只好由哲学接手。

全球化急速进行，加剧了世界诸文明体之间的紧张。寻求诸文明体和平相处的现实需要推动了哲学要关注文明之源问题。所以，追寻文明之源是时代赋予哲学的使命，尤其是赋予中国哲学的使命。

盟宣：您怎样看待中国哲学？

谢遐龄：我理解的中国哲学，不是目前学科分类中的中国哲学史，那是按研究的资料集合确定的名称。

我理解的中国哲学是指今日活跃成长着、完善着的哲学，尚未成熟到整理成体系的阶段，却在指导或引导人们深刻思考当前的中华文明，而其自身又是中华文明根基。它是构成当今中华文明体的三大文明磨合之产物，又是文明融合得以成功的向导和基础。

中国哲学不会是昔日中国哲学史之现代转型，应是目前中国哲学界视野中的所有哲学资料中内含的丰厚思想汇总后提炼所得。

中国哲学也可被看作中国哲学史观的现代转型，它以全新的面貌呈现于世，完满解释中华文明体内部三大文明流之源，为解释世界五大文明体之源打下基础，成为未来全球哲学的最佳候选者。

盟宣：关于做学问，您有没有对其他研究者说的？

谢遐龄：现在做学问总是说，要有问题意识。很多人都是从书本里找问题，而我认为，要在现实生活中发现问题，带着这种问题意识去研究古籍。也就是说，问题意识要跟现实有关联，要在现实生活中感悟古人的东西现在是否仍然有效。

今年在江西参加陆九渊诞生880周年纪念会上，有位学者说，看到我这两年“经常出手”。我回答说：我只是想在离开世界之前把有些话说掉。到晚年有一些新的认识，不讲出来是损失。总要给后人留点东西。把认识到的东西讲出来，可以给他们省一点点力气。

（执笔人：殷志敏）

砥砺深耕

马　波：英语专业8级，"半路出家"成了"金牌教练"

当地时间2019年8月27日晚，第45届世界技能大赛在俄罗斯喀山落下帷幕。各比赛项目结果现场揭晓，中国代表团成绩耀眼——16枚金牌、14枚银牌、5枚铜牌和17个优胜奖。其中，上海选手徐澳门获得车身修理项目金牌！这沉甸甸的金牌中，也有他的教练——中国国家队教练组组长、民盟杨浦区委文教支部委员马波的贡献。去年，他带领学生杨山巍在第44届世界技能大赛上荣获车身修理项目金牌，为上海职业教育夺得第一块世界金牌，实现"零"的突破。马波的荣誉也接踵而来，先后荣获"上海市园丁奖""金牌教练""上海市青年岗位能手""上海市五一劳动奖章"……

一次手术意外打开"一扇门"

马波（左）

如果不是因为一次大手术，英语专业8级的马波可能还在讲台上教英语。

马波高高壮壮，戴一副黑色半框眼镜。他现在是杨浦职业技术学校汽车专业教师、民盟杨浦区委文教支部副主委。多年后回顾自己走过的路，马波自己都觉得惊奇。当初明明是一次手术后减轻了教学任务，他却因为闲不住，慢慢转型成了汽车专业教师，而其后的训练和挑战可以用“疯狂”来形容，但他却乐在其中。

2003年，马波正式成为一名英语教师，一周20节课的工作量，对他来说并不是难事。然而，2010年的一次大手术让马波暂时离开了三尺讲台，上腔静脉问题令他不得不在身体里装了十多厘米长的“三通”人造血管。回到学校后，马波的英语教学任务减少了，每周20节课变成了8节，但他自己并没有松懈下来。

在教学之余，马波开设了一个跨专业的融合型社团，不同专业的学生互相交流知识和技能，一起构思、设计、制作作品。看着一件件“跨界”作品在同学们手中诞生，他体会到创造的力量和技能的宝贵。

而就在这时，学校汽车专业发展蒸蒸日上，不仅已经开始制订专业教学国际标准，也在国际比赛中接连崭露头角。在此过程中，学校急需既懂专业又懂外语的教师。

马波平时就喜欢琢磨、喜欢动手尝试，在担任汽车专业英语教学过程中，看到学生们制作一个个精美的汽车钣金件时，他有点“手痒”，忍不住自己也上手敲打了一番，结果作品做得“不比学生差”。

这两件事让马波对汽车专业产生了浓厚兴趣，他开始大量“蹭课”，和学生们一起钻研汽车车身修复专业技能，他像一块海绵，不断吸收着各种知识。渐渐地，马波从一个门外汉摸出了门道。当机会来临时，他自然而然转型了，成为学校汽车专业的教师，由于技术过硬，学校培养他成为专业骨干。

原创训练方法数十种

2015年，马波勇挑重担，担任第44届世界技能大赛车身修理项目上海集训队教练，承担了上海选手参加世界技能大赛全国选拔赛的带赛任务。当时，没有现成的训练手册和训练方法供参考，和团队中的许多老师一样，马波几乎放弃了所有业余时间，访问专家、查阅资料、不断探索最佳训练方法。

他发现选手使用的测量尺对于车身测量结果会产生很大影响：钢卷尺精度低，钢板尺不便于操作，进口的软钢尺价格昂贵但同样不能适应有些位置的测量。哪一种都不合适，怎么办？马波琢磨，能不能把柔性刻度尺和软磁条结合起来呢？于是，他创新发明了磁力贴车身测量尺。这样一来，测量结果有了大幅提升，而且使用方便，还能降低一定的训练成本。

面板测量精度也是一个困扰训练和比赛的难题。每台车身在外板尺寸上都有着轻微的差异，这种差异用肉眼无法察觉。然而评分时，零点几毫米的差距就会对比赛产生极为严重的影响。所以，马波又不停试验，尝试多种解决方案后，他发明了利用低温热熔塑料制作样规的方法，并设计了一套标准流程，将面板测量的精度提高了一个数量级，大大改善了训练效果和比赛的公正性，受到专家和裁判的一致好评。

类似的原创训练方案方法前前后后有数十种。“不断创新的过程很有挑战，也很有趣，这也是不断开拓创新、精益求精的过程。”马波显然乐在其中。

挑战远比想象的多

马波没有料到的是，接踵而来的挑战远比想象的多。

2017年4月，马波带领国家集训队赴云南基地走训考核。比赛第二天晚上11点多，马波的手机突然响了，带来的是令人揪心的消息。他妻子驾驶的轿车与集卡相撞，车里的妻子和儿子都受伤了，妻子被送去仁济医院，儿子被送到儿童医学中心。马波说：“当时，我拿着电话的手都有点发抖，一幅幅可怕的画面在我脑中闪现。”马波当即叫了去机场的出租车，当时唯一的念头就是赶紧回上海。“妻子很少开车，要不是因为我不在家，她不得不在下雨天冒险接送儿子，怎么会发生事故！”马波内心自责不已。

正在愧疚煎熬时，他的手机又响了。原来杨浦职校的同事们已在第一时间赶去医院帮忙处理，妻子和儿子的伤势已没有大碍。妻子没有抱怨，反而在电话里让他安心比赛。这个一米八的大个子忍不住双眼湿润了……

“电话挂断，车也到了机场，可一想到这里的比赛还在等着我，准备下车的脚，却怎么也迈不出去。”马波深深吸了口气，对司机说：“师傅，我不坐飞机了，我们掉头回去。”

回到基地，马波一声不吭地继续参加集训和考核。后来，他和集训队又挥师北上，赴郑州基地进行第二轮的走训考核。一直到所有项目结束，马波才和选手教练一起返回上海。通过选拔赛的三名上海选手旗开得胜，他的学生杨山巍也在其中。事后，大家才得知马波家里发生的情况。

“不合格”的爸爸

2017年6月，准备世界技能大赛进入了冲刺阶段，选手们每天从早晨6点训练到半夜，除了吃饭洗漱，所有时间都在实训室里度过。马波此时被聘为世界技能大赛车身修理项目中国教练。身负“国”字头重任，马波完全忘了自己曾身患重病，现在还需天天吃药维持。他与选手同吃同住同训练，有时上厕所都在讨论技术问题。整个团队都把集训基地当成了家，每个成员的投入程度几乎可以用“疯狂”来形容。

马波的儿子正在上小学，他在作文里写道：“我的爸爸长着一米八的身材，留着蘑菇头。为了给国家争光，培养优秀的车身修理人才，他加班加点，每天一大早就起来，去学校做流程图，并亲自指导学生做好每一件事。因为他是个优秀的老师，所以成了一个‘不合格’的爸爸。而且，妈妈安排的好几次游玩都因为他工作太忙取消了。”

说到这篇作文，马波很惭愧。但为了学生，为了学校，为了所热爱的教育事业，他“不后悔”。他说：“大家一门心思都是为了同一个目标，就是要让中国培养出来的职业选手登上世界最高领奖台。”

胜利来之不易

2017年10月，第44届世界技能大赛在阿联酋阿布扎比拉开帷幕，来自59个国家和地区的1200余名选手在50个项目展开角逐。车身修理项目比赛的赛程4天，累计比赛时间为22个小时。这是对选手技术技能、体能耐力、心理素质和应变能力等方面综合实力的考验。

这一届大赛更为残酷的是有太多不确定性，赛题、赛程和赛场环境时刻都在发生变化。比赛期间的耗材、配件也多次发生变化，这对选手的比赛策略和赛场应变能力都提出了更高的要求。而这些，马波事先已有所准备，在训练中，他就经常给杨山巍"出难题"，甚至是挖空心思"刁难"他，锻炼选手的应变能力和心理素质。

刚开始比赛时，外国专家并不看好这个不到20岁的中国毛头小子。到了第二天，大家已对杨山巍刮目相看，多国专家围着他拍照、拍视频。中国队在车身修理项目的赛场上一天天火起来，外国专家越来越热情，不少人还提出希望带他们的选手到中国来走训。

最终杨山巍以总分领先第二名3分的绝对优势取得金牌，要知道这是每个细节以0.05分为单位进行扣分的比赛。杨山巍身披国旗，跑过半个法拉利公园，站在高高的领奖台上。那一刻，马波的微笑中也含着泪花，心里百感交集。他们用智慧和双手，体现了"中国工匠"的专业技能和时代精神，向世界证明了"大国工匠"的强大力量。

就在这次世界技能组织成员大会上，世界技能组织主席西蒙·巴特利宣布：中国上海正式获得2021年世界技能大赛举办权。杨山巍的夺冠，无疑又为上海举办世赛增添了有力的一笔。

比赛只是一种手段。马波说："我满心期盼，实现'中国制造2025'计划，呼唤更多年纪轻、素质高、敢创新的大国工匠。"

（执笔人：左娟娟）

王广利：中国的奔月之旅

“莫道嫦娥路太远，安得猛士倚天建。巨臂力擎承天盏，宏轮驱动天河转。”这几句诗，出自中国科学院上海天文台嫦娥四号VLBI（very-long-baseline interferometry甚长基线干涉测量）测轨分系统总设计师、盟员王广利创作的《天马》。就在“全国科技工作者日”，他荣获2019年上海“最美科技工作者”，还将作为上海地区候选人参与2019年全国“最美科技工作者”角逐。

王广利于1998年入盟。曾参与我国嫦娥一号到四号的发射任务，接受我们采访时，他正在参与嫦娥五号任务，所参与的“嫦娥四号任务VLBI双波段ΔDOR精密测轨”入选2018年度“十大天文科技进展”。曾获我国“首次绕月探测工程突出贡献者”称号，上海市科技进步一等奖，中国科学院朱李月华优秀教师奖以及国防科工委探月三期关键技术攻关优秀个人等称号。

让我们通过访谈，一起走近王广利和他的“探月”之行。

盟宣：人类对月亮的向往自古有之，现代人终于实现了登月的梦想，人类历史上有哪些重要的月球探测活动？

王广利：从20世纪50年代起，人类已向月球发射了110多个探测器。例如，1959年的月球2号，第一次完成探测器硬着陆月球表面，人类开始通过探测器零距离认识月球；1964年徘徊者7号第一次拍摄了月球表面；1966年月球9号第一次在月球表面软着陆；1969年阿波罗11号开始载人上去，阿姆斯特朗第一次登上月球，留下脚印……自从2007年嫦娥一号之后，我国也已开展了四次月球探测任务，发射了六个探测器或绕月卫星，今年年底将发射嫦娥五号。

盟宣：我们国家的探月活动有哪些特点呢？

王广利：我们国家的探月活动是按步骤按计划进行的，是一项百年计划。一是“探”，看看月亮上面有什么；二是“登”，派人上去看看真的是这样吗？三是“驻”，长期驻留，建立基地。目前我们是在“探”的阶段。探月工程又分为三期。一期是“绕”，实现绕月探测，也就是发卫星围着月亮转，如嫦娥一号、嫦娥二号的探测活动；二期是“落”，实现月面软着陆探测与月面巡视勘察，如嫦娥三号、嫦娥四号的探测活动；三期是“回”，实现采样返回，如嫦娥五号实现区域软着陆及采样返回。

盟宣：“嫦娥奔月”流传千年，如今神话正在成为中国航天的现实，您能简单介绍下嫦娥一号到嫦娥四号的情况吗？

王广利：嫦娥一号于2007年10月24日发射成功，在轨运行494天，2009年3月1日受控撞月。嫦娥一号上面放了很多科学设备，通过这些设备，我们解开了诸如探测月球上的泥土是怎样的，挖下去有多深，月球表面的空间环境如何等这些问题的答案。

嫦娥二号于2010年10月1日成功发射，首次实现对4179小行星探测，它后来就在太阳系里转，现在已经成为太阳系卫星，环绕太阳飞行。

嫦娥三号于2013年12月14日安全软着陆，12月15日两器分离。嫦娥三号成功着陆月球表面后，释放了月球车玉兔号，这是人类继美国的阿波罗号和苏联的月球号任务30多年以来再一次成功完成着陆器和月球车的软着陆。嫦娥三号着陆于平坦的雨海北部，着陆区后被命名为“广寒宫”。

嫦娥四号于2018年12月8日成功发射，2019年1月3日在月球背面南极—

艾特肯盆地软着陆，并实现巡视器、着陆器环拍，主要载荷成功开机，各项科学探测工作有序开展。目前四号探测器仍在月球工作中，有意思的是，它一个月只干十几天的活，月球上的一个昼夜大约是地球上的4个星期左右，也就是半个月白昼，半个月黑夜，由于没有空气和云层阻隔，白昼温度可达127℃，黑夜下降到–183℃，所以，它在黑夜的时候以及正午太阳直射的时候因为太冷或太热，需要“休眠”。

嫦娥一号发射的时候绕了地球很多圈，最后才跑到月球上去，又围绕月球转了几圈才降临轨道。这是我国第一次向深空发射卫星，所以要像小孩子学走路一样，一小步一小步地往前走。嫦娥二号发射时有经验了，直接跑到月球附近，但是不放心，还是绕月球兜了几个圈子。嫦娥三号发射时技术已经很成熟了，从发射到软着陆，只用了13天。嫦娥四号首次成功登陆月球背面，开展巡视探测任务，在世界上影响很大。

盟宣：为什么嫦娥四号要选择在月球背面着陆呢？

王广利：因为没人去过。月球围绕地球转一圈约27天，自转一圈也是约27天，所以我们从地球上看，永远只能看到月球迎着地球的一面，即正面。以前所有的探月卫星都是从正面降落的，我们就是要做前人没有做过的事情。

盟宣：那么着陆点为什么会选择南极—艾特肯盆地？

王广利：嫦娥四号着陆点位于月面东经177.6度、南纬45.5度附近，南极—艾特肯盆地，之所以名称前面加上“南极”，是因为盆地边缘到南极了。盆地直径约2240公里，深13公里，地球上最深的马里亚纳海沟也才11公里。着陆点选择这么深的地方，是考虑到深的地方可能会有水。现在人类在外星球探测的主要目的之一是找水。嫦娥四号是嫦娥三号的备份星，与嫦娥三号的着陆点几乎是月球两面对称的地方。值得一提的是，两个探测器在着陆过程中的动力下降过程是不同的：嫦娥三号是斜着下来的，嫦娥四号是垂直下来的。为什么呢？嫦娥三号在月球正面，我们一直能看见它，边走边看，随时调整。而嫦娥四号在月球背面我们看不到，所以要先在很高的上面，看清楚了直接往下落。

盟宣：既然看不到，如何确保探测器能在月球背面成功着陆？

王广利：需要先发射一个转发星，也就是中继星。中继星可以同时看到地球和月球背面。月球背面的信号转到中继星，中继星再转发到地球上去。如同所有深空飞行器一样，嫦娥四号发射后并不是自主飞行的，需要全程测控保障，特别在进入使命轨道前。测控网基本技术就是测距测速+VLBI（ΔDOR）。

嫦娥四号包括中继星和探测器两次发射任务。鹊桥号中继星于2018年5月21日发射后，VLBI开展了为期3周的每天实时测轨工作以及后续平均每周两次的轨道维持观测。2018年12月8日探测器发射前，VLBI总共开展了75次观测，每次持续约10小时。探测器发射后到2019年1月3日月球背面着陆以及1月13日之前的第一月昼每日开展探测器的实时观测任务。其中，有15天开展中继星和探测器观测。任务期间，VLBI各测站观测正常，VLBI中心数据处理正常，网络数据传输正常，VLBI各项测量指标都满足要求。

盟宣：我们知道，VLBI简单来说就是使用多个天文望远镜，同时观测一个天然的射电天体或有无线电信标的人造天体，相当于一个巨型望远镜获得的观测效果。那么VLBI又是如何为嫦娥四号成功实现月球背面着陆保驾护航的呢？有哪些技术上的突破？

王广利：测控能力是一个国家深空探测能力的最直接显示。由中国科学院上海天文台牵头承担，国家天文台、新疆天文台和云南天文台参加的探月工程VLBI测轨分系统，圆满完成了中继星和探测器的轨道测量任务，为探测器在月球背面成功着陆提供了重要保障，作出了重要的贡献。

为了完成嫦娥四号任务，VLBI测轨分系统实现了很多新的技术突破：

首次在我国创新性使用S波段ΔDOR技术。针对嫦娥四号中继星任务特点，灵活设计以避开对微卫星、科学载荷的频率互扰，研制了S波段ΔDOR数据处理系统，优化电离层误差修正模型，并采用测站S波段无线电干扰抑制技术，各项测量指标优于工程任务要求。

首次实现地月拉格朗日L2点Halo轨道中继星精密定轨。嫦娥四号中继星在地月拉格朗日L2点Halo轨道长期驻留，轨道周期长，动力学约束弱，轨道参数相关性强，轨道机动频繁的特点，精心设计定轨策略，优化分析模型，确保嫦娥四号中继星定轨预报精度满足工程任务指标的要求。

嫦娥四号探测器、中继星分时观测快速切换技术。在嫦娥四号探测器实时任务期间同时存在对中继星的VLBI测轨需求。VLBI测轨分系统在不具备开展动态双目标同时观测的技术能力下，提出分时观测解决方案。通过精化测量方案，改进软件接口设计，优化数据处理流程，并结合任务前的反复演练，保证分时观测的可靠性。在总计15次分时观测任务中成功实现了两个观测目标在规定时间内的观测任务转换，为满足探测器和中继星的测轨要求作出了重要贡献。

国内首次实现中继星天线在轨标定技术。利用天马65米射电望远镜在我国首次实现嫦娥四号中继星4.2米天线指向的在轨标定。任务期间天马站共完成了7次在轨标定任务，实际测量和解算了在轨天线指向偏差，测量和解算综合误差优于0.01度，为嫦娥四号中继通信作出了关键贡献，并为后续类似任务打下了良好基础，并得到了嫦娥四号工程总体的高度评价。

盟宣：最后，请您简单讲讲，通过这么多年来的探月活动，我们都知道了些什么，或者说有哪些收获呢？

王广利：收获很多。我们近距离地看月球，看到了从地球上看不到的东西，看到了月球表面是什么样的。比如，月球表面遍布碎石和尘土，像沙漠一样，而比戈壁滩更为糟糕的是，一脚踩上去尘土飞扬，所以仪器在月球上降落的时候，防尘是非常重要的。

人类还在月球上放了月面激光反射棱镜。棱镜的特点是光线打过去原路返回。从地球向月球打激光，激光再返回地球，通过打出去和回来的时间差，测出地球和月球之间的准确距离，这就是“激光测月”。通过计算，我们把月球绕着地球转的轨道测算得非常清楚，38万公里可以精确到厘米。

我们在月球上还摆放了月震仪和测月雷达，可以发现月球内部的构造。不同的物质发射不同的频谱，通过这一原理，我们得到月球表面铁元素、钛元素、氢元素等元素的含量。如月球正面的铁元素和钛元素含量比较高一些。

通过卫星的雷达测算，我们还可以知道月面地形是高低起伏的。

我们还知道月球上在南极北极深坑的地方是有水的，水以冰的形式存在。水可以电解出氧气，人类想在外星球生存需要大量的水和氧气。我们相信，随着科学技术的不断发展，去月球就是一场说走就走的旅行。

（执笔人：殷志敏）

王振东：“咖啡王子”的成长之路

有人说，看一座城市有多少文化底蕴，要看这座城市有多少人拥有开咖啡馆的梦想。因为爱咖啡、爱生活的感情足够深，才足以撑起一个咖啡馆的理想。来到上海君客职业技能培训学校，这个很多人梦想生根发芽的地方，我们见到了学校的创始人，也是今天的主人公——上海啡越投资管理有限公司董事长、静安区人大代表、民盟静安区委副主委王振东。

作为已从事咖啡行业近20年的咖啡行家和创立三家公司的成功经营者，不似刻板印象中的文艺青年或是善于贩卖情怀的创业者，王振东更像是幽默健谈的社会活动家，从咖啡行业的林林总总，到职业教育的发展现状，再至当下社会的热点问题，都见解深刻、侃侃而谈，对时代、社会的变化保持高度关注，充满活力与热情。他的故事可以说是一次次突破自我的华丽转身，一场场磨砺之后的沉淀蜕变。

蜕变：从年少不羁到踏实奋斗

王振东1981年生于静安，长于静安，第一份工作也在静安。初入社会的他并非一帆风顺，毕业后进入一家咖啡食品公司工作。由于不认同公司的一些管理制度和理念，年少气盛的王振东倍感束缚，选择了辞职，感觉只要换份工作就能摆脱当下的负能量。然而，重获自由的喜悦并没有持续多久，裸辞后找工作没有进展，他逐渐陷入了更加迷茫的状态，甚至一度沉迷网游。

状态越来越“丧”，日复一日地“宅”生活终于到了心理极限。王振东渐渐意识到，无论如何生活还是要继续，不管是游戏通关，还是人生抉择，最重要的是面对问题、解决问题，才有能力选择自己想要的生活。他重新回到了公司，心态有了很大变化，摒弃浮躁，开始踏踏实实努力奋斗。从咖啡技能到经营知识，从网页制作到网站运营，不放过每一个尝试和提升的机会。虽然此时的人生目标还很模糊，但是王振东不再患得患失，而是竭尽所能，每一种探索都为以后坚定方向奠定了基础。只有不断探索、与社会磨合，适合自己的机会才会到来。

回想这段“Gap”经历，王振东形容道：“如同一下走进了广阔的沙漠，看上去是自由了，但完全丧失了方向和坐标，其实感受不到自由的快乐，甚至可以说是另一种痛苦。”

创业：明确方向敢闯敢试

一分耕耘，一分收获。2007年，王振东对咖啡市场已经非常了解，工作的几年间不仅学到了咖啡制作技能，还积累了丰富的产品和运营知识，逐渐明确了职业方向，敢于尝试的他开始了第一次创业。当时国内几乎还没有连锁咖啡品牌，甚至还没有外卖咖啡的概念，王振东创立了咖啡外卖连锁品牌Timo Coffee，3年间将门店数量增加至20余家，为包括上海交大、飞利浦总部等诸多知名企业提供咖啡服务。2011年第二次创业，成立上海君客商务咨询有限公司，并与上海商学院开展校企合作项目，发起成立了上海首个咖啡行业组织“上海食品协会咖啡专业委员会”。之后他主要从事行业人才培训和技术咨询，为雀巢、亨氏、星巴克等餐饮企业和相关产业品牌公司提供技术开发服务。

创业成功的同时，王振东并没有止步。他看到的不仅是已取得的成绩，还看到了国内亟待完善的咖啡知识体系。他深感当时国内各种流派的咖啡理论过于碎片化，咖啡师的专业水准、人才基础都跟不上迅速发展、潜力巨大的咖啡产业。于是，他毅然决定放弃收益可观的咖啡外卖连锁店，全身心投入咖啡培训行业。

王振东决心要做的事谈何容易，相当于要梳理出整个咖啡行业的主要理论体系，还要总结出一套实用可操作的培训系统和标准。作为一名已经小有所成的优秀咖啡师和经营者，他敢于选择“归零”，以初学者的姿态重新学习咖啡。然而，当时国内咖啡师技能培训的讯息匮乏，几乎没有专业系统的培训机构，他只能通过在专业的BBS论坛查阅大量的国外资料、和同行交流探讨、赴国外参加培训等方式步步摸索，在两年时间内获得了SCAE（欧洲精品咖啡协会）和SCAA（美国精品咖啡协会）各模块的专业级认证，并获得SCAE颁发的Coffee Diploma（咖啡学位证书），成为国内首批通过认证的精品咖啡协会授权培训师（AST）和国际考官。

将多年积累和系统学习融会贯通，结合丰富的从业经验，王振东于2016年踏上了第三次创业之旅，成立了首家专业培训休闲餐饮技术的职业技术学校——上海君客休闲餐饮职业技术培训学校（即上海啡越投资管理有限公司），并担任教务长，凭借专业级的咖啡技术、标准化的培训体系、国际化的认证资质在咖啡行业打响了自己的品牌。团队已累计培养、签发国际认证咖啡师1778人，其他非认证咖啡师技术培训约5000人次，职业体验9000多人次，为2430余名在校生提供咖啡、调酒及时尚饮品专业课程。此外，他还担任咖啡通用教材主审工作，开发了上海咖啡师专项能力鉴定项目。

2017年，他敏锐地察觉到自媒体蓬勃发展的趋势，又创立了上海啡越文化传播有限公司，创新自媒体品牌“自调派”平台视频播放量单年累计超过两千万次，年内为近50家饮品创业提供了技术服务和支持，获静安区十佳创业项目等称号。由于其在行业内的杰出贡献，王振东获得了静安区首批中青年拔尖人才、静安工匠、静安青年英才等荣誉。

创业容易守业难，作为一个创业者，如何不断转型走向成熟、如何在“大浪淘沙”的市场里生存下来，王振东谦虚地表示，自己的成绩首先还是要归功于时代，抓住了经济蓬勃发展和咖啡行业方兴未艾的良好机遇。

此外，他认为成长型思维尤为重要：“创业需要的是一种性格、一种人格特质，对于创业者来说是没有舒适圈的，创业需要具备勇于寻求突破、不断自我否定的精神，遇事不要只看到困难，而是要看到机会和潜力。市场不停变化，成功的商业模式可能只能维持1–2年，我们每年都在思考下一步如何创新和进步。”

2019年8月，王振东再次出发，新开了一家名为“Paine coffee小羯羯”的咖啡店。店名的由来非常温暖有爱：王振东的夫人是静安区调酒师首席技师，两人都是各自领域的佼佼者，在奋斗打拼的过程中相知相爱，还有了爱的结晶。巧合的是，夫妻二人和双胞胎宝宝的星座都是摩羯座，为此，王振东决定将新店命名为“小羯羯”。新咖啡店没有选择更能体现其技术特长的精品咖啡，而是以青柠叶拿铁、七里香拿铁和糯香米浆拿铁等创新产品为主打。对此，王振东说：“只有大家都爱喝的咖啡，才是我内心追求的好咖啡。我希望通过Paine Coffee，用心做出一杯真正属于中国的好咖啡，属于上海的好味道。”

沉淀：主动担当社会责任

2013年，王振东加入民盟，作为两区合并后的静安区首届政协委员和民盟市委青委会委员，王振东不再仅仅是一名咖啡从业者，也承担起了更多社会责任，积极参政议政，建言献策，多篇与咖啡行业、职业技术相关的社情民意被民盟中央及市级部门录用，连续两年在区“两会”提出与职业相关的个人提案并得到有关部门的答复落实。

作为静安区委统战部的特约信息员，王振东积极投稿建言献策，不仅仅局限于自己的专业领域，而是发挥工匠精益求精的精神，将钻研精神渗透到生活的方方面面，把社会公益和参政议政相结合。

2019年，他撰写的关于自闭症患者职业教育相关建言获上海市领导批示。说起这篇建言，王振东感慨万千，文章的素材来自他和自闭症患者小闪（化名）接触的真实经历。

2018年，小闪在妈妈和外婆的陪伴下来到王振东的咖啡学校。在学习咖啡制作的过程中，小闪出现了无法长时间集中注意力、难以有效控制肢体等困难。王振东没有轻易放弃，而是不断尝试，逐渐摸索出了一套高效的教学方式。通过半年的不懈努力，小闪通过了国际精品咖啡协会（SCA）咖啡师技术初级认证考试，获得国际初级咖啡师的证书。

王振东在和小闪的相处中深受触动，由衷地想为这些“星星的孩子”做些什么。与此同时，区人力资源社会保障局刚好作为上海市自闭者患者促进就业的试点在制订相关计划方案，于是王振东汇报了该案例，在交流中获得了思路和启发。之后还去了多个自闭症公益机构参观学习，又结合了其他公益组织的成熟做法，反复修改后最终打磨出了这篇建言。

2020年年初，新冠肺炎疫情不期而至，王振东第一时间调研中小微企业在疫情期间的实际困难，结合“六保”“六稳”的政策导向，撰写了相关建言并被有关部门采用。

王振东还有其他很多优秀的建言，也都经过了仔细调研、深入思考。此外，他还身体力行投身公益事业，作为上海就业指导专家团成员、乐业上海品牌推广大使，在招聘会现场为求职者提供就业创业指导；作为静安青联成员，远赴云南省文山州广南县坝庄为小学生捐赠物资等。

一路走来，王振东觉得，要怀有一颗赤子之心对待他人、观察社会，不要计较个人利益得失，简单做人，用心做事。

（执笔人：王语暄）

王 莹：带出一支享誉全国的学生乐团

刚获评2019年上海市三八红旗手的王莹，是控江中学的高级教师，也是民盟控江中学支部的主委。作为控江中学行进管乐团创始教师，她带领着这个全国知名的学生乐团走过了十年春秋。她是怎样带出这支享誉全国的学生乐团的？让我们一起聆听这位平凡的女盟员讲述她的不凡故事。

一月的“魔都”，寒雨连绵，正是最冷的时节。然而在同济大学大礼堂里，一场特别的音乐会正散发着青春与热情。来自控江中学行进管乐团的学生们迈着整齐的步伐，在礼堂里奏响了激昂的乐章，为乐团成立十周年庆生。而在台上，全神贯注指挥孩子们表演的，正是王莹。

这时的她还不知道，一个巨大的“惊喜”正等着她。

“台上几分钟只是一瞬，但它会成为我们记忆中最闪耀的一个光点。”

“乐团就是会有辛苦和汗水，也会有收获的地方。”

“它已经成为我生活的一部分。”

“来乐团才可以真的做回我自己。”

“有点像第二个家的感觉。”

学生们制作的视频其实很朴实，从日常的排练，演出的准备，到一次盛大的演出，再到乐团团员、专家团队、校外专家和校长的寄语，最后还有乐团每年神圣的干部及团长交接仪式。在这20

分钟的画面里，流淌着对乐团满溢的爱和对恩师真挚的感激之情。

“一开始根本不知情，演出结束听说学生们专门给这次演出做了个彩蛋，就把电视台、报纸的采访都推了，想看看到底是什么内容，谁想到……”回忆起当时的场景，王莹还有些不好意思。那时候她在台上潸然泪下的一幕，让在场所有人都为之动容。

2008年到如今，控江行进管乐团从默默无闻到誉满神州，乃至走出国门走向世界。起步于上海之春国际音乐节的他们，出访过南非；赢过印尼任秣国际行进公开赛数个大奖；奏响过比利时“中国年”活动最强音；和数个国家地区的乐团进行过交流演出；国内演出比赛更是获奖无数……这样一支来自中国高中的乐团，是怎样成立的？又是靠什么走过如此耀眼的十年轨迹呢？

自幼习乐　意外建团

“我是从小学音乐的，1985年杨浦区成立了杨浦区艺术学校，让孩子在正常上课期间又有艺术课，音乐课非常专业，同步放在学生课表里的。我从小学4年级开始读，读到高中毕业。后来又去了行知艺术师范学校，毕业后直接留校，做专业艺术老师。”在王莹的艺术生涯中，基本上从小就是在专业的学习中长大，所以在艺校工作五年后，她出来继续当音乐老师。从初中一路教到高中，在2008年时，来到了控江中学。

“2008年，杨浦区文化局和教育局要求我们参加上海之春国际管乐节。那个时候为了完成任务，就组织学生成立了这个管乐队，没想到就这么一年年过来了。”谈及乐队成立初衷，性格直爽的王莹坦言就是“完成任务”。看似几分诙谐的轻描淡写，实际上却是“压力山大”。学习民乐出身的她，对于管乐团那会儿可以说是一窍不通。就在她一筹莫展之际，原中国人民解放军军乐团行进资深专家荣艾国老师的到来，解了她的燃眉之急。“那会儿荣大校手把手教，让我一步步学了下来。过程真的很苦，但到了演出当天，看着学生们迈着强有力的步伐奏出和谐的旋律，苦尽甘来那个感觉真的很好。”后来，参加“上海之春”演出成了乐团每年固定节目，以前毕业的乐团成员每逢此时也都会回来看看聚聚。这一种家的感觉，让王莹对乐团也就更加难以割舍了。

十年一剑　甘苦自知

“我们并不是第一家创办高中行进管乐团的，然而很多学校的乐团两三年就停了，我们是上海唯一一家坚持了超过十年。”王莹的语气铿锵有力，透露着一种骄傲。她带团完成第一年的任务后，深知要做好这个行进管乐团，自己还是缺乏必要的专业知识。于是，她时常利用休息时间自费到马来西亚，还有香港特别行政区等地学习。不仅如此，她还通过学习交流的机会，与当地的音乐机构开展了广泛的合作。

“最初几年还好，学生能在乐团里服务两年。高考改革后招进来的学生，基本只能在乐团里待一年。”对于王莹来说，虽然坚持了十年的乐团，但每年几乎都是“新乐团”。虽然学校每年都有艺术特长生，但是数量非常有限，通常不到10人。“那剩下的90%只能找有音乐基础的学生，打击乐团大部分是零基础，要从头教起，旗舞团就真的要完全从零起步了。”为了保证乐团表演的质量，寒暑假的封闭集训就成了王莹的常规工作。此外，每周她还找上海交响乐团、爱乐乐团等专业人士给孩子们上课。

上海一个高中，通常音乐老师顶多配备两名，然而一个行进管乐团少则30余人，多则上百人乃至几百人，对于学生的管理就成了不可避免的问题。“我们的团，有团长，团长下面有声部长，声部长负责管理各个声部的团员，定期会召开团长声部长会议。”谈到乐团的组织结构，王莹坦言一百多人的乐团，要靠她一个人来管肯定不可能，她更多的是发挥学生的自主性，让他们通过自己当家管理，对团产生归属感和责任感。“演出方案和排练方案都是大家商量着来。一开始他们很腼腆，开会都静悄悄的。随着逐步的适应和熟悉，就越来越有‘小主人’的样子了。”

艺术如师　乐团育人

在王莹看来，高中是人格成型的关键时刻，这个时候社团就很重要。平日的学习是知识的积累，而社团的学习则要以未来技能和人格培养为主旨。对于乐团的意义，王莹指出不仅仅是学好一门乐器，更重要的是培养协作和自主管理的能力以及一颗感恩的心。每次排练结束后，全团的学生都会感谢老师的指导；而每逢家长来看演出，在结束之际也会拜谢家长的养育之恩和对于自己参加乐团的支持。

“行进乐队不像室内乐团，少一个人方阵里就会缺一块儿。所以，演出前最怕的就是团员生病受伤不能参加演出。”每次大的演出前，王莹都很担心减员，但是意外总是会如影随形。旗舞队曾经有个队员训练太卖力，手骨折了，怕影响大家，打着绷带还要上阵。有次去台湾演出，一个打击声部的学生发高烧，但是他的位置又没人替，就自己背着几十公斤重的大鼓，5公里行进演出硬是挺下来……“他们吃过这些苦，一生记着，很多学生在后来工作学习中都特别认真，严谨细致，这些都是在乐团中获得的宝贵财富。”

下个十年　整装再发

“最近也想做个教材，把一些自己学到的资料编撰成册，通过自己的经验总结给后来者一些借鉴。”对于接下来自己和乐队的发展，王莹坚定的目光里充满了期待。作为杨浦区学科带头人，除了正常的音乐课、学校的教学，她还要带六七个徒弟，身上还有学术研究的担子，工作量之大可想而知。采访中，王莹的儿子也默默陪伴在一旁。“带着他原因也很简单，陪儿子时间太少，有点时间都想拉他一起。”王莹的笑容中闪过一些愧疚。她直言工作压力的确很大，但是对于学生和乐团的爱，成为她前进的最大动力。“我常对徒弟们说，要把这个工作当作事业来做，别老计较个人得失，当你做成功时，所有人都会看到你的成就。”

如今作为民盟控江中学支部的主委，王莹肩上又多了一份责任。“入盟是在2004年，经人推荐介绍加入的。”回忆起入盟情形，王莹表示多少有点“先结婚后恋爱”的味道。“但是进了民盟后，通过写社情民意、参政履职，也了解了很多艺术教育之外的东西，和组织归属感。”

“乐团这十年算是个起点，希望未来十年，更多的十年，培养一批接班人，把‘艺术育人’的精神发扬光大。”王莹始终认为，乐团最高荣誉，就是在艺术教育的潜移默化中影响了孩子们的人生。“我对乐团未来最大的希望，就是找到个爱学生的接班人，把这个精神传承下去。”

（执笔人：王斯博）

杨士珍：无须灵光一闪，唯有从头再来

2019年9月23日，中华人民共和国成立70周年大型成就展在北京展览馆拉开帷幕，作为载入新中国科技史册的重大成就，首次人工全合成结晶牛胰岛素成果再度参加国庆大展。在上海岳阳路320号生化大楼的胰岛素展厅里，参与胰岛素研究并亲手搭建胰岛素模型的中科院生物化学研究所盟员杨士珍亲自解说，科研工作者们一幕幕严谨、协作、艰辛、奉献的画面徐徐展开。

三十年三度赴京亲手布展

1965年9月，中国科学家在世界上第一次人工全合成了具有生物活性的结晶牛胰岛素，标志着人类在认识生命、探索生命奥秘的征途上迈出了关键的一步。此项成果的“诞生地”是上海市岳阳路320号，由当时的中国科学院生物化学研究所、中国科学院有机化学研究所和北京大学协作完成。自1958年12月正式立项至1965年9月观察到胰岛素结晶，历时近7年。这是世界上第一次人工全合成与天然胰岛素分子相同化学结构并具有完整生物活性的蛋白质，标志着人类在揭示生命本质的征途上实现了里程碑式的飞跃。这一原创性工作被誉为“前沿研究的典范”，曾获1982年国家自然科学一等奖。

这段历史是新中国科技发展史上浓墨重彩的一页，也是中国科技界“与祖国同行、与科学共进”的最好注脚，饱含了中国科学家浓浓的家国情怀。自新中国成立50周年成就展开始，杨士珍就亲自赴京，参加十年一度的国庆大展，将首次人工全合成结晶牛胰岛素成果的象征——胰岛素模型亲手搭建完成，进行展示。2019年，76岁的杨老先生第三次赴京布展，仍然亲力亲为毫不懈怠，将老一辈科研工作者一丝不苟的“胰岛素精神”继续传承发扬。

民盟中科院上海分院委员会原副主委张芹对杨士珍的严谨求实印象很深。半个月前，杨士珍带着所里几位年轻同志一起站了整整三天，把模型搭建好，随后与张芹等人一同赴京现场布展。当模型在北京展览馆安置完毕，杨士珍仔仔细细地检查完之后，却发现模型不够完美，于是说了一句“我不满意”，就开始一个氨基酸一个氨基酸地拆开核对，从头再来。张芹马上把原计划下午回上海的火车票退了，现场几个同事和杨士珍一起站在刚开始布展，满是建筑灰尘的展厅里埋头忙活了一天。当最后一个氨基酸安置到正确位置，杨士珍才抬起头来长舒一口气道：“可以了。”其实这样细微的变动，在看展的观众们眼里是感觉不出差别的，然而杨士珍坚持科研工作不能有丝毫误差，“失之毫厘，谬以千里，没有什么灵光一现，我只相信一遍一遍地从头再来”。

“胰岛素精神”始于一穷二白

首次人工全合成结晶牛胰岛素是在新中国成立不久，人力、物力、财力极其缺乏的条件下实现的，那时的工作条件与今天相比不可同日而语，真可谓“一穷二白”。凭着老一辈科学家高尚的道德情怀，对党、对国家、对人民高度负责的态度，新中国的科技先驱在我国经济基础羸弱、西方发达国家严密封锁的条件下，最终收获了这一彪炳青史的重大科研成果。迎难而上的自信和勇气、严谨的科学作风、团队的精诚合作以及参与者的无私奉献，这就是续写辉煌不可或缺的“胰岛素精神”。

中国科学院生物化学研究所（生化所）于1958年夏召开包括王应睐、邹承鲁等科学家参加的高级研究人员会议，提出了人工合成蛋白质的基础理论项目。胰岛素是当时唯一阐明了化学结构的蛋白质。1955年，英国生物化学家桑格（1980年曾访问生化所）完成了胰岛素的全部测序工作，并因此获得1958年的诺贝尔化学奖。学术刊物《自然》当年发表评论文章说："合成胰岛素将是遥远的事情。"1958年12月，生化所邀请北京大学等单位，在所内举行了胰岛素文献报告会，王应睐主持会议，详细分析了人工合成胰岛素的重要性、现实性，探讨了研究的方案。随后，人工合成胰岛素项目被列入1959年国家科研计划，代号"601"。而"601"的内涵，是指20世纪60年代第一大任务，也是党和国家领导人亲自关心过问的重要项目。

生化所以科学家们的专长领衔，进行人工合成胰岛素前期的兵分五路探索，包括有机合成、天然胰岛素拆合、肽库及分离分析、酶激活和转肽等。当时国际上天然胰岛素拆合中几乎观察不到重组胰岛素的活性，因此文献讨论对二硫键的正确连接率很悲观。而生化所取得的天然胰岛素拆合成功，除了早期设计了98次（有书面记录的）实验，后来又进行了100多次胰岛素拆合条件及酸性仲丁醇抽提复性折叠的优化实验。这一切都是在当时实验条件十分简陋、大量试剂和氨基酸需要手工制备的条件下完成的，非科学家们坚定的"胰岛素精神"不足以保障其获得成功。

手摇计算机"摇"出国际领先水平

人工全合成结晶牛胰岛素第一次证实可化学合成生物大分子，在蛋白质之后，核酸的化学合成也很快实现，标志着我国在世界基础科学前沿领域的引领地位；随后，我国人工合成的第一个多肽药物催产素也实现了转化应用，于1969年在上海生化药厂产业化，开拓了我国第一个合成多肽药物。同年，中科院生物化学所、生物物理所、物理所和北京大学合作成立了胰岛素晶体结构课题研究组，代号“691”，杨士珍与其他成员埋头苦干了数年时间，合作完成“胰岛素晶体结构研究”课题，此项工作也处于国际领先水平。随后，杨士珍就在钮经义先生的研究小组里继续研究，还以第一作者的身份撰写课题“胰岛素原C肽的合成”，这为糖尿病的检测提供了有力支持，获得国家科技发明二等奖。

杨士珍回忆起当时那段几乎每周都在京沪两地奔波的岁月，不禁面露微笑，他说，虽然条件十分简陋，但是大伙儿都干劲十足，杨士珍现在尤能忆起每个人全身心投入的激情。几十位科研工作者在3年时间里几乎像家人一样日夜相对，大家在一个大实验室里互相帮助，一起做实验、一起画图、一起计算，所有的工作都融合在一起，不分彼此。当时的计算条件非常困难，因此计算组都是自己动笔进行复杂的演算，到了最后实在无法进行的才能上机。而且，白天计算机只能用于国防任务，得等到半夜，无论严寒还是酷暑，窗外夜色深深，屋内计算组的同志们用手摇计算机一圈一圈摇出国际领先水平的成果，内心是雀跃火热的。哪怕相对简单地核对工作，也是所有人一起上，可以说，“献身、求实、团结、奋进”的精神支持了这项科研工作的成功。

制作电子图也非易事，要分析电子吸收之后的形状画出图形非常困难，只能不断反复观测、画图。杨士珍记得，每到阳光明媚的日子，办公楼前就晒满了一张张手绘的“胰岛素晶体结构图”，没有复印机的日子，就靠这种手工“复印”方法了。完成电子图的绘制，再开始搭建模型，搭建过程同样需要耐心细致，一切全靠摸索，甚至到工厂寻找合适的材料也是一件极其烦琐而辛劳的事。1972年模型搭成，随即在中苏友好大厦展出并请尼克松访华时参观，这产生了良好的国际反响。

科研就是“老老实实做事”

在生化所取得的天然胰岛素拆合成功之后，有的人认为，“胰岛素合成的关键问题已经解决，只余下堆肽的技术活了”。于是，全国有很多单位一哄而上进行相关研究，然而这样盲目上马的做法最终没能合成出胰岛素的A、B肽链。生化所王应睐所长于1960年向中科院建言，集中精干专业队伍推进人工合成胰岛素工作，得到国家和中科院领导的全力支持。之后，科研工作者们仍然是靠老老实实地"重复实验"，无数次的实验设计，不断地积累经验，如此一步一个脚印，虽然走得慢，但是却离成功越来越近。

杨士珍正是这样认为，他对科研工作没有任何"高大上"的描述，在他口中，经常说的是"我们就是反反复复地实验"；在他眼里，看到的是所有人的精诚合作；在他心里，熟记着默默无闻的技术人员的名字。谈到胰岛素晶体结构的研究，对团队的努力，杨士珍介绍了很多；可是对自己的成绩，他每次都笑而不语。被追问得紧了，就不好意思地说："没什么好说的，就是老老实实做事……还是说说现在吧，过去做的一点事已经记不清了。"

谈到当下，杨士珍兴致勃勃地说起最近受邀参加的一个活动挺有意义：研究所组织新进所的青年同志一起进行胰岛素模型搭建活动，受到大家的欢迎。杨士珍特意解释了胰岛素模型搭建和展示的重要意义：原本胰岛素晶体研究完成之后，搭建模型只是其科研成果的展示，而在展示过程中，渐渐发现这样直观的视觉效果非常形象生动，不仅吸引了普通民众去了解科研工作背后的曲折故事，也加深了青少年对科学的向往和兴趣。除了十年一度的国庆大展以及不定期的宣传科普活动，杨士珍亲手搭建的胰岛素模型目前还在国家博物馆和上海科技馆等处长期收藏和展示，他说："希望更多的人由此知道人工全合成结晶牛胰岛素背后的故事，把老一辈科研工作者的'胰岛素精神'传承下去。"

（执笔人：朱盈）

杨怀东：一位被称作“大师”的普通美工

杨怀东，一位普通的民盟盟员，生前是上海药物所的普通职工，主要在宣传部门从事美工和平面设计工作。就是在这样一个看似平凡的岗位上，他用一生的时光，把工作做到了极致，为上海药物所的发展，特别是为上海药物所的文化传承、精神文明建设和思想宣传工作作出了重要的贡献。他的事迹，让民盟中央主席丁仲礼甚为感动，并专门批示报道；民盟中央常委、上海药物所原所长蒋华良院士此前也曾撰文悼念。今天，谨以这篇由民盟上海市委宣传部采写的纪念文章，向杨怀东同志致以深切的哀思和崇高的敬意。

推开中国科学院上海药物研究所信息中心三楼进门的那间办公室，在靠窗的办公桌上，一个普通的日历牌架的左下角空白处写着两个字“布展”，并用黑色水笔圈起来，是那么醒目，仿佛在提醒它的主人这一天的主要工作，日历牌永远地定格在2019年6月6日，再也没有翻过去，它的主人再也没能回来……

在国际档案日到来之际，中国科学院上海药物研究所“时代楷模王逸平的新药记忆”主题档案展于6月10日如期开展，精心制作的展板、创新雅致的布展、翔实生动的档案，展现时代楷模王逸平献身科学、献身祖国的一生，人们纷纷被展览所传递的初心使命所感染。而活动的布展者杨怀东却在正式开展的前一天住进了医院，两天后永远地离开了。时代楷模档案展成为他生前给人们留下的最后一幅作品。

他是药物所历史的记录者、是科学家精神的诠释者

杨怀东是药物所美编设计岗位上的一名职工，和很多人一样，默默工作在普通的岗位上。中国科学院院士、上海药物所原所长蒋华良说："这一个看似平凡的岗位，却是一项十分重要的工作，关系到药物所的党建、所风建设、所里的各项宣传和良好形象的树立，甚至关系到所的影响力的提升。杨怀东用一生的时光，把他的这项工作做到了尽善尽美，为药物所的发展，特别是为药物所的文化传承、精神文明建设和思想宣传工作作出了重要的贡献。因此，在我眼里，也许在很多药物所人的眼里，他是一位不平凡的药物所人。"

在药物所办公楼的一楼大厅，左手边是由12幅院士照片和简介组成的院士墙，令人肃然起敬、高山仰止。在院士墙的侧面一角，是一块白色透明玻璃上印刻着药物所的英文缩写，与爱心标识一起组成"I LOVE SIMM"，让人感到温暖而亲切，简单的布置却透出了药物所独特的文化，它们的设计者正是杨怀东。沿着大厅右侧走到底，就是所史"展示馆"。推门而入是药物所80多年的历史沧桑，呈现了丰富深厚的药学科学的发展历史，这里是上海药物所所史教育生动的教材，也是药物所对外宣传的窗口，而它的策划设计和布置者也是杨怀东。"杨怀东总是能给你不一样的惊喜。"这是记者听到的最多的一句话。展示馆里，有一个老式的木质立式橱柜，拉开抽屉，里面整齐地摆放着中国科学院院士嵇汝运先生生前记录的数万张文献卡片原件。这样的陈列让人深刻体会到老科学家治学的严谨和勤奋。这个创意同样来自杨怀东。"他确实是在普通岗位上的一位普通而平凡的人。他不做科研工作，但他的工作是对药物所的科研进程的展示。小到科研论文、课题组成果展板，大到国内高端论坛、高水平国际交流会议乃至年初到年末所有的活动、会议、总结与展示，他都参与策划准备，并全程摄影记录。"上海药物所原党委副书记厉骏说。

杨怀东在药物所图书情报室工作期间，主要负责科技摄影工作。他通过不断的专业学习和拍摄实践，熟练掌握了该项技术，并结合了拍摄的科学性与艺

术性，为科研工作人员提供了大量的一手实用资料。蒋华良院士至今还记得，20世纪90年代，打印和印刷技术还十分落后，发表论文所用彩图是用照相机对着计算机屏幕拍照，冲洗后寄到出版社制版印刷。当时他在药物所写的第一篇论文《关于青蒿素类似物三维定量关系研究》发表在*Acta Phamacologica Sinica*［15（1994），481—487］，其中的彩图就是杨怀东帮他拍摄并精心印刷的，以后很长一段时间内，他发表论文的彩图均由他负责拍摄和印刷，他俩自此也成了好朋友。1994年，杨怀东在药物所联合期刊编辑部从事美编工作，2000年杨怀东参与了《家庭用药》杂志的筹建，并先后任副总编、出版部主任等职。而这个以“面向百姓，传播医药保健科普知识”为办刊宗旨的杂志至今畅销不衰，深受老百姓的欢迎和喜爱。

在用光与影记录科学之美的同时，杨怀东出于对艺术的酷爱与追求，在完成科技摄影和美编、出版等工作的同时，还承担了所里诸多宣传美术设计工作。2007年，药物所迎来75周年所庆，杨怀东临危受命，接下广告公司无力承接的所史展示馆布展工作，在不到半年的时间里，他画出设计图，精心选材，创意设计，全情投入其中。药物所领导心中忐忑，问他，怀东，你行不行啊？他说，没问题，都在我的脑子里。他把75年的所史凝缩在展墙中，一步一景，他把老所长的书橱、打字机搬到展厅，无声讲述，他把药物所的发展脉络清晰完整地呈现，就像装修布置自己的家一样……杨怀东将所有的创意、所有的感情都凝聚在了展厅中。开展当天，当打开展馆大门时，所有人都由衷发出赞叹，太棒了！所史展示馆成为研究所的经典，这里接待过各级政府领导、来自全球各地的合作者、对科学充满好奇的莘莘学子，是药物所重要的所史教育基地、科普基地、党员教育基地。12年过去，所史展示馆在他的精心维护、不断更新下，成为药物所独特的文化标记。

此后，他一发不可收拾，“杨怀东出品”成为他的名片。所里重大活动找他，国际会议、签约仪式找他，老先生诞辰纪念找他，因为“杨怀东出品”总能出人意料地满意和惊喜。2012年，药物所建所80周年，他设计人手一枚纪念硬币，厚达数百页的《沧桑正道——中国科学院上海药物研究所八十周年文集》，还有园区里的道旗、大幅海报都是他营造的浓浓所庆氛围。2015年，为了纪念药物所创始所长赵承嘏老先生诞辰130周年纪念活动，他设计了从邀请函、会标、纪念册、宣传展板等全套作品，一位知名广告人见后赞叹功力深厚；2018年，他又与所办相关人员一起，收集有关照片、资料和档案，编制了《嵇汝运院士诞辰100周年纪念文集》；他还参与了时代楷模王逸平事迹所内宣传活动。另外，1996年至2016年，新药研究国家重点实验室经历了5次评估，每次不下百余张的展板，均由杨怀东主导完成。数不胜数的各类会议背景、标识的设计与布置，所里各种活动的文创等，都凝聚着他的心血与智慧。

"他形象地诠释了科学家的精神和价值，用完美的方式把论文和研究成果用艺术的形式展示出来，而不是简单地堆砌。他通过创作和艺术加工让人们去了解科学，让人产生震撼和共鸣。他记录了药物所的历史，是药物所文化传承、思想教育形象外在塑造者。凡是科学家们做的、说的，都通过他一点一滴记录下来，并以艺术完美的形式呈现出来。"厉骏如是感慨。

执着创新，做任何事情一定要做到最好

他的夫人俞蕾平说，杨怀东热爱所里的工作，没有别的爱好，平时逛街看到时尚的设计理念，他都会拍下来留着备用。他的信念是做任何事情一定要做到最好。

以艺术的形式来展现科学的美，这需要很高的技巧和对科学的理解与素养。各种细胞分子结构图，在杨怀东的照片里体现了科学的韵律美，实验室里的设备、仪器也不再是一堆冷冰冰的物件，而是成为情感寄托所在。走在药物所的走廊，墙壁上的一幅幅照片，一块块展板仿佛都在和你进行无声的对话。

和杨怀东共事的人都知道，无论遇到什么事情，压力再大，困难再多，杨

怀东的一句“没问题”都让人如释重负，他做事让人感到靠谱。他的作品不到最后一刻，是不会呈现出来的。他始终在思考每个细节，并不断地创新。直到展出前的最后一刻，他拿出的作品总能让人感到意外惊喜、惊艳。

对此办公室副主任徐晓萍深有体会，2012年，为了制作《沧桑正道——中国科学院上海药物研究所八十周年文集》，两人一起校对、修改直至凌晨三点。她说，杨老师，成败就在今晚了。杨怀东淡淡一句“没问题”让她吃了定心丸，果然从印刷厂出品的文集准时送到了参会人员手中，老同志们一页一页翻看着，热泪盈眶。

在2007年春节团拜会上，药物所向老科学家颁发“终身成就奖”，奖牌由杨怀东设计，他亲自挑选奖牌材质，奖牌设计力争体现每位老科学家的个性特色，“每块奖牌都是私人定制。”徐晓萍非常自豪地说。

“时代楷模王逸平档案展”是杨怀东生前的最后一个作品。在蒋华良院士为杨怀东写的“迟到的哀思”一文中附有杨怀东去世前的布展工作照，他正在安装射灯，这是他为此展设计的一个新亮点，当射灯打开时，会从天花板上射下“国际档案日”的徽标：代表档案盒和文件夹的长方形组成的五颜六色的徽标在展厅中心的地上熠熠闪光。蒋华良院士认为，药物所的发展，离不开赵承嘏、嵇汝运先生等老一辈科学家的艰苦创业精神，离不开王逸平这样的时代楷模精神，离不开全体科研人员和管理工作者的努力奋斗精神，也离不开杨怀东这样在基层工作的普通职工的爱岗敬业精神。如果每个药物所人都有杨怀东那样“做任何事情一定要做到最好”的信念，药物所一定会发展得更好，如果所有的人都有杨怀东这种朴实而又高尚的信念，我们的国家一定会发展得更加美好！

潇洒做人，行事如风，是最潮最有品位的“老头子”

看到杨怀东的人，都会迎面感受到他由内而外所散发的艺术家气息。面带微笑，轻声细语，温文尔雅。他时尚、阳光、有气质。光头，戴着眼镜，穿着对襟的上装，一条阔腿裤走起路来如行云流水，十分飘逸。大家都称呼他“大师”。

生活中他有一双发现美的眼睛。他真正把艺术创作、工作和生活融为一体，无论是外出旅游、随意逛街，还是在家里看电视，只要看到有赏心悦目的设计，他都会拍下来留作素材。他的家里装修得并不豪华，但你处处可以感受到这是杨怀东匠心独运的设计，走到一个角落，你会有种似曾相识的感觉，和药物所某次活动的展览布置有异曲同工之妙。屋顶的灯光设计，也似乎在某次活动中见到。他是追求极致的人，至今药物所的很多人手里都有去年他为自己退休而设计制作的书签，上面印有一圈一圈的年轮，很多人摆在自己的书桌上，似乎杨老师并未离去。

他对美的追求真正做到内在与外在的统一。内心美好而善良，对别人的关心是发自内心的真诚。蔡辉是他的徒弟，刚进所第二年的一天，天比较冷，他穿得比较单薄，杨老师劝他多穿衣服，小蔡当时还是个壮小伙，并不感到冷，所以也没有把师傅的话放在心上，还是单衣单裤。突然有一天杨怀东送了他件棉衣，说是逛街特地给他买的。小蔡的心里暖乎乎的，至今他还留着这件棉衣。并不只对他的徒弟，药物所上上下下，老老小小，只要有事找他帮忙，他总是当作自己的事，尽心尽力做好。柳红研究员说，我们太多人得到了杨老师的帮助，包括她自己的博士论文里的照片图。丁侃研究员说，课题组办的几次国内外会议都请杨老师帮忙设计。他敬业、阳光、友善，很乐于助人，请他做的事总能完成的比想象得好。黄敏研究员说自己从学生时代开始，做各种展板就总是麻烦他，每次杨老师都是根据要求各种修改，从不抱怨。

潇洒做人，行事如风是杨怀东的一贯作风。他生前曾有遗愿：身后事一切从简，不要麻烦所里领导、同事和朋友。他悄无声息地走了，直到丧事办完，单位的同事才得到消息，大家都非常痛心。“杨怀东为药物所留下了多少重要的一刻，为多少科学家留下美好的一刻，为多少友人留下最后的一刻。他却没来得及轻轻地挥手，悄然离去……”沈竞康研究员说。

曾在编辑部的同事吴民淑主编说，“得知所办征集杨老师照片，赶忙翻找文件夹里的照片，多年来的编委会议、学报三十周年、丁先生九十华诞等照片很多很多……可是，唯独没有杨老师，他总是甘当拍照的那个人！感谢杨老师对学报发展的默默贡献！”

顾书华说：“杨老师在药物所一个平凡的岗位上默默为药物所奉献了自己的一生，连走的时候都不愿麻烦单位，让我们看到药物所一位普通职工的高风亮节，他的精神值得全社会的人学习。”

“稳如钟，轻似云，来去自在，真大侠也！”这是药物所的一位同事对他的评价。

杨怀东走了，时光不会倒流，但人们依然会感到他的存在，药物所的走廊悬挂的照片，展示馆里的陈列，让人们依然会在明日时光里记得他，长长久久……

（执笔人：刘友梅）

吴蓓丽：行走在艾滋病毒的探索之路上

被称为“超级癌症”和“世纪杀手”的艾滋病，现在已波及世界五大洲157个国家，已有数千万的艾滋病感染者。直径只有100纳米的艾滋病毒，“杀”入人体复杂而庞大的免疫系统，就像一个人冲入千军万马一般，但一番厮杀后，胜利的仍然是它。难怪有人将艾滋病毒形容为微观世界中的superman（超人）。自1981年美国发现首例艾滋病患者以来，该病已导致全球约3000万人死亡。

2013年9月，美国《科学》杂志的出版人美国科学促进会（American Associotion for the Advancement of Science，AAAS）在上海召开新闻发布会，介绍中国科学院上海药物研究所的吴蓓丽研究组在趋化因子受体CCR5结构生物学领域取得重大突破性进展，这一发现为人类寻找新的对抗艾滋病药物打开了大门。这也是《科学》杂志第一次在上海召开新闻发布会，当天上海各大主要媒体均在显著位置予以报道，中央电视台、上海电视台、东方卫视、ICS上海外语频道等电视台以及《人民日报》等25家平面媒体对此新闻进行了报道。媒体让素来低调的吴蓓丽以一种她并不熟悉的方式走进了人们的视野，吸引了人们的目光。2017年5月，《自然》杂志又以长文形式在线刊登了吴蓓丽在B型 GPCR（G Protein-Coupled

Reeeptor）结构与功能研究方面取得的最新突破性进展，这也是她近年来在国际顶尖学术期刊《自然》和《科学》上发表的第六篇研究论文。

吴蓓丽自2011年回国以来，长期从事G蛋白偶联受体（GPCR）结构生物学研究。先后入选中国科学院“百人计划”、上海市“浦江人才计划”和“万人计划”青年拔尖人才，并获得国家自然科学基金委“优秀青年科学基金”，中国青年女科学家奖、谈家桢生命科学奖创新奖、药明康德生物化学奖杰出成就奖、上海青年科技英才、上海市三八红旗手、上海市科技系统五四奖章、中国科学院优秀导师奖等多个奖项。值得一提的是，2012年吴蓓丽加入民盟，2016年8月当选民盟中科院上海分院委员会主任委员。

探索：破解艾滋病毒感染侵入点

据专家估计，中国现有艾滋病患者和感染者约78万人，而患了艾滋病后，2年内的病死率为50%，5年内的病死率可达80%—90%。艾滋病就是人体的免疫系统被艾滋病病毒（HIV）破坏，使人体对威胁生命的各种病原体丧失了抵抗能力，从而发生多种感染或肿瘤，最后导致死亡的一种严重传染病。要研制有效的抗艾滋病毒感染的新型药物，就必须准确地理解艾滋病毒感染人体细胞的机制。

吴蓓丽告诉记者，艾滋病毒攻击人类免疫系统有两个“内应”——被称为共受体的CXCR4和CCR5，艾滋病毒只有在它们的帮助下，才能与细胞膜融合并最终钻入细胞。

那么，是否可以研发一种药物，来阻断HIV与CCR5的结合呢？要实现这个构想，就必须破解CCR5的三维结构，从而弄清楚它和HIV“勾结”的分子机制。然而，其三维结构的解析极具挑战性，长久以来一直困扰着国内外科学家。

吴蓓丽介绍说，CXCR4和CCR5均属于人体内最大的受体蛋白家族（GPCR），这个蛋白家族表达难度大且构象不稳定，很难获得可用于X射线衍射的蛋白质晶体。在美国博士后工作期间，吴蓓丽的研究主要集中在CXCR4受体上，她取得的重大研究成果——CXCR4的晶体结构于2010年发表在《科学》杂志上，这些工作为CCR5的结构测定奠定了基础。

与CXCR4相比，CCR5的结构解析需要克服更多的困难，但是，凭借解析CXCR4结构的成功经验，吴蓓丽领导她的年轻团队进行了大量的筛选和优化工作，利用一种新的融合蛋白稳定了CCR5蛋白的构象。同时，与上海药物所的蒋华良、柳红和谢欣三位研究员的研究组在计算机模拟、化合物合成和药理功能筛选等方面进行合作，最终获得了高质量的蛋白质晶体，成功解析了CCR5的三维结构。

《科学》杂志盛赞这项工作是“该领域的又一个重要里程碑”，并且“为研发更好的艾滋病治疗方法提供了至关重要的见解”。随后，吴蓓丽的团队又围绕着CCR5展开了药物研发工作，并成功获得了药效显著优于上市药物的“抗艾”候选药物。

坚持：十余年取得“一点”成绩

发现问题，思考问题，继而解决问题。吴蓓丽眼中的科学研究既不抽象更不神秘。“从小到大，我一直保持着一种钻研的韧劲。我的父亲也认为，我并不聪明，但是做事不达目的誓不罢休。”

正如曾经指导她博士后工作的Ray Stevens教授所说，“从一开始，吴蓓丽的目标就是解析这两种艾滋病毒共受体的结构并据此阐释其功能，这一明确目标一直激励着她的研究工作”。

吴蓓丽从2001年读研究生开始，一直致力于结构生物学研究，一干就是十多年。如今，她的研究已取得了“一点”成绩。到目前为止，蛋白质数据库（Protein Data Bank，PDB）中收录的由她作为第一作者完成的结构共10个，在《自然》、《科学》美国科学院院报（PNAS）、分子生物学期刊（JMB）、生物化学杂志（JBC）等国际重要期刊共发表论文十多篇。研究结果得到了同行的认可和关注。

谈及科研，吴蓓丽似乎总有说不完的话。也许是科研工作给她带来了太多的感悟。“做科研不但要有明确的目标，还要有十年磨一剑的精神，忍得住寂寞，坐得住冷板凳。任何科研的突破都不是一朝一夕的事情，往往需要长期的坚持和努力。”

科学研究对每一个人来说都不会是一帆风顺的，对吴蓓丽也是如此。她认为，实验中常常会遇到意想不到的困难，但千回百转之后总能见到曙光，这种经历不仅有助于培养信心，还能磨炼一个人的耐心。回望自己的科研道路，吴蓓丽说：“在美国做博士后时，我曾有3年多没出任何成果，走投无路时‘破罐子破摔’，尝试了一个曾认为是不可能的方法，却柳暗花明地得到了期盼已久的结论。这些非常珍贵的体验往往比成绩更重要。”

“最重要的还是专心、专注。”吴蓓丽说，有时双休日、节假日也会“宅”在实验室不出来。

“这样的生活不苦吗？”

“别人老问我苦不苦，其实只要是你感兴趣的事情，怎么会觉得苦？”她说，“所谓苦，就是不得已做你不想做的事呗。别人可能会觉得做实验、写论文很枯燥，但我乐在其中。”让吴蓓丽乐在其中的另一个原因，就是做科研时的简单、轻松、自由。“做科研会让你身心都很轻松，喜怒哀乐都变得特别简单。在实验室里我的脑子很轻松，不用去想任何其他的东西。当实验按照你的预想获得成功时，你会很快乐；而一旦失败，你又会寻找新的路径。你会感觉到，你的思维可以走到任何地方，没有其他任何限制。总之，是一种挺美好的感觉。”

恐怕这就是她的优秀之道。人生可以这般简单自然，同时也可以灵动丰富，因为内心纯净，所以更专注，更能将自己的事做得深入、做得出色。

开心：能做个好老师

高考的时候她很想当一名数学老师，所以填报志愿报考了北师大的师范类数学专业，不过阴差阳错她最后考上了北师大生物学非师范专业。“当年没有读数学师范类专业，没想到读了生物学非师范专业后，走到今天也成为一名老师，有了这些个上进、可爱的学生。”吴蓓丽终于得偿所望成为一名老师。

回到国内后，吴蓓丽有了自己的第一批研究生学生，为了让工作尽快进入轨道，为了让学生尽快找到学习氛围和状态，吴蓓丽的研究工作紧张而繁忙。这几年，她几乎没有属于自己的时间，大部分都在实验室度过，即使是过年，也只有短短的4天假期。吴蓓丽在学生身上投入了大量的精力，看着学生们一点一滴地成长，她心里感到由衷的自豪。2017年夏天，她的第一批博士生学生毕业，她感慨“到了收获的时候了”。

“如果说这些年的努力取得了一些成绩，这些成绩不属于我个人，属于我所在的这个团队。团队中宽松的科研氛围，同事们、学生们的帮助，是我成长的动力。”

当初从美国回来，在北京、上海去留之间，要做个选择。吴蓓丽觉得自己最终选择留在中科院上海药物所是正确的。2011年回来建立实验室，“百人计划”所提供的资金不够，药物所马上追加预算，购买先进的仪器。吴蓓丽说：“与其他结构已知的G蛋白偶联受体相比，CCR5的结构解析更具有挑战性。中科院有强大的复合型研究团队，药物所的蒋华良、柳红、谢欣等在计算机模拟、化合物合成和药理功能筛选等方面有很强的研究能力，通过与他们合作，最终获得了高质量的蛋白质晶体，成功解析了CCR5的三维结构。”

在中科院上海药物所，每次学生叫她老师时，她总是感到一种责任，生怕误人子弟。在清华大学读书时，导师饶子和院士的言传身教让她真切地体会到，做学问首先是做人，她也同样以此来教导自己的学生，总是不断强调给予年轻人更多的机会，“我希望我的学生比我强”。

“实验室里的一个学生要考我的研究生，已经是第三年了，他实验操作技能好，动手能力强，尽管两次考研失败，我一直鼓励他不要放弃，给他信心。”

“我对学生的要求比较严，这也许是受饶老师的影响。生物学研究，99%是靠做实验做出来的，我要求学生第一年进来就要实现从大学生到研究生的角色转换，融入实验室，培养做实验的习惯，要一切井然有序，不能桌子上实验器材摊成一堆，杂乱无章。

“我常常跟学生说，你每天做科研，所做的实验不可能每个都成功。事实上，不成功的机会比成功的机会大很多。我认为做科研最值得我们珍惜的就是研究的过程，因为它是一个很好的培训机会，训练我们思考问题的方式。遇到困难时不是去逃避或放弃，而是怎样想办法解决。”

两个小时的谈话不知不觉结束了，“我帮你叫辆出租吧，我们这里公交很少，不方便出行”。吴蓓丽忙着帮我去张罗了，也许这就是女性科学家所体现出来的特有的细腻与亲和力。

（执笔人：刘友梅）

狄　文：打破禁育“魔咒”的“妇产科男医生”

2018年9月18日，金山区水库村。狄文带着上海交大医学院10名优秀医生来到这里，与民盟金山区委联合开展义诊。

狄文是民盟交大医学院委员会主委、上海交通大学医学院附属仁济医院副院长，擅长妇产科。就在此前的一个月，狄文团队的“基于多学科合作的卵巢癌精准诊治平台的构建与完善”荣获第十六届上海医学科技奖一等奖。

这天，前来咨询问诊的居民络绎不绝。村民里三层外三层等着专家看诊。狄文见状，顾不上满头大汗，赶忙披上白大衣就开始义诊。碰到年纪稍大些的、听力不太好的，他尽可能大声重复治疗和随访要点，甚至站起身来，走到对方身边解释，直到对方明白为止。碰到记性不好的，他不厌其烦地把相关信息写下来，让对方带回去就诊时再拿出来给医生看。

狄文每年都要多次组织各学科的民盟盟员专家为百姓提供各类慈善义诊。有人慕名而来：“早就听说狄主任平日里一号难求，我们去市区看病不方便，就想之后求诊时万一来不及能加个号。”狄文一一答应下来：“不论看到多晚，我一定帮你们看完才下班，放心吧！”他们这才安心离开。

95% 患者按 MDT 方案诊治获益

一个月前的颁奖现场，狄文说："不论是过去、现在还是将来，我和我的团队只会专注做好一件事，那就是普及民众保健意识，提高妇科肿瘤诊治疗效，保障女性生殖健康，为建设'健康中国'贡献我们的一分力量。"

"健康中国"不仅是国家的宏大愿景，也是"狄文们"孜孜以求的动力。狄文1984年毕业于上海医科大学，从医三十余载，长期从事妇产科临床与基础研究。

卵巢癌是女性生殖系统常见的三大恶性肿瘤之一，死亡率居妇科恶性肿瘤之首。全球每年有超过23万卵巢癌新发病例，死亡人数达15万。我国每年约2.2万人死于卵巢癌，相当于每20分钟就有一人因其死亡。因此，构建完善卵巢癌精准诊治平台，对女性健康的意义非同一般。

狄文带领团队长年致力于建立基于多学科协作的卵巢癌患者个体化、系统化、规范化管理。在上海市率先建立妇科肿瘤多学科诊疗模式（Multi disciplinary team，MDT）综合诊治中心，年收治疑难复杂恶性肿瘤患者占比高达35%，95%的患者按MDT方案诊治获益，手术切净率提高及术后并发症减少。该中心现已建设成为国家MDT示范单位之一。

狄文团队项目最具代表性的20篇论文均被SCI收录，总影响因子102.65分，被引用358次。项目成果已在全国15个城市的27家医院临床应用并取得良好效果。

16 岁患者重返课堂了

16岁，正是花季。可小雨的腹腔内长了畸胎瘤，这是青少年最常见的卵巢肿瘤。一年之内小雨已经接受了三次大手术，她的腹部留下了一道道触目的疤痕，却并没有带走她的病痛，腹腔内的肿瘤不断长出来。带着几乎绝望的心情，她在家人陪伴下找到了狄文。

狄文组织了多次病理会诊和多学科讨论，反复研究后，仁济医院妇科肿瘤MDT团队决定为小雨进行第四次手术。小雨的身体情况很差，经历过三次手术的创伤，还有腹部巨大的肿瘤。狄文说："严重的低蛋白血症、大量腹水，肿瘤的范围从胃以下一直延伸到盆腔，而且做过三次手术又做过化疗，腹腔里面粘连的情况非常严重。但是这个手术要尽早做，还要在条件允许的情况下保留她的生理和生育功能。"

在医生们充分讨论手术方案后，小雨再次被送进了手术室。经过4个多小时的"鏖战"，狄文顺利地切除了小雨的肿瘤，并保留了她右侧的卵巢。但是小雨腹腔里的肿瘤结节在病理科看来是腹膜胶质瘤，尽管手术当中已经没有肉眼可见的肿瘤病灶残留，但是手术之后还是可能再次出现腹水和肿瘤的播散。小雨之前的三次手术后就遇到了这种情况。

果不其然，狄文的担心变成了现实。手术后两周，小雨的腹部又胀了起来，折磨了她许久的腹水再次出现了。怎么办？狄文立刻又组织了多学科团队进行讨论，大家决定为小雨尝试一种新的治疗方法。"我们不能无止境地一直开刀开下去，决定尝试用替莫唑胺来治疗。这个药本来是神经外科医生用来治疗神经胶质瘤的，小雨的病从组织学起源上和这种神经胶质细胞肿瘤是一样的，所以我们决定尝试一下。"狄文说。

用药之后，如有神助。一周后小雨的腹水渐渐地减少了，胃口也好了起来，身体慢慢恢复了。这个曾经被疾病折磨得痛不欲生的少女又恢复了往日活力。小雨说："之前我很害怕，怕自己再也回不去学校了，但上次我去复查的时候，狄医生告诉我，可以回学校正常上课了。"

红斑狼疮患者圆了"母亲梦"

20世纪80年代末，狄文攻读博士学位期间，将研究方向专注在对妊娠合并系统性红斑狼疮的研究上。当时这一想法属于无人敢踏入的禁区，许多人对他大胆的想法持怀疑甚至是否定的态度。但导师洪素英教授给了他极大的肯定和鼓励，并牵线搭桥，为他引荐专家，给予多方指点。终于，在狄文的努力下，这一世界性难题被攻克，红斑狼疮患者终身禁育的“魔咒”被打破了。狄文不仅为千余名系统性红斑狼疮（简称SLE）患者孕期保驾护航，更不断研究治疗的新方法。

陶陶，一位系统性红斑狼疮患者。当年27岁的她和普通姑娘一样准备踏入婚姻殿堂。但在婚前进行体检时候，她被查出附件上有一个直径约为3厘米的肿块。狄文安慰她说：“如果是低度恶性的，我们是可以保留生育功能的，你别怕。”所幸术后病理是“卵巢交界性肿瘤”，可以保留对侧的附件，陶陶顺利出院了。没想到两年后，陶陶又遇到了新难题——结婚一年半，她却一直怀不上宝宝，老公认为红斑狼疮患者的生育能力也会受到影响，甚至有过和她离婚的念头。

听完陶陶的哭诉，狄文拍了拍她的肩膀说：“放心！现在红斑狼疮已经不会影响生育能力了。”狄文再次为她做了激素及妇科检查，并建议陶陶去仁济医院生殖中心做辅助生育治疗，同时为她介绍了一位经验丰富的专家。四个月后，陶陶顺利成为一名“准妈妈”。

狄文也很高兴，但他知道，真正的挑战此刻才刚刚开始。红斑狼疮患者妊娠的风险相当高，可能孕期会有高血压、肾功能受损，最严重会出现SLE脑病，致死率极高，胎儿也可能会发育不全，出生低体重等。陶陶怀孕后开始了固定时间随访，狄文每次都详细询问她的作息规律、饮食健康和检验指标。但陶陶的“妈妈之路”似乎总是这么坎坷，28周时，陶陶被诊断出严重尿蛋白伴早产，只能入院治疗。住院期间狄文每周查房时都会与她交谈，询问病情，并组织科室大讨论，邀请风湿科会诊，完善陶陶的治疗。

37周时，陶陶再一次被收入院，但这次她却很开心，她的宝宝马上就要出生了。结合陶陶的病史，狄文选择了在陶陶宝宝足月的时候实行剖宫产术，这是结合了她的内科疾病及妇产科疾病史综合作出的决定。在狄文团队的帮助下，陶陶顺利诞下一名健康女婴。陶陶抱着新生的女儿，激动得泪流满面：“谢谢你让我圆了当妈妈的梦！”

（执笔人：左娟娟）

沈维孝：“科学探索奖”是怎样炼成的

2021年9月13日，“科学探索奖”获奖名单公布，50位青年科学家获奖。复旦大学上海数学中心首席教授、副主任、数学中心动力系统科研团队带头人、盟员沈维孝教授也名列其中。“科学探索奖”是由腾讯基金会出资支持、科学家主导的公益性奖项，是目前国内金额最高的青年科技人才资助计划之一。

“很高兴，某种意义上说能得到大家的认可，有点放松。”他顿了顿，沉吟片刻，又说道：“只是觉得研究出论文的速度比以前要慢了……大家还认可我是个青年，感觉很高兴。”在问及获奖的感受时，沈维孝的回答显得有几分“跑题”。但这几分跑题的背后，让人能深深感受到他对数学领域研究的热爱和执着——他还是那个单纯的少年，还想全力以赴地奔跑在追逐繁星的路上。

步入数学殿堂

“对数学的兴趣是从小就有的。”回忆起求学的岁月，沈维孝的语调很是轻快。然而在20世纪80年代，中国内地乡村教育资源并非像沿海地区那么发达。在有限的参考书帮助下，沈维孝依然逐渐展露在数学方面的才华。“初中参加了奥数比赛，成绩还不错，从那时就逐渐步入数学的大门了。”各科成绩优秀的沈维孝在高中时来到了县城，在那里，他的数学天赋得到了进一步磨砺。“当时有个全国高中数学联赛，我后来拿了安徽省的第二名。”他的嘴角轻扬着，露出了孩子般的笑容。“后来就靠数学竞赛的成绩保送中科大了。”

高中的“一战成名”，让沈维孝正式步入了数学的殿堂。20世纪90年代恰逢改革开放浪潮，很多人在本科学业结束后选择了应用领域，然而沈维孝却继续在数字的世界开拓进取。在一次东京大学交流项目的帮助下，他东渡扶桑，完成了硕士和博士学业，并确立了自己的动力系统研究方向。动力系统研究方向是基础数学的一个分支，是20世纪初法国数学家庞加莱（Poincaré）开创的，是研究大自然进化的数学理论。沈维孝如今已经是这个领域著名的国际专家了。“选择这个研究方向有几分偶然因素，当时的导师因为有个中国太太，所以感觉有几分亲切感，沟通起来也比较方便。”他嘿嘿一笑，“不过数学领域大方向就是几何、代数和分析，我本来就更擅长分析这块儿，也算是如鱼得水吧。”2001年，获得东京大学力学博士学位的沈维孝又来到了华威大学，在这个英国顶尖的研究型大学中，他顺利地完成了博士后的学业。

致力科研之路

2004年9月，沈维孝入选“中科院百人计划”。这个项目旨在加快吸引、培养和造就一大批优秀的跨世纪的年轻学术带头人，可以说是当时国内支持强度最大的一项人才计划。乘着这股东风，沈维孝回到国内。在随后的工作和研究中，他斩获颇丰。2009年，在厦门召开的中国数学会学术年会上，年仅34岁的沈维孝由于在一维实动力系统领域的杰出贡献，荣获第十二届中国数学会“陈省身数学奖”。他是该奖历届获得者中最年轻的一位。在2014年国际数学家大会上，他又应邀去作了报告。他发表了多篇国际一流水平的论文，其中包括9篇“数学四大期刊”论文，解决了一系列领域中的重要问题。这次获得“科学探索奖”，主要也是因为他在低维动力系统的研究贡献。

而就在2021年7月，沈维孝教授与数学科学学院博士生任浩杰在“数学四大期刊”《数学新进展》上发表最新论文《魏尔斯特拉斯型函数的二分法》，成功解决了困扰众多一流动力系统专家多年的魏尔斯特拉斯型函数的维数问题。

当被问及如何在一个大多数人眼里十分“枯燥”的基础学科里长时间保持热忱时，沈维孝的眼神顿时严肃了起来：“其实我没有觉得数学枯燥，真正能学进去的人都不会这么觉得。而且，在研究领域里，你懂得越多，不懂的东西也越多，这些疑问就会促使你去继续探索。”相比起应用领域的研究，数学家们的研究状态几乎是纯粹的脑力工作。“你需要先做一些热身，让大脑进入思考的状态，然后开始分析问题，探索可行性路径。”对于数学家的日常，沈维孝笑言也绝非像大家常见影视剧那般。“有些数学家很健谈而且有丰富的业余生活，有些就比较容易陷入自己的思维世界，别人路过办公室和他打招呼他都没反应。我个人……大概在两者当中，偏后者一点吧。”

“其实数学研究也是要经过不断试错的，这个和很多其他领域也类似。”沈维孝坦言，数学研究要出成果，并非靠“灵光一现”的创新火花，更多还是要靠日积月累的基础工作。“当然，‘灵光一现’的时候也有，那一刻是很开心的。”他脸上又浮现出灿烂的笑容。“这就是基础研究积累出来的‘灵气’，科研嘛，就是一个试错的过程。”

躬耕三尺讲台

很多人都觉得学科带头人应该把时间都花在研究上，然而沈维孝并不这么想。“数学家怎么对社会做贡献？一方面当然是做科研贡献，但科研也有不确定性；另一方面就是好好教书，带起来人才，这个方面就比较实在。”所以，在繁重的科研工作之外，他仍然坚持每年开设《实变函数》《复变函数》等本科生基础课程。常言道“实变函数学十遍”，《实变函数》被很多数学专业的同学认为是本科阶段最难的课程之一。为了让学生学好这门课，他坚持脱稿板书授课，力求让同学们与他一同徐徐解开实变的面纱；他坚持每两周办一次习题课，并且指定同学上讲台讲解，对于有疑问的同学他也会亲力亲为地引导；他坚持用自己的思路讲解这门“本科最难”课程，使用的是他在多年教学实践中打磨修订而成的自编全英文讲义。这份50余页的讲义虽然很薄，但却是他的学术视野和教学经验中沉淀下来的知识精华。它高屋建瓴、扼要清晰，帮助同学们在课程学习中更为顺畅地把握了实变函数这一课程所涵盖的知识体系。

在日常授课中，沈维孝坚持使用板书，力求通过从无到有的临场感向学生展示思维发展的过程。哪怕是疫情期间无法进行线下授课，沈维孝仍然选择以在实体教室中录制视频的方式来讲授《复变函数》课程，目的就是通过在黑板上展示运算过程，清晰流畅地呈现思路和脉络。在讲解过程中，沈维孝善于将推导过程展示得细致深入，并在恰到好处的时候以抛出例子、留下思考题等方式，帮助学生加深理解，也让课堂节奏张弛有度。

学子眼中的“微笑爸爸”

“这一章，几乎处处要考。（期中考试结束分析成绩，在80分的地方画了一条线）这上面的几位同学，应该是‘安全’了（微笑）。”

“每学期第一节课我都会很紧张（猛喝一口大麦茶）。”

在复旦学子的眼里，沈维孝的印象，就寄宿在他上课时这两句话的“配套动作”里——“大麦茶”和“微笑爸爸”。两瓶大麦茶，是很多学子对沈老师上课最初的印象。上课板书写累了或者说累了都会喝上一口，以至于后来不少同学出于“追星”的心理，都特地去超市买同款大麦茶。“其实我就是比较容易口渴，喝水又没味道，所以才会带着饮料去上课。”采访中言及此事，沈维孝不好意思地笑了笑。“倒不是刻意买大麦茶……不过听说不少学生真的去买了，超市应该付点广告费给我才对，哈哈哈。”

谈及每学期第一节课的紧张感，沈维孝是想通过这种“适度的紧张”来保持对教学的敬畏之心。“第一节课的准备时间通常会比较长，如果不保持一些敬畏，很难做好。”在沈维孝心中，教学不仅是培养学科研究的后来者，也是对自己的一种锻炼。“有些内容，即使比较熟，自己学和讲给别人听，还是很不一样的。有些东西讲了几遍，就会想着用别的方式教，也很有趣。”

“微笑爸爸”这个名号，在学生中格外响亮。“爸爸”并不是指传统意义上的父亲的含义，更多的是表达对沈维孝学术水平的崇拜和向往。“微笑”则是学生对他最深刻的直观印象。沈维孝老师学术、教学上的高水平，对学生们的高要求，以及平易近人的待人态度，让同学们亲切地将沈老师称为“微笑爸爸”，这也反映了沈老师对同学们的关心。亦师亦友、高山可仰，对学术、对课堂、对学生，“微笑爸爸”这一称呼所折射出来的三面，恰如其分地说明了沈维孝老师在同学们心中是怎样一位好老师。在采访过程中，笔者也收集到一些学生对沈维孝的评价，一一念给他听。“学术大牛”“无限接近菲尔兹奖的男人”“科大神童”……

“大家都过誉啦……”面对学生们的崇拜和赞美，“微笑爸爸”害羞地低下了头。

“之前听说很多数学家都是民盟人，我工作的数学中心也是民盟的谷超豪院士提议设立的。”言及入盟初衷，这位“新盟员”露出了神往的表情。“所以，后来同院的陆帅教授过来和我谈入盟的事儿，我就加入了。”2021年1月，沈维孝收到了入盟通知书，正式成为中国民主同盟的一员。“可惜平日工作太忙，很少有机会参加组织活动，今后也希望能在学科建设方面像民盟前辈们那样，作点自己的贡献吧。”

对于未来，沈维孝想保持开放的心态，对于获得特定成果，他并没有太强的目的性，只是希望能在继续动力系统理论研究的基础上，在学术圈子里做一些交叉，把动力系统研究应用到别处。“未来怎样大家都不清楚，我或许也会尝试动力系统之外的领域。但现在就想脚踏实地把研究做好，多和同行交流探讨，好好带好学生，寻找并解决一些自己可以处理的问题。”

（执笔人：王斯博）

周星增：20 年办学心路与追求

上海建桥集团董事长周星增带领上海建桥学院从零开始，走过20年栉风沐雨的成功路，建设高水平民办大学；在全国，他率领建桥集团与民盟上海市委合作，自2000年在山东莒南捐建了第一所希望小学开始，以每年2–3所的数量增建希望（烛光）小学，至今援建足迹遍布了25个省份40余所学校。

“平凡善者，从我做起。”在上海建桥学院迎来建校20周年之际，我们一起听周星增讲述20年办学的心路与追求，走进“建桥现象”背后的初心与使命。

办学之梦：从高校来，到高校去

周星增出生于浙江乐清的一个农村家庭，凭借着自己的不懈努力，和父母倾尽一切的无私支持，考上了当时的江西财经学院，毕业后他先后在贵州工学院、温州大学任教。在温州大学，周星增度过了极其辛苦的5年，每周要教30节课，还兼班主任。教书育人给了周星增极大的成就感和满足感，但经济上的窘迫却始终如影随形。

在贵州任教时，两夫妻一年省吃俭用，过年回浙江探亲，至多也不过给父母送上两瓶茅台酒；在温州任教，情况也好不了太多。当时温州大学为教师提供共建房，需要员工自筹10000多元，但就连这10000

元钱，周星增夫妇也拿不出来，还得回家找父母和兄弟姐妹凑。

周星增热爱讲台，也热爱学生，但他始终记得，上初中时，有一年过年，家里实在没有什么钱置办年夜饭，母亲拿出一个苹果分成四份，分别递给四个子女，说今年就分这一个苹果当过年吧！当时他“扑通”一声跪在母亲面前，指天发誓：“我如果长大以后不赚很多钱回来给您用，我就不是人！”膝盖触地的那一刻，周星增懂事成人。如今三十而立，该到兑现誓言的时候了。

于是，周星增辞去公职下了海。像大多数浙商一样，他凭借着灵活的头脑、辛勤的劳作、良好的信用，很快挣到了人生的一桶又一桶金。挣到钱，周星增的第一个用处是回报母亲，没想到母亲并没有用儿子孝敬的钱改善个人的生活，而是建桥修路，周济乡里。母亲说：“你让我最骄傲的时刻，就是邮差拿着大学录取通知书到地里找你的时刻。其他的成就，比如挣了再多的钱，都比不上这个。”

母亲对教育的无上推崇，自己对“教育改变人生”的深刻体会，让周星增朦胧的梦想变得清晰：回到教育事业的领地，为渴望接受高等教育的人们办一所大学！

办学之路：建一座惠及众人的桥

一个温州人，跑到高等教育相对发达的上海，开口就要办一所大学。即便在今天，听上去也有点儿像天方夜谭。但周星增认为，办大学能给孩子更好的明天，给家庭带来希望，给社会带来和谐，是一件大好事。既然是好事，诚心去办，就一定能办成。

于是，他主动找到上海市教委有关部门，主动认缴500万元押金，承诺如果不是诚心办学，而是打着办学旗号做其他事情，甘愿没收押金。押金后来当然没有被没收，并且还成为在上海兴办民办高校的一项不成文惯例。从这个细小的事情，折射出周星增是如何敢为社会风气之先。

周星增为这所学校取名“建桥”。这里面有三层意思，第一层意思是桥梁的“桥”。周星增小时候上学总是要过一座小桥，有一次桥坏了，小伙伴们要绕很远的路才能达到对岸。少年周星增体会到，桥被无数人踩在脚下，默默地奉献自己，但没有桥的帮助，人们就到达不了对岸，所以桥是帮助人们克服困难、到达彼岸的工具。后来，母亲带领大家出钱出力，把桥修好，这让少年周星增认识到母亲平凡外表下的伟大，也理解了为什么中华民族总是要把修桥铺路作为一种值得弘扬的传统美德。

第二层意思是桥牌的“桥”。周星增喜欢下围棋，还赞助过一些杯赛；他也喜欢打桥牌。桥牌的桥就是沟通、连接、传递信息的意思。即便拿到一把大牌，如果“断桥”了，就是一把废牌。所以，沟通是一种人的基础能力，世界时而冷漠，但建桥师生都要保持一定的温度，善于和别人沟通。

建桥和英国的剑桥大学谐音。这又引申出第三层意思，周星增希望假以时日，建桥也能办成一所世界名校。巧的是，建桥的第一任名誉校长李国豪院士，就是一位桥梁专家，斜拉桥的理论就是他提出来的，他主持建设的南浦大桥，使得中国的造桥业获得了重大的突破。李国豪院士的事迹，鼓舞了早期的一大批建桥的师生。

从建设到招生，建桥学院只用了一年时间。充分体现了上海速度和民办高校的活力和效率。新生要进校了，但建筑垃圾还未得到清理，正在校方急得挠头的时候，来了一支二三百人的志愿者队伍，很快就把建筑垃圾处理完毕。周星增向带队书记表示感谢，书记说，感谢你们让康桥有了一所大学。康桥人民对大学的盼望，就像你们温州人民对金温铁路的盼望一样！

当地人民的情深厚谊，深深感动了周星增，办学20年来，无论是在创始地康桥，还是后来搬到临港，他始终坚持向社区开放。不仅开放游泳池，运动场地，还举办免费的围棋、机器人培训班，实现他用文化资源辐射周边、造福社区的朴素心愿。这也是对母亲造福乡里精神的传承和回应。

办学之愿：感恩，回报，爱心，责任

有传言说建桥学院是“皇家建桥”，学生家境很好，生活奢华；有人出言不逊，说建桥的学生“高考分数低，都是垃圾”。种种传言背后，都是对民办大学的不了解和不负责任的猜疑。一所民办大学是怎么培养学生的？培养出的学生是什么样子的？周星增不断带着来访的客人穿行在校园中，看看真实的建桥师生。

迈进规划得体、整洁优美的校园，最令记者注目的是雷锋塑像和“感恩，回报，爱心，责任”的校训。民办大学和公办大学相比，区别在于出资人的不同。对于学生的培养，其实并不少费心血：一样有对学生思政的反复强调，对学生学习习惯、生活习惯的不倦培养，对素质和能力的反复雕琢。

建桥学院不仅有雷锋塑像、雷锋广场，还专门建有雷锋馆。有人认为，学雷锋“过时了”，起码不那么“洋气”。周星增却认为，雷锋是一位“平凡的善者”，学雷锋永不过时。2005年，周星增曾到辽宁抚顺雷锋学校，担任该校的课外辅导员，回建桥后一番深思，他倡导设立雷锋奖章。他认为，当前大学教育已经从精英教育转向大众教育，社会需要领军人才，但同时也需要一大批踏实勤奋、敬业爱岗、踏实奉献、雷锋式的劳动者。

在他的弘扬和推广下，上海建桥学院在长期办学实践中，始终坚持立德树人的办学方向和育人目标，积极探索新时期、新形势下学校德育工作的新内容、新形式与新途径，努力培育以雷锋精神作为标识符号的校园文化环境，把新时代雷锋精神与“感恩，回报，爱心，责任”八字校训作为弘扬社会主义核心价值观的主要载体，融入人才培养全过程。校训内涵与雷锋精神高度一致，体现了周星增坚持社会主义办学方向、坚持立德树人的根本任务、坚持“为学生建成才之桥，为教师建立业之桥，为社会建育人之桥”的办学使命。

服务人民、助人为乐的奉献精神，干一行爱一行、专一行精一行的敬业精神，锐意进取、自强不息的创新精神，艰苦奋斗、勤俭节约的创业精神……这就是学雷锋给建桥学子打下的实实在在的精神底色。用人单位反馈说，建桥毕业生都非常踏实，心不大，眼不高，手不低，坐得住，他们很满意，明年还要招。“毕业即就业，上岗即上手，发展可持续。所以，我们的毕业生不但深受用人单位欢迎，参军率和献血率都在上海高校中稳居前列。”提到毕业生，周星增满面笑容。

“1999年建校，我就有把学校升格为大学的梦想，为了达到‘校区面积800亩’的要求，2013年决意把学校迁到临港地区并于2015年顺利完成整体搬迁工作。2019年8月，中国（上海）自由贸易试验区临港新片区成立，这就为我们学校创造了更为广阔的发展空间。”周星增说的这番话，让记者不禁在心中感叹，真是机遇垂青有准备的人啊！

不断完善学校治理现代化，引入ISO9001质量体系建设，全面提高应用型本科人才培养质量……不负时代，不负韶华，击楫中流，勇于担当，周星增就是这样带领着建桥学院，阔步向前！

（执笔人：周慰）

周清会：助大飞机上天

上海曼恒数字技术股份有限公司创始人、首席执行官、民盟盟员，这些比起动辄给名片加长加宽的人，周清会的头衔并不多。性格低调内敛的他，把精力更多地放在了工作上。“公司发展至今，一直走自主研发的路子。”淡淡一句，便道出了十多年公司发展的核心思想。2007年他创立公司，致力于三维图形设计、虚拟和仿真技术产品的研发、服务及推广。在曼恒创立发展历程中，作为一家民营企业的领航者，周清会带领员工们披荆斩棘、不断前进，突破国外虚拟现实技术垄断，推出多款首创性虚拟现实产品，扛起中国企业3D领域研发大旗。因为在IT领域内的突出业绩，周清会先后获得“上海IT青年十大新锐”“五四青年奖章”和“上海青年高端创意人才”等荣誉。

李强书记来了

2018年5月10日下午，中央政治局委员、上海市委书记李强，市委常委、常务副市长周波，市委常委、市委秘书长诸葛宇杰一行来到曼恒数字进行实地调研。周清会向李强书记详细介绍了企业的总体情况以及最新虚拟现实技术的研发成果。在听了周清会的介绍后，李强书记开心地说，当前科学技术迅猛发展，新兴产业不断出现，企业抓住机遇就可能快速崛起。很高兴看到大家在上海成功发展，形成了自己的核心技术和创新产品，也十分看好企业未来发展前景。希望你们继续秉持开拓创新精神，以对事业的执着追求，深耕各自产业领域，更好地推动应用场景落地，上海将全力支持企业实现更好更快发展。

这次调研，可以说是对曼恒数字十年发展的肯定，也给了周清会今后在VR领域继续奋斗的巨大动力。

VR，从遇见到入行

周清会依然清楚地记得，第一次感受到VR技术所带来的震撼效果是在2004年，一部名为《虚拟城市》的短片依托VR技术彰显了“数字武汉”的图景。“在一台电脑荧幕上就能欣赏到武汉整座城市的全貌，除了三维视角，观者还能够跟随着镜头进入到建筑物的内部，仿佛置身其中。”周清会一边赞叹VR技术的魅力，一边也不禁陷入沉思。“未来我们的生活会不会也将这样被数字化？”

改革开放以来，中国通过一大批重大科技项目，推动科技水平跨越式提升，实现了从“赶上时代”到“引领时代”的伟大跨越。随着国家的开放和科学技术的迅猛发展，新兴产业也不断出现。周清会果断抓住了改革浪潮中的机遇，开始了在VR领域的探索。

三年后，上海曼恒数字技术股份有限公司在上海成立。“其实选择做这个行业，技术门槛比较高，初期非常艰难。”回想起创业时期的经历，周清会坦言入行后才发现，需要攻克的技术难关恍如天堑横在自己面前。“早期也试着与国外的厂家合作，但是国外产品的技术升级也没有自己想象的那么快。”在这种局面下，周清会作出了一个惊人的决定——专注研发，积累自己的技术。

专注研发无疑会给企业带来巨大压力，周清会心里很清楚，新事物的创造有自己的周期，有时候这个周期会很漫长。“打造研发一定要有耐心，你不要期望今天投入明天就能产出，一定要做好两三年的投入。”在熬过最初几年埋头研发的艰辛后，周清会的公司开始不断突破国外虚拟现实技术垄断，研发出多款首创性、具有公司自主知识产权的产品，成为中国业内的执牛耳者。

独立思考很重要

在采访中，“独立思考”是周清会非常强调的一个词，曼恒的发展节奏似乎也一直比较特立独行。2007年，国内普遍还不知道VR为何物时，曼恒数字就已经开始从事虚拟现实行业应用。2015年，因为Facebook，谷歌等大公司的入场，VR产业在国内火爆一时，投资人催促着曼恒赶紧并购，周清会却按兵不动。到了2016年，当大家更看好行业应用的前景，认为C端消费者市场还远未成熟时，曼恒却已经悄然向2C市场延伸。

尤其在2016年，VR的“寒冬期”让一批相关企业失去了快速发展的阳光与养分，但在周清会看来，无论“寒冬期”或是“爆发期”，都是行业外围的旁观者所给予的论调。“其实VR市场有着两条发展脉络，一是资本，二是媒体。它们构成了VR行业的‘圈子’。这个‘圈子’充斥着来自行业之外的声音和情绪，情绪的汇聚是迅速的，但同时也是短暂的、波动性强的。”周清会淡淡地说着，仿佛是一个冷静的旁观者。对于像他这样真正沉淀在行业中的从业者而言，与十年前相比，今天的VR技术能够取得如此大的发展与进步，足以让人惊呼一声“wow”！尤其是近两年，VR行业呈现出几何式增速。不论从技术的发展、市场的规模，还是客户的认知度来看，行业良性的发展让周清会的内心倍感激动与喜悦。

服务实体经济共创环境优化

2017年5月，国产大飞机C919在上海首飞成功。“当时根据实际需求，我们开发的系统共分为实时监控画面编辑开发平台、三维视景仿真、二维电子地图和集成联试实验室展示四大部分。”周清会在言及技术应用的时候，声调都高亢了起来。曼恒数字为商飞试飞中心提供的机载测试系统地面验证平台，对实际飞机飞行的参数进行监控分析，确保飞机在预飞和实际飞行中相关参数的准确和正常，为C919成功首飞提供了坚实的数据保障。

央视新闻频道对此进行了重点报道，商飞试飞中心领导也专程给曼恒数字总部送来感谢信，高度肯定了曼恒数字的技术和服务水平。“我很荣幸能为C919的首飞贡献一己之力。在未来，我希望公司能用先进的虚拟现实技术助力更多国家项目的发展。”周清会自豪地说道。

除了国家重点项目，曼恒数字还积极支持建设公共服务平台，提供技术攻关、成果转化、测试推广、信息交流、创新孵化等服务，优化产业发展环境。“‘VR头盔协同体验系统’就是技术、艺术和历史的一种结合。通过虚拟现实技术，能够更加形象生动地将徐汇区历史建设通过直观的方式展现给参观者。”这个VR项目能让参观者身临其境地了解徐汇区历史上重要的建筑及杰出人才，已经成为徐汇党建中心参观的一个亮点。

匠心营造未来

2018年，随着改革开放的进一步延伸，VR行业又迎来了新的发展机遇。周清会结合自身企业的优势，坚持“一横一纵”的发展战略，“一纵”指在行业内要做深，将内容的丰富程度加深，与行业内的内容企业进行全面联合，打造国内的VR行业平台。通过平台的打造，推动VR行业快速高质量地发展。“一横”指做行业的延伸，从原来聚焦的教育、医疗、军事领域寻求横向发展，将业务延伸到汽车、房地产、旅游等领域，并以此将企业的营收规模、行业地位和影响力进一步提升。

回首往昔，十年一晃如梦。“当你决定用一辈子去做一项事业的时候，就可以从20年的时间维度上看待行业。这样，对前景也能有更宏观的把握。”身怀匠心的周清会坚信，在党和国家正确的政策引导下，曼恒数字将不负使命，抓住机遇乘势而上，在上海这片热土上绽放光彩、施展抱负、茁壮成长，为社会发展作出更多的贡献。

（执笔人：王斯博）

赵　檣：从“申奥成功”纪念银币到熊猫金币

你是否还记得？2001年7月13日晚22：10，在莫斯科举行的国际奥委会第112次全会上，时任国际奥委会主席萨马兰奇宣布：北京成为第29届夏季奥林匹克运动会的举办城市。几代人的梦想，终于在那一刻实现。刹那间，整个中国成为欢乐的海洋，人们欢呼雀跃，载歌载舞，彻夜狂欢。

为纪念申奥成功这一举世瞩目的盛事，两天后的7月15日，中国人民银行发行了一枚“庆祝北京申奥成功纪念”银币。这枚银币一经问世，就受到收藏爱好者和体育迷的热烈追捧，成为中国制作奥运系列纪念币的“领衔币”，并在翌年获得了“最受群众喜爱的2001年贵金属纪念币”的殊荣。

这枚记录了中国人骄傲的纪念银币，就是由上海盟员、上海造币公司钱币设计师赵檣设计创作的，不只于此，他还亲自操刀雕刻了正面图案。

奥运精神和中国元素的完美结合

18年后的今天，赵檣谈起当年的设计构思，仍然历历在目。巧合的是，这一天也是他入职造币厂27年的日子。

2000年年初，就在北京申办奥运如火如荼进行之时，央行也在全国范围征集纪念银币设计稿，用以记录这一重要历史时刻。当年9月，由专家、教授组成的评委团，对来自国内3家造币厂、国家美术学院及广告公司美术专业人员的三十余幅应征作品进行评审。经过认真细致的评审，赵樯所设计的银币正背两幅图稿脱颖而出。

“其实，最初的设计稿是双手捧着北京奥运会徽的图案。”赵樯回忆说。初稿完成后，他总觉得不够大气，没有体现出奥林匹克运动所展示的精神，但是又一时找不到破解的方法。于是，他把设计稿拿给父母征求意见，毫无美术基础的赵妈妈看后脱口而出，“看上去就像一根‘丫杈头’。”上海话中的“丫杈头”就是往高处晒衣服用的挑杆。一语点醒了赵樯。于是，他把画稿上的双手改成了象征胜利的“V”字形，整个画面为之一亮。

在最终的定稿中，赵樯除了保留原来的艺术构思，还在正面图案的“V”字上添加了一组写意的太极拳群体，与写意中国结的会徽组合在一起，让整个画面飘逸灵动了起来。而银币背面的图案则以开启的城门和天坛祈年殿为主体造型，风格庄重宏伟，寓意古老中国向世界的全面开放。这组以强烈反差表现奥运精神与中国元素完美结合的作品，最终征服了所有眼光苛刻的评委。

但是赵樯尚未来得及享受竞争中标的喜悦，围绕纪念银币的生产竞争又在国内三家造币公司中开始了。为了让自己设计的银币能够诞生在自己的手中，赵樯主动请缨，亲自操刀雕刻了银币的正面图案，他的同事蔡寅昱则承担了银币背面的雕刻任务。这一次，他们再次以几乎完美的雕刻技艺征服了评委。

这一年，赵樯只有28岁，但是初出茅庐的他已经引起业内的关注。

艺术生涯的两位导师

赵樯的父亲赵启明是上海印钞厂的资深雕刻师，而新中国第一枚熊猫金币的设计者陈坚则是他父亲就读上海美专时期的老同学。就是这两个人，在赵樯的艺术生涯路上起着重要的引领作用。在赵樯的记忆里，很小的时候，陈坚就常去他家和父亲探讨一些工作和艺术方面的话题。在赵樯读小学三年级时，陈坚设计的熊猫金币获得了国际大奖，这让赵樯第一次于懵懂中看到了人生的坐标。1992年，赵樯从上海工艺美术学校毕业后，进入上海造币公司工作。从此，他踏上了纪念币的设计之路，并最终成为业内的佼佼者。赵樯说，他今天取得的成绩，应当归功于两位父辈的指引和激励。

就在北京申奥成功的那个不眠之夜，赵樯在激动与喜悦之余，默默许下心愿，为2008年北京奥运会设计出精彩的纪念币。

2003年10月28日，央行向全球公开征集北京奥运会纪念币的图稿设计方案。赵樯立刻全身心投入到奥运纪念币的设计工作中去。在最初的构思阶段，他每天泡在图书馆中，查阅了许多奥运史料和艺术资料，并很快确定了纪念币的表现框架。他认为，奥运会纪念币的设计应该既能体现以人为本的理念，又能体现中国传统文化的精髓以及东西方文化交流融合的内涵。在反复的权衡和比较之后，赵樯决定选择瓦当作为纪念币的表现形式。

画了几百幅图稿，办公桌上已经堆起了厚厚一摞草稿，此时距离截稿期只剩下最后两周时间，单位其他同事的应征稿件都已经送交上级评委会，赵樯仍然对自己的设计方案不满意。大家都认为赵樯这次没戏了，他自己也觉得有些渺茫了，但是父亲却一直在为他鼓劲："不到最后截稿时间，就还有机会，千万不能放弃。"他深受父亲感染，而灵感也在此时光顾了。他决定选择瓦当作为纪念币的表现形式，并从古书图谱中选取与现代奥运会所设项目近似的中国古代体育运动形象，以此为原型进行艺术加工。很快，以明刊本《水浒》中壮汉抛接石锁插图为蓝本的举重，以《宋太祖蹴鞠图》为蓝本的足球等都成为他笔下的奥运比赛项目表现形式。

2004年2月16日，征集活动结束。评委会共收到来自海内外艺术家提交的2417幅设计稿件，其中贵金属纪念币2002幅。这也让竞争变得空前激烈。最终，在经过由20多名专家组成的评审团数轮投票后，赵樯提交的一套8枚1/3盎司金币方案和一套8枚普通铜质纪念币方案，共16枚中标获选。专家们认为，赵樯的设计方案将古代与现代体育运动、中国文化与奥运文化进行对照呼应，既充满浑厚朴拙的审美情趣，又体现了现代时尚感，为大众呈现了大音稀声、大象无形、大巧若拙的艺术意境。

博观而约取，厚积而薄发。再次的创作成功，让赵樯深深体会到，艺术设计的创作灵感，在很大程度上有赖于自身文化和艺术素养的积淀，也来源于对自然、社会和历史知识的吸收。现在，赵樯最大的爱好就是跑博物馆，每到一地，无论博物馆规模大小，赵樯都要进去待上一整天，像一块海绵，恨不得把看到的都吸收进脑子里。

结缘熊猫金币

在“最受群众喜爱的十大熊猫币”评选中，赵樯设计的2011年、2016年熊猫金银币占据了二个席位。

赵樯据此坚信，他进入造币行业，除了父辈的影响，或多或少和熊猫金币有着某种奇妙的缘分。用他自己的话来说，“30年前，陈坚老师这一代父辈们参与了熊猫金币的事业，30年后我的作品也成为熊猫币大家族的一员。生命就是这样充满传奇色彩，文化的传统也正是通过这样一种方式延续了下来”。

让人吃惊的是，赵樯第一次设计熊猫金币时，并没有近距离地亲近过熊猫，他画的熊猫更多是他理想中的熊猫。“你看2011年版熊猫币的画面，母熊猫妈妈走过来，子熊猫宝宝亲昵地靠过去，像和妈妈在说着一些悄悄话，又像在和妈妈顽皮亲吻，我想要传达的就是这种温暖的亲情。”赵樯认为，熊猫的形象暗合着中国儒道文化精神，黑白两色犹如太极符号，毛色的均等类似中庸之道，可爱憨厚的外形体现着国人包容和谐的理念，所以它才会以“民间大使”“和平使者”的形象受到世界各国人民的喜爱。

正是2011年版熊猫币的设计成功，让赵樯此后与熊猫结下了不解之缘。

他从一个单纯观察熊猫形象的素材搜集者，逐渐成为关注熊猫种种生活习性的发烧友，从单纯参加钱币设计竞赛的参与者，继而尝试转型为中国熊猫文化的传播者。正是因为有如此执着和热爱之心，让他的熊猫创作更富于激情和内涵。

实际上，在赵樯设计2011年熊猫币之前，历年的设计师已经把熊猫的姿态用艺术手法表现到了极致，要在造型上再做变化难度非常大，赵樯之所以能够从众多竞争者中脱颖而出，就在于他对内涵的理解和表现手法的另辟蹊径。“特别是背景，用线条阴刻和浮雕相结合的方式来表现竹叶，使得画面布局更丰满，更耐看。还用块、面来作画面的区隔，你可以理解成天、地、人，这是一个很饱满且有层次的空间。采用装饰和写实结合的手法，空间纵深感更强，给予熊猫金币更多元化的视点。”秉持这种理念，赵樯又在2014年至2016年连续三年的熊猫金币设计方案上夺魁。

“将中华文化推向世界。”赵樯至今忘不了多年前时任外交学院院长吴建民对他的叮嘱。他用自己的艺术作品，承担起促进各国人民友好往来的民间文化使者的重任。2015年，他应邀参与上海犹太难民纪念馆的设计工作，为此创作设计了《风雨同舟》的雕塑：一位身着旗袍、留着三四十年代流行长卷发的中国妇女，俯下身为一位怀抱熊猫的迷路犹太女孩打伞遮挡风雨，女孩面怀感激却也有难以名状的苦楚神情。作品所传达出的中国人的善良、包容、勇敢以及洋溢出的人性光辉，令所有观赏者心灵为之震撼……

如今，赵樯继续着他的“熊猫事业”，正在着手建立和推广他的熊猫IP系列。走在上海的大街小巷，或者打开你的微信表情包，那个憨态可掬的熊猫形象也许正出自赵樯之手。

（执笔人：戴立波）

柳　红：致力新药研发，展现科技之美

2021年上海“最美科技工作者”名单揭晓，在全市上榜的10人中，中国科学院上海药物研究所研究员、课题组长、新药研究国家重点实验室副主任柳红位列其中。据悉，他们还将作为上海地区候选人参加2021年全国“最美科技工作者”的遴选。

她是新药研究领域的优秀科学家代表，多年深耕药物化学基础研究，在*Science*、*Chem Rev*、*Angew Chem Int Ed*、*J Med Chem*等国内外重要刊物上发表论文300余篇；她在重大疾病药物研发中取得系列研究成果，在多个疾病领域发现10余个候选新药，7个处于临床研究，获国内外授权专利78项，实现技术转让7项，为推动我国新药发展作出重要贡献。而同样在2021年，她还荣获了上海市科技进步奖一等奖。

在众多获奖原因中，有一条特别醒目——“她带领团队发现了抗新冠病毒候选药物DC402234，在美国启动Ⅰ期临床。”在目前全球疫情反复的时刻，这无疑是一道希望之光。“我们其实早在十几年前就开始关注抗冠状病毒的药物研究了。”冰冻三尺非一日之寒，柳红说，“在2003年的SARS期间，蒋华良所长牵头组建攻关团队，我们是攻关团队成员之一。也是在那时，我开始做冠状病毒的药物研究。”

十几年的研究积累，构建了针对抗冠状病毒的化合物库。“所以这次新冠肺炎疫情暴发后，我们快速根据新冠状病毒转录、复制机制以及相关酶的结构特征，设计并合成了系列化合物，在蒋老师和所领导的沟通和帮助下，我们很快就把化合物送武汉病毒所测试活性，发现了临床候选化合物，快速完成了临床前研究，通过IND申报，目前在美国做Ⅰ期临床研究。”

在自身领域成绩颇丰的背后，是柳红一贯低调的行事风格。她很少接受采访，平日就埋头于新药研发工作之中。出生在医生世家的她，从小就看着爷爷给别人看病长大。“我爷爷在当地给小孩子看病很有名！”在柳红童年的记忆中，爷爷根据临床经验，形成了自己独特的用药方案。“我当时就觉得蛮有趣的，后来读书很喜欢化学。”高考时，她就选择报考中国药科大学。“当时这是我报考的第一志愿，后来就被录取了。”

1999年，柳红获得中国药科大学药物化学专业理学博士学位，同年进入中科院上海药物所从事博士后研究，师从嵇汝运、陈凯先和蒋华良，2001年9月博士后出站留所工作至今。“做人、做事、做学问，是几位导师经常教导我的，也是我现在反复对我的学生们强调的。”柳红感慨道，“2006年在嵇汝运先生和蒋华良老师的介绍和影响下，我加入了民盟。”

从上海市优秀学术带头人到全国优秀科技工作者，从“全国三八红旗手”到中国青年女科学家奖……柳红把这些荣誉看得很淡。2011年柳红将青年女科学家奖的10万元的奖金，直接捐给了民盟的烛光工程。“在创新药物研究过程中，没有什么定律，只有经验的总结或者典型案例，这些经验和悟性就要靠研发人员自己研究摸索和慢慢积累。”在她看来，作为科研人员，特别是做创新药物的科研人员，就是要踏踏实实地做好自己的本职工作。“把现有的实验成果能够顺利推进，发现更多更好的药物能在临床应用，这就是我最大的愿望。”

（执笔人：王斯博）

俞亮鑫：用笔书写上海文化，不辜负这个时代

第一年央视春晚、第一届上海电视节、第一个影视节目交易市场、第一场选秀比赛、第一批个体文艺明星……盟员记者俞亮鑫用手中的笔书刻下时代的脚印。1980年成为记者，近40年笔耕不辍，他记录了上海发展的一个个“第一”，见证了文化事业的一幕幕“巨变”。

1988年1月，俞亮鑫加入中国民主同盟，曾任民盟上海市委常委、上海市政协常委，建言献策、发声为民。作为《新民晚报》首席记者、高级记者，他

铁肩妙笔书写时代，捧得新闻界最高奖项——中国长江韬奋奖，还曾获全国优秀新闻工作者、全国第二届范长江新闻提名奖、上海市十佳新闻工作者、上海长江韬奋奖、上海市劳动模范等荣誉。2009年，上海市新闻工作者协会、市新闻学会、上海文新报业集团、《新民晚报》等共同为他举行了“做一流记者写一流作品——俞亮鑫新闻作品研讨会”。

飞燕报春，领风气之先

1980年夏天，26岁的俞亮鑫从上海戏剧学院文学系编剧专业毕业，参与

《新民晚报》的复刊筹备。正值改革开放之初，新旧观念与思潮不断碰撞，《新民晚报》“宣传政策，传播知识，移风易俗，丰富生活”的编辑方针、“飞入寻常百姓家”的办报宗旨，融入他的每一篇报道。

文化引领时代风气之先，当新风吹入市民生活，不同声音也从各方袭来。交谊舞，被认为“搂搂抱抱有伤大雅”；通俗音乐，被称作“靡靡之音不堪入耳”。知名歌手王洁实、谢莉斯大叹苦经，二人虽已加入中国电影家协会，却不在中国音乐家协会，希望摆脱冷落局面。

“轻音乐、交谊舞都是非常受市民欢迎的平民艺术，何以一提起就让人抬不起头？”俞亮鑫频频撰文，为这些新艺术、新潮流“鸣不平”。20世纪80年代，上海举办时装模特大赛，许多人嗤之以鼻，甚至认为“伤风败俗”，但俞亮鑫视之为“展示美”，不但报道比赛，而且专访选手，成为主流媒体对模特表演的最早肯定。

文化记者的一支妙笔，既是审美与娱乐，也是教化与感染，弘扬与追求真善美。1987年，沪剧名家杨飞飞在上海法制文艺会演中，与身陷囹圄的儿子表演沪剧《金桥》。这是整台晚会最后一个节目，许多记者已经提早离开，只有俞亮鑫坚持看完，面对母子同台唱戏，他立刻想到，这是沪剧名家不顾“家丑”，现身说法普及法制知识，以拯救更多失足青年。

在这篇《杨飞飞隔铁窗与儿子同台唱戏》结尾，他写道：“当她和儿子隔着铁窗唱道‘恨不得一刀斩断母子情；可是你，千错万错毕竟是我亲身养……’时，杨飞飞和儿子失声痛哭，在场的乐队和管教人员也无不垂泪。”于无声处引导道德与法规，这篇报道荣获当年全国好新闻一等奖。

文化之都，跨越式发展

改革开放以来，伴随社会经济的逐步发展，市民文化生活日渐丰富。如果说，央视投拍《红楼梦》《西游记》开启国产电视剧的第一个高峰，那上海出品的《上海一家人》《孽债》无疑掀起了又一个收视高潮。

“从萧条中走出来的文艺作品，呈现井喷式爆发，诞生了一大批精品力作。”俞亮鑫回忆，1986年上海电视节应运而生，成为中国第一个国际性电视节，它以影像方式为观众打开“世界之窗”，也向全球讲述“中国故事”。

20世纪80年代末，越来越多的高楼阻隔了市区电视信号，荧屏时常“雪花飘飘”，一座全新的电视塔成为民生所盼。1988年，经国内外专家论证和评选，华东建筑设计院的“东方明珠”令人期待：“采用最先进的设计理念，建造百年后都不会让人后悔的电视塔。”

对这一桩桩民生实事、文化大事，俞亮鑫进行长期跟踪和报道，直至1995年5月1日，《新民晚报》头版刊登了他采写的《“东方明珠”今日开播》。随后，上海大剧院、东方艺术中心、文化广场、中华艺术宫……一系列文化地标相继落成，俞亮鑫亲历了这些上海文化设施的布局完善。

进入21世纪，上海更是走上世界舞台。2002年12月3日，世界展览局在摩纳哥蒙特卡洛宣布，上海获得2010年世博会主办权。当晚，俞亮鑫在南京路步行街世纪广场进行报道，与4000名市民一同见证这激动人心的时刻。“在庆祝申博的联欢晚会上，直播镜头还捕捉到了我因激动，滚落的两行热泪。”

2010年上海世博会，俞亮鑫更是倾情投入，从开闭幕式到主题馆日，不错过一场重大活动，通宵达旦采访写稿，累到喉咙沙哑、血压升高，只为“秀一个上海给世界”。

网络时代，铁肩担道义

新时期，网络媒体风起云涌，信息爆炸、肆意炒作、新闻虚假等现象随之而来。俞亮鑫坦言，传播变革确实让他感到“难以招架”，但行业乱象又让他“拍案而起”，他说：“与年轻记者相比，体力虽有不足，但我的文化积累、理性思考、社会人脉、采访经验与价值判断等都是优势。”

2008年汶川地震，俞亮鑫积极报道上海的赈灾义演，第二天就写下《捐款捐物赈灾义演我们义不容辞——演艺明星情系汶川地震灾区》报道，这是全国第一篇对震后演艺界全面综述的报道。不仅如此，他还深入四川灾区采访，并多次为灾民捐款，是新民晚报社捐款最多的记者之一。

“记者不仅记录时代，而且推动社会向前发展。”在新民晚报近40年，俞亮鑫采写2万多篇报道，发表超过1600万字，是坚守一线最久、写稿数量最多、得奖频次最高的记者，2014年捧得中国新闻工作者最高奖——长江韬奋奖。

红色资源，展城市精神

位于南昌路的老渔阳里2号，门口挂有“陈独秀故居”“《新青年》编辑部旧址”市级文物保护铭牌，但更重要的历史意义却鲜为人知：“中共一大”的筹备处和“一大”期间的“秘书处”，孕育中国共产党的“十月怀胎”之地。

2018年，老渔阳里2号被列入革命遗址保护项目，恢复为红色纪念场馆，这与俞亮鑫的多年坚持密不可分。早在2016年上海“两会”期间，作为政协委员，俞亮鑫就提交《关于重视渔阳里旧址以迎接建党百年的建议》，呼吁“将老渔阳里2号作为重点革命历史文物保护单位加以保护，并进行红色资源的开发”。

这并不是他第一次关注上海的红色资源。在采访中共一大会址纪念馆时，他发现其在全国影响力甚微，有些年轻人甚至不知“党的诞生地”在上海。怀着责任心与使命感，2015年他与几位市政协委员联名递交提案，提出尽早建立“上海革命历史博物馆”，扩建中共一大会址纪念馆，弘扬本市红色文化等建言，并在当年市政协会议上做专题发言。

掷地有声的提案与发言，得到高度重视和积极回应：2016年，中共一大会址扩容升级，展览面积从450平方米扩至1000平方米；同年，上海实施“党的诞生地发掘宣传工程”，传承红色基因，让光荣之城的形象与精神深入人心。

在俞亮鑫看来，上海是“党的诞生地”无可争议，但很多红色旧址“淹没”在高楼大厦中，如果不重视、不挖掘、不传承，就可能“随风飘散”，无论是作为文化记者还是政协委员，他都有责任让更多人关注这个议题：“全力打响‘上海文化’品牌，红色文化是这座城市的精神与灵魂。”

寄语“上海文化”

俞亮鑫：上海正建设国际文化大都市，作为一名文化记者，身在这座具有世界影响力的大城市，能够用笔记录并见证这历史性的巨变，可谓是生逢其时，非常荣幸。现在，我们已经进入了一个催人奋进的新时代，新时代一定会有新的担当和新的作为，“两个一百年”的奋斗目标也一定会在上海这座历史文化名城写下新的辉煌和新的篇章。我希望年轻记者不要辜负这个时代，好好用笔、用电脑、用镜头、用影像书写好这个充满希望的新时代。

（执笔人：范洁）

宣利江：一名科研工作者的3个“13年”

2020年11月24日，全国劳动模范和先进工作者表彰大会在北京人民大会堂隆重举行。中国科学院上海药物研究所研究员、民盟中国科学院上海分院委员会盟员宣利江荣获“全国先进工作者”称号。在他赴京领奖前，我们对他进行了专访，听他讲述他的“新药梦”。

“我的经历其实很简单，30年来从读研到工作几乎一直在药物所。”宣利江笑着说，转眼自己在中科院上海药物研究所里，已经变成“老一辈”了，“这么多年的主要工作就是和团队研发新药，比较幸运的是，我们做成了。”

他所说的“新药”，便是丹参多酚酸盐及其粉针剂。该药于2006年上市至今，已进入5000多家医院，惠及2000多万病患，累计实现250亿元以上销售额，堪称中药现代化研究典范。而这些成就的背后，是宣利江及其团队一个又一个“13年”所付出的努力。

第一个“13年”：“梦想实现了”

“从高中时起，我就对化学产生了浓厚兴趣。”1985年，宣利江以优异成绩考入上海医科大学药学院，后来到中国科学院上海药物研究所读研，“当时两个单位距离不远，人生最美好的十年青春就在这方圆两公里，心无旁骛地读书、做研究。”

读研期间，他总是想从植物和微生物中“找到些东西”，1992年做博士论文时，一个偶然机会，他开始寻找和发现丹参水溶性的有效成分，并对此研究产生极大兴趣。

“可以说是‘无知者无畏’吧。”宣利江回忆道，论文答辩时有老师对他说：“你胆子很大，今天在座的有好几个老师都曾经做过丹参。”不过，他不但没有退缩，反而有了更大的“野心”。1994年左右，他看到媒体报道了传统丹参注射液的质量问题，“研究得越深入，越觉得前人的认识并不完善，那个时代的产品问题很多，如有效成分不明确、质量难以控制，从而导致临床疗效不稳定，没有可控性，急需提高和改进。”于是，他有了自己一生的梦想：“从传统中药中寻找和研制新药。”

“现在觉得自己蛮单纯的，就带着这个梦想一直坚持做下去。”从1992年开始研究丹参，1995年产生研制新药的想法，1996年拿到第一笔新药基金，2002年拿到临床许可，直到2005年拿到新药证书……宣利江及其团队用了13年的时间，终于实现了梦想。最终的临床使用证明，丹参多酚酸盐粉针剂可治疗冠心病、心绞痛等疾病，临床疗效显著、使用安全。

“药是一个特殊的产品，做成太难了，失败是大概率的事情。在研制过程中，每时每刻都会发生问题，而往往一些小问题都是致命的。所以我们很幸运。”当问及在“研制新药”过程中遇到哪些困难时，宣利江轻描淡写地说：“难点是一个接着一个的，遇到困难就去想办法解决嘛。”但他接着说，回头想想，最难的其实是“坚持”。当时，做新药的人比较少，每年在药物所汇报工作时，别人都能拿出漂亮的成绩单，但是他们“第一年汇报说在做丹参，讲到第五年的时候，自己都有点不好意思了，但仍要年复一年地汇报做丹参的进展”。宣利江说，研制新药的路上充满荆棘，13年，竟然被他们做成了，“我们所是一个很厉害的药物研究机构，我们是一个很棒的团队”。

第二个“13年”：“压力更大了”

“‘安全有效，质量可控’是我们做药的核心，也是底线。我们花了13年时间制成新药；又花了一个13年，继续完善药品的质量和安全性，把它做成大品种，不能研制出来就不管了。”新药从2006年上市后，就显示了强大的市场竞争力，连续6年以约100%的年增长率快速增长，直到现在每天有近10万的病患使用量，“这个数据让我很紧张，每天有近10万人在用你的药啊！会有各种各样的情况，都是人命关天的事情。我们要时时怀着敬畏之心，力求做到完美。”

丹参多酚酸盐及其粉针剂是由上海绿谷制药生产上市的。新药在企业产业化后，科研人员本可以不再过问。可每当企业遇到问题打来电话，宣利江和他的伙伴都会放下手头工作，第一时间赶去解决。“药品的第一条中试生产线是我参与设计的，从实验室到工厂投入生产，是很大的改变，从实验室的几克药材，到工厂里成百上千公斤的规模，会遇到多种问题，我们都要一一去解决它。”丹参多酚酸盐就好像宣利江他们的“孩子”一般，从出生一直守护到成长。

如今，丹参多酚酸盐及其粉针剂已进入中国医院用药Top10行列，是临床应用增长最快的品种，救治了超过2000多万心脑血管疾病患者。该药已进入2009、2017和2019版国家基本医保目录，成为国家中药保护品种，并作为重大新药创制的成果之一，入选“伟大的变革——庆祝改革开放40周年大型展览”和中国科学院改革开放40周年40项标志性重大科技成果。

鉴于宣利江新药研发的杰出成就，他先后获得了国家技术发明二等奖、中国科学院杰出科技成就奖、上海市技术发明一等奖、谈家桢生命科学产业化奖、中国药学发展奖、国家中医药管理局突出贡献奖等一系列科技奖励，并获得上海市劳模和全国五一劳动奖章，入选上海市领军人才和国家百千万人才工程。

然而，宣利江却说，让他最有成就感的是患者的好评。有一次他和制药公司的人在门诊等医生，两小时内不断有患者向医生提出要用丹参多酚酸盐，说之前的效果非常好。当医生得知他就是药物研发者时，连连道歉，他却说：“听到患者的好评价很开心，再等两个小时都行。”“一个药物研究工作者最大的收获就是研制的药可以帮助到病患。”

第三个“13年”：“我还要继续”

在采访中，宣利江经常会提到他的合作者王逸平：“他就是我科研上的‘另一半’。”

研制一种新药，需要不同专业背景的人一起合作，“王逸平是药理学，我是化学，我们就是绑在一起的共同体。”早在做博士论文时，宣利江便找到了王逸平，俩人从此开始了20多年的合作。“一个药把我们两个实验室紧紧绑在一起，就像父母一起培养孩子成长。在长期合作中，我们产生了默契，特别信任对方，遇到问题就一起解决，事情交给对方也很放心。”宣利江说，今年他有幸获得“全国先进工作者”荣誉，赴京参会之际，不禁又想起了自己的同伴：“因为这个药，我们拿到许多荣誉，轮流去领奖，不管谁得了都高兴。王逸平也获得过‘全国先进工作者’等诸多荣誉，都是当之无愧的。如果他还在的话，现在也会为我开心。”

而如今，这个与他一起同甘共苦的科研伙伴已远去。2018年4月11日，中科院上海药物所王逸平研究员因病在办公室离世，年仅55岁。他被中宣部追授“时代楷模”称号，其先进事迹在全社会引起强烈反响。

“王逸平走了两年多了，也许我无法找到同样的合作伙伴。他一生都在为研制新药而努力，不管怎样，我还要继续实现我们的梦想。”

宣利江说，他们下一个13年的目标，就是想做口服制剂。“曾经想放弃，后来有点希望，就又在坚持。”

“我常常对学生说，要享受工作，从工作中寻找乐趣和成就感。不管多难的目标，只要坚持去做，想办法去解决前进路上的一个一个困难，最终是有希望去实现的。既能帮助别人，又能实现自己的人生价值，这是一名科研工作者最开心的事情。”如今，宣利江和他的团队正在为新的梦想继续耕耘着。

（执笔人：殷志敏）

费名瑶：篆研一世，游刃金石

作为篆刻艺术家、西泠印社会员，费名瑶在书画界早已声名远播。然而，翻开他的求学履历，除祖父启蒙外，费名瑶并无他师。那么，他独到的篆刻技艺是如何练就的呢？作为一位“无师承”的艺术家，他又是怎样一步步走进名家荟萃的上海文史馆的呢？于是在夏日的午后，我们相约来到费名瑶先生的家里，略窥其独特的艺术人生。

走进书房时，他正在全神贯注地检视一幅作品，看到我们来了，便热情地招呼我们坐下。“这是西泠印社要的，还有民盟活动送展的两幅没弄……最近还要准备70周年国庆作品，事情太多，哈哈哈。”看来之前听他说“欠债很多”这句戏言，倒颇有自谑之意了。

锲而不舍，自学成才

“学习篆刻主要还是祖父教的，那时候看我对刻图章有点兴趣，他在教我

书画写字之余，就教了一些篆刻基础的东西。”费名瑶的祖父费宣若先生，当年还做过《宁波日报》的编辑，老人饱学儒雅，诗书画印，四艺俱精。当时兴许是他

为了排解寂寞，同时也觉得孺子可教吧，在他的带领下费名瑶进入了篆刻艺术的殿堂。但由于历史原因，一段祖孙教学佳话，匆匆画上了句号。

然而，幸得家中保留了一些《缪篆分韵》等基本字书，此后费名瑶就专攻刻印。闲暇时他刻石不断，几乎进入废寝忘食之境。祖父见状就告诫他说："治印为自得之学，涵养用敬为先，人品不高，艺难免俗。印虽艺事，名心不除，境界难高。"并明示："治印修养第一，书法第二，章法、刀法其后。"

这些话，费名瑶记了一辈子。

"我性格内向，也没有老师。我的老师就是古人，历代大家我都学过。吴昌硕学一点，邓石如、赵之谦、吴让之、徐三庚……这些大家身上都学一点，现在我的作品里这些人的影子都有。"费名瑶回首几十年前求道之路，不觉莞尔。他根据祖父训示，按时研读文史或临习历代碑帖。借"还应酬债"之机，潜心方寸，上下求索。前后几十年，对金石书法、古玺汉印以及明清皖浙诸家印章临摹、仿刻、研习、摹石不下千方，形神兼得，几可乱真。他的作品谨严清隽，遒劲秀雅，广受大家称誉，甚至有人言其"直逼赵叔孺、陈巨来、韩登安等前辈……对白文一路，更能及汉铸、诏版之神，凿印运刀若笔，浑朴中藏筋骨，刀笔具见，更现神采"。

在求索的过程中，费名瑶大多数时候都是利用业余时间研学，殊为不易。"我1968年进的工厂，做了10年电焊工，后来调到工厂的劳动工资科。厂长看我什么都会，就让我去工会了，专门管文体方面事务，倒也如鱼得水。"后来一门心思想要在刻印方面更精进一步的费名瑶，最终在1993年从厂子走了出来。"当时就想着要专业做篆刻了，把全部精力都放在这上面。"而在他不懈的努力下，终于在2003年，汇集了他半个世纪心血的结晶《费名瑶印痕》一书面世了。此作一出，犹如一声春雷，让费名瑶初为书画界所识。

幸遇知音，多方相助

“我书画朋友很多，都对我很好。所以那会儿大家都说，可以出印集了。但是我觉得书很重要，如果水平不到急着出，别人看着觉得一般，也就看不起你了。”20世纪90年代初，在面对是否出书的选择时，费名瑶还是觉得，得更精进几分技艺再说。“当时还有个朋友请谢稚柳先生帮我写了题签。我颇为过意不去，于是刻了10个章，请朋友给谢稚柳老师和陈佩秋老师送了去。”

谁能想到，就是这个小小的举动，让他和陈佩秋老师结下了不解之缘。

到了2005年，上海书画院办了个展览，费名瑶也闻讯而去。进门第一幅，便是陈佩秋先生的作品。就在这幅山水画中，费名瑶意外地发现有两枚一厘米大小的印章：“陈氏”“佩秋”，正是他几年前刻的印，这才想起《印痕》出版多时，竟然还不曾送去请陈先生指教，于是赶忙托人送了过去。陈先生看到《印痕》后说：“印章已用了好多年，但人却从来没有出现过。”

不久陈先生的儿子谢定玮先生在万荣路居所寻到费先生，说：“我母亲找了你好多年，当年她从美国回来，在案桌上看到你的印，觉得不错，在她的画上应用很适宜、很融洽，想再请你刻几方，但不知道你是谁。为她刻的小印中的款自然更为细微，用了放大镜才看到‘名瑶’二字，因没有姓，还是找不到人。直到看见你的那本《印痕》才知道你姓费。”谢先生留下了母亲的27方石章，希望费先生帮忙刻书画用印。“结果印才刻了一半，谢先生送来陈先生的‘竹石蛱蝶’字和画各一幅，说是陈先生送我的手卷，还有一幅《费名瑶印痕》的题签。对我来说，既汗颜又兴奋，深深感受到陈先生对后辈的关爱。”

第一次与陈先生见面的时间，直至今日费名瑶都记得。“那是在2006年3月20日，正是静安区政协香梅画院正式挂牌之日。我去时许多画师正在作画，几位认识我的画师见到我，都说没带印章，叫我帮忙。”当时政协里也备有一些印石，费名瑶动刀伊始，便一发不可收拾，一口气刻了18方急就章。当陈佩秋先生来到时，大家不约而同地起立鼓掌，陈先生见到费名瑶时很高兴地说：“你很好，印刻得好，而且从来不为名利……”看完他刚刻的印后，又对他说：“你应该走出来，否则人家不知道你的。”陈老师转身对自己身边的庞沐兰老师说：“你去跟区领导谈一下，像这样的人才，静安区应该引进。”

“几个月后，正在云南的陈先生得知我有意加入西泠印社，却苦于无人推荐，便为我给西泠印社领导写信，并给予极高的评价。”费名瑶回忆此刻，满是感激之情。“入社的事又承刘江先生推荐，当年就被批准，终于圆了我40年的梦。我庆幸能遇上陈佩秋先生这么一位艺术大师，并能得到她特别的关爱。我想，以后我的路怎么走，陈先生已经给我上了很好的一课。”

声噪书画界，入阁文史馆

2003年出书后，费名瑶的交友也得到极大地扩展，其中便有北京画院院长王明明。在他的盛情邀请下，费先生去了趟北京。“那次见面，他给我看了他所有印章。我说刻得挺好，他说总归不太满意，希望我能帮他再刻一些。”让费名瑶未曾想到的是，一次见面竟成了一生的好友。“明明很爱才，2009年在他的帮助下，北京画院美术馆举办了我的纯篆刻大展。”紧接着，费先生的篆刻大展又于2010年走进了上海中国画院。是时，陈佩秋先生到场祝贺，韩天衡先生致开幕词，并对费名瑶的篆刻艺术给予极高的评价。他说：“在中国像费先生这样办纯篆刻的大型展览，据我所知，还是第一个。相信各位看了之后会受益匪浅的。”

“和汪老的交往，也是章来画往的，不知不觉就十来年了。”2014年，汪观清先生在搬场时不慎失落一包印章，他找到了费名瑶，希望能帮自己补刻一些。“那之后交往更密，汪老邀请我去民盟书画院参加了很多活动。当他知道我无党无派的身份时，就劝说我加入民盟，也就自然加入了。”

近年文史馆因为需要，成立了书画印社，汪观清先生做了社长。“之后文史馆又成立了一个书画研究社，要聘请14个特聘研究员。在汪老的举荐下，我这才有机会与文史馆联系在一起。”费名瑶的描述颇为谦逊，但能进入文史馆视野又岂是等闲之辈？五十余载的刻苦钻研、锲而不舍，终于在今年的初夏迎来了最耀眼的绽放。2019年6月12日，上海市政府举行上海市文史研究馆馆员聘任仪式，市委副书记、市长应勇为费名瑶等19位新聘馆员颁发了聘书。

创作不止，继往开来

在自己研究金石之余，费名瑶也收了9位徒弟。坊间传闻说，费先生收徒要求很高。“其实就是按照祖父的训示，希望能找到一些真正能修身养性、沉得下心的传人。当然，也要看他水平，不行只能让他先自己再努力下。”费先生根据自己多年篆刻的经验，自己摸索出了一套独特的教学方法。现在他的徒弟们在各省市也是陆续崭露头角，很多已成为小有名气的篆刻艺术家了。

“我今年72岁了，一年仍然要刻800多个作品。”他走路佩戴150度近视加散光镜，读书是450度，篆刻则是700度。在费名瑶的年纪，很多篆刻艺术家常因为视力问题而不得不放下心爱的刻刀，但是费名瑶却依然坚持着相当高强度的创作。“现在没法停下来了，自己想创作，朋友那头委托也要刻……”虽然嘴上这么说，从他开朗的笑容就能发觉，他对篆刻艺术深沉的爱。也只有这种深爱，才能支撑他淡泊名利，身居方寸，一心求学，最终经过六十余载深厚积累，才达到今日之辉煌。

（执笔人：王斯博）

钱峻崖：让更多的人知道国歌的故事

在杨浦区长阳路大连路口，有一片占地2.7万平方米的公共绿地，这就是由著名建筑设计师邢同和担纲规划设计的“国歌纪念广场”。漫步其中，你会发现这里处处蕴含着国歌的元素。直径54米的圆形“国歌主题广场”，犹如一张巨大的胶木唱片，一道道0.3米宽的环状带向四方辐射开来，好似唱片正在留声机上缓缓旋转，寓意着《义勇军进行曲》在这里诞生，从这里唱响全中国，唱响全世界。广场中央，一座12米高的青铜雕塑分外醒目，主体造型是一面迎风飘扬的五星红旗，旗前还有一把军号。伫立在雕像前，耳畔仿佛听到嘹亮的军号声在猎猎风声中冲破天际，又仿佛看到战火纷飞中矗立不倒的战士……

在纪念广场北侧的下沉式广场内，坐落着目前国内唯一以国歌为主题的国歌展示馆，总面积1450平方米，由序厅、国歌诞生厅、国歌纪念厅、国歌震撼厅、辅厅（世界国歌厅）我和国歌厅6个部分组成，通过200余件文物、文献和历史照片（影像），全面展示《义勇军进行曲》诞生的背景和过程、传唱和影响以及国歌作者、国歌故事等国歌知识。每一个踏进这里的参观者，都会在激昂的国歌声中热血沸腾起来。

这座建成于2009年9月的国歌纪念广场和国歌展示馆，是上海人民献给新中国成立60周年的厚礼。而它的诞生，源于一份18年前的盟员政协委员提案。

“2001年年初，我偶然读到一篇关于国歌的史料，才知道国歌原来就诞生在我工作的杨浦区，于是，我连夜写下了一份有关建立国歌纪念馆的政协提案。”如今在上海SMG旗下的五岸传播有限公司任职的钱峻崖，谈起18年前的往事，仍然记忆犹新。当时，钱峻崖尚在杨浦区影院剧场管理所担任所长，由民盟杨浦区委推荐担任了区政协委员。就在他读到的这篇文章里，提到杨浦区荆州路405号（时为上海新沪钢铁厂）曾经是电通影片公司的前身，电影《风云儿女》就是这里拍摄的第一部影片。1935年4月14日，就在聂耳赴日学习的前一天，他亲自到这里用简谱初稿试唱了《义勇军进行曲》。4月末，聂耳又从日本将修改后的《义勇军进行曲》曲谱寄回上海电通公司。1935年5月24日，《风云儿女》在上海金城大戏院（今黄浦剧场）首映，影片主题歌《义勇军进行曲》就此传遍战火弥漫的中国，传唱到大洋彼岸的美国。

这份《关于设立〈国歌〉诞生地纪念馆的建议》的提案，在当年的杨浦区政协十届三次会议上提交。由于当时客观条件的限制，这份提案迟迟没有得到落实，但是它已经引发了很多人的情感共鸣，杨浦区政协和区党史办在此之后，也多次向上级部门提出建议。2005年“两会”期间，已经调任上海电影家协会工作的钱峻崖，通过民盟杨浦区委第三次提出建立国歌纪念馆的建议。他在提案中引用了时任上海市委副书记殷一璀在法国马赛演讲中的一段话：“马赛是法国国歌马赛曲的诞生地，上海是中华人民共和国国歌的诞生地。”这份提案被杨浦区政协作为社情民意送达市政协后，引起了中共上海市委的高度重视，市委宣传部迅速组织市文管委、档案局等有关方面专家开展考察论证，并很快立项规划。

2006年11月30日，奠基仪式在当年电通公司的旧址上隆重举行。在经过近三年的建设后，国歌纪念广场和国歌展示馆终于在2009年新中国成立60周年前夕，正式竣工开放。与此同时，在各方的努力下，开馆时已经征集到与国歌相关的珍贵唱片13张、CD8套、VCD4套、DVD22套、书籍135本、海报4张、照片474张，以及邮票、明信片、节目单、报纸、漫画照片、手稿等大量珍贵史料。落成典礼当天，《义勇军进行曲》词作者田汉的后人、曲作者聂耳的亲属都从千里之外赶来，许多当年左翼电影界著名导演、演员的后人也一同参加了典礼。所有到场的嘉宾，在军乐队的伴奏下，一起噙着眼泪、饱含激情地唱响《义勇军进行曲》，目视着五星红旗缓缓升起……

从第一份提案的提交，到国歌纪念广场、国歌展示馆的落成，用了整整8年的时间。8年里，钱峻崖和所有拥有同样梦想的人一起，孜孜不倦地推动着梦想的实现。如今，梦已成真。上海，也用这种特殊的方式，向新中国60华诞献上了一份厚重的生日礼物。

在当年的落成典礼上，钱峻崖如数家珍地说，其实上海整座城市都与国歌有缘——田汉在徐汇区写下了《义勇军进行曲》歌词，聂耳在霞飞路谱写了《义勇军进行曲》音乐初稿，百代唱片公司灌录了第一张《义勇军进行曲》唱片，金城大戏院（今黄浦剧场）首次唱响《义勇军进行曲》。他满怀激情地说，我有一个梦想，希望每一个来国歌展示馆参观的人，都能从这里了解《义勇军进行曲》诞生及传唱的时代脉络，都能把《义勇军进行曲》所蕴含的爱国热情和使命担当传承下去。

10年来，国歌展示馆的全体工作人员都铭记着这份神圣的使命，并为之付出了大量心血。据不完全统计，开馆至今，已接待全国各地参观者90万人次，参观人数逐年显著增加。展示馆的影响力也逐渐辐射到海外，聂耳罹难地的日本藤泽市市长就两次率队前来参观，向馆方赠送了该市纪念聂耳100周年诞辰活动的珍贵资料。

钱峻崖在这10年间也数度回到国歌展示馆讲述他的国歌情缘。2012年，钱峻崖陪同上影集团领导及上海电影博物馆筹备负责人到国歌展示馆学习取经，如今电影博物馆设有“国歌诞生”专题展区。2016年，他陪同参加全国文联、影协在上海组织的“学习习近平总书记文艺工作座谈会重要讲话精神专题研讨班”，联系上海电影家协会上百名会员参观了国歌展示馆。他还受杨浦区少年宫的邀请，在大队日活动之际，在国歌展示馆义务向“红领巾们”讲述国歌和国歌馆的故事。2018年，五岸传播的党政工团组织去国歌展示馆参观，他也在现场讲述了建馆提案的故事。

除了日常的接待讲解，如今的国歌展示馆还把触角延伸到更广阔的空间：建立“网上写真馆”数字平台，观众只要轻点鼠标，就可以身临其境地走进“虚拟展馆”进行参观，了解与国歌相关的各类知识和文字资料；与沪上数十所中小学、高校和企事业单位签约共建，创建了“国歌故事进课堂”和“国歌寻访”两大教育品牌，定期向共建单位输送专题展览、红色宣讲、主题活动等文化服务资源，与中国浦东干部学院共建干部教育培训基地、现场教学点，其中，“国歌故事进课堂”志愿宣讲项目入选国家文化部办公厅“2016年基层文化志愿服务活动典型案例”；举办《伟大的历程——纪念国歌〈义勇军进行曲〉创作80周年图片巡回展》，足迹遍及沈阳、北京、武汉、长沙、南京、齐齐哈尔等大中城市，吸引观众近35万人次，并荣获2016年上海市民文化节优秀项目奖；创作出版了连环画《国歌——〈义勇军进行曲〉的故事》，在上海大剧院上演原创公益音乐剧《国之当歌》，与聂耳家乡的云南玉溪市聂耳纪念馆携手举办《中国的声音——聂耳与国歌》展览和“我心中的国歌”主题征文活动。国歌展示馆先后被命名为“国家国防教育示范基地”“全国科普教育基地”，列入国务院第二批国家级抗战纪念设施、遗址名录；入选上海市首批“党史教育基地”“两学一做”学习教育红色基地、“学生社会实践基地”；多次获得“上海市爱国主义教育基地三公里文化服务圈建设先进单位”“科普教育基地先进集体”“未成年人思想道德建设工作先进单位”“上海市巾帼文明岗”“上海市青年文明号”等荣誉称号。

更让人感动的是，许多参观者在受到心灵震撼以后，主动加入志愿者队伍中来，目前志愿者已经接近700人，年均服务时间超过2000小时。他们真诚的笑容、专业的服务都给观众们留下了深刻印象。一些单位和个人，还向馆方转让、捐赠了《东北义勇军专号》刊物、八路军冲锋号等100多件（套）实物和史料。其中，中国人民解放军军乐团捐赠了一批20世纪50年代建团之初配备的黑管、小号等珍贵藏品，馆方为此专门增辟了“中国人民解放军军乐团与国歌”展区。2018年“五一”国际劳动节，前来上海参加上海管乐节演出的解放军军乐团、海军军乐团和武警军乐团，还组成了联合礼仪乐团，在国歌纪念广场共同奏响雄壮的《义勇军进行曲》。

2019年，建成已有10年的国歌展示馆进行了首次大修，馆方对原有布局、展示内容和展示媒介做了局部调整，增加展示了一批新征集的珍贵文物，并在新中国70华诞之际，以崭新的面貌与世人重新见面。

（执笔人：戴立波）

唐克轩：科学家的工作就是造福人类

2015年，著名药学家屠呦呦因发现青蒿素可运用于疟疾治疗获得诺贝尔生理学或医学奖，成为首位获得诺贝尔奖的中国科学家，青蒿素也因此走入大众视野。而就在2021年4月25日的“世界防治疟疾日”，新华社发出一篇名为“青蒿苗苗的‘抗疟’之旅”，以VLOG视频的形式带领大众走近上海交通大学农业与生物学院唐克轩教授的研究团队，得以一窥青蒿苗的改良过程。然而时至今日，在大多数中国人心中，疟疾依然是离我们非常遥远的疾病，而对青蒿素的认识也就停留在“中医药方里发现的抗疟方法”。可想而知在20年前，“默默无闻”的青蒿研究更是极其小众，围绕其的科研工作一度举步维艰，坚持下来的科学家也是寥寥无几，而唐克轩教授便是其中之一。

十几年来，唐克轩带领团队破译青蒿“基因密码”、培育高产量青蒿素的青蒿品种、研发低成本预防疟疾产品。“很多人不知道，人类历史上夺走人生命最多的疾病就是疟疾。目前，疟疾在东南亚和非洲的情况仍然很不乐观，现在大众对青蒿素、对中草药的认知越来越多，未来关于这方面的研究会有更大前景。我认为科学家的工作就是造福人类，工作难、经费少又怎样，最终能做出贡献就够了。”

因谈先生“转行”青蒿研究

“其实我最早做水稻研究，因为谈家桢先生，才转行到青蒿领域的。”让人意想不到的是，如今青蒿素科研事业开展得如火如荼的唐克轩，早年却是“半路出家”，从水稻研究领域转行而来。事情还要从他的求学之路说起。1981年，18岁的唐克轩懵懵懂懂地选择了当年的热门专业——遗传学，就读于四川大学。“多数同学都选择从事人类遗传学领域，但我因为从小喜欢植物，所以选择专攻植物领域的遗传学研究。”

1985年大学毕业后，唐克轩考取上海市农科院和北京农业大学联培的作物遗传育种专业硕士学位，成为上海市农口系统第一批8位硕士研究生之一。“我在硕士期间的导师是国际水稻花药培养著名专家章振华研究员。很巧的是，章先生也曾在复旦大学遗传所工作多年，曾是谈家桢先生的助手。”在上海市农科院期间，唐克轩常常听章振华先生说起谈先生的故事。“他常说，谈先生一生光明磊落、礼贤下士。我当时就非常希望今后能有机会在谈先生身边工作，聆听先生的教诲。”

1991年，唐克轩获得美国洛克菲勒基金会博士奖学金，到英国诺丁汉大学攻读植物生物技术博士学位，他的教授是世界著名植物科学家、英国皇家学会会员（FRS）、欧洲科学院院士、被称为“原生质体之父”的Edward C. Cocking。1996年，他学成后准备归国，面临很多选择。“那时收到了复旦大学生命学院时任院长李育阳教授的邀请信，信上提到复旦大学遗传学科总体很强，但植物遗传方向较弱，邀请我到复旦大学工作，加强植物遗传学研究的力量，并说这是谈先生的想法，我毫不犹豫就去了。”

回国后，学校安排唐克轩的夫人孙小芬做谈家桢先生的专职秘书，她也是谈先生的最后一位专职秘书。“那时我的实验室在遗传楼五楼，而谈先生办公室在三楼，因此，我常常到谈先生办公室向谈先生请教。在我的印象中，谈先生是我见过的最有魅力的科学家，他不仅知识丰富，而且虚怀若谷、毫无架子，还特别关心年轻人的成长。”唐克轩动情地回忆着当年的场景，在他纯澈的眼神中仿佛透出了谈先生的音容笑貌。

“有一天，谈先生打电话叫我到他办公室，说有重要的事情要谈。我去后，谈先生对我说：‘中国不缺从事水稻研究的学者，可中草药研究的学者却寥寥无几。中草药是中国的宝贵财富，有许多基础问题没有解决，我国目前做的人也不多，你应该把研究重点转移到中草药研究上。’”唐克轩有些犹豫，毕竟彼时中草药的基础研究非常薄弱、信息不全、经费少、难度极大。“谈先生又说：‘就是难，才需要有人做，科学家的职责就是攻克难点、造福人类。’”这句话对年轻的唐克轩触动颇深。回想起那次长谈，唐克轩依旧历历在目。“谈先生的话让我受到很大的启示。在业内人士看来，中国的中草药确实很‘弱’。中草药在国际上得到了广泛认可，但作为中草药的发源地，‘中国制造’只占世界中草药市场份额的极少部分，由日本、美国、德国等国生产的洋中药却大行其道并返销中国。归根结底还是对中草药的重视程度不够，科研人员和投入都太少。”

于是，从2003年开始，唐克轩逐渐从水稻研究转向了中草药研究，并选择了青蒿为主要研究对象。“当时世界范围内，研究青蒿的不超过50个课题组，而水稻却有上万个……一开始工作确实艰辛，几乎是从零开始，我只得一边研究一边摸索。”唐克轩笑眯眯的，语气中却有几分感慨。在没有专项资金的情况下，他就利用横向课题结余经费开展研究。当时很多学生也不理解，觉得课题范围太狭窄，不愿意来，他只能自己承担大量基础工作……为了有更多的时间和精力投身于科研工作，2012年，唐克轩还主动辞去了上海交通大学农业与生物学院院长一职，专心带领着团队在青蒿素领域大展宏图。

破译青蒿“基因密码”

这些年，唐克轩和团队破译了青蒿的“基因密码”，即对沪蒿1号进行了全基因组测序、组装、注释及相关分析，这是青蒿“基因密码”首次被破译，也是本草基因组学研究的一项重要突破。他们成功培育了高产青蒿素的代谢工程青蒿品种，现在市场上的青蒿中青蒿素含量普遍为0.8%~1.2%，而他们培养的新品种含量则高达3.2%。

“测序工作非常烦琐、复杂，很多人因此坚持不下去了。但是我深知这项工作的重要性，过去诸多包括青蒿在内的菊科植物的研究因无参考基因组信息而被搁置。既然我从事了这方面的研究，这个难关就必须得被攻破。”

为此，唐克轩带领团队长期在试验田里观察、取样、移栽、培育新品种。6—8月是一年中最为炎热的三个月，正午时分，温室内的气温常常超过40摄氏度，而这三个月恰恰也是青蒿成长的最佳时期。唐克轩还记得他和团队成员们在温室里埋头苦干时的场景，“只工作一会儿，汗水就会浸透汗衫，大颗大颗的汗珠从额头滴落至地上，但是大家都不会抱怨。”

剑指“下一个十年”

“世卫组织针对疟疾的防控有个2030年目标，即减少90%患病和死亡人数，现在每年仍有2.2亿人感染疟疾，40万人死亡，30亿人处于感染的阴影之中。”唐克轩谈及现状，声音略显沉重。“现在全球新冠肺炎疫情形势尚不明朗，对于疟疾的关注也相对低了一些。现在面临的难题一是预防，很多东南亚和非洲国家急需价廉且有效的预防措施；二是青蒿素的成药价格依然让部分病患难以承受；三是这两年疟原虫发生了变异，已经出现对青蒿素有耐药性的趋势，我们未来重点研究就是如何破解这三个难题。”

前两年，唐克轩带领团队以中医古方为基础，研发了具有预防疟疾功效的膳食补充剂产品，并将产品制作成携带方便、口感佳的“软糖”。“当时我们希望这款产品能为疟疾高发区人民和数亿饱受疟疾痛苦的患者带来福音，降低因疟疾而死亡的人数。”后来产品投放到非洲后，发现虽然效果很好，但是因为当地气温过热，软糖特别容易融化。于是唐克轩团队又根据当地气温特点，做了片剂，方便其存储和使用。

据唐克轩介绍，他们现在一方面继续提升青蒿植株的青蒿素含量，另一方面研究用微生物生产青蒿素的方法。“目标是两年内让青蒿中青蒿素含量提升到4%以上，同时，让微生物生产青蒿素实现从半合成到全合成的转变。”通过这种“双管齐下”的方法，他预计能让青蒿素的成本至少降低50%以上，让更多人能够摆脱病痛折磨。

“耐药性问题是我们的重点工作，疟原虫现在变异的情况下，各方也在积极寻求破解的方法。”唐克轩教授说，之前有美国团队用青蒿的干叶制成片剂，成功医治了感染变异疟原虫的病患，但是这个方法却没有被世界卫生组织采纳用于治疗疟疾。原因是在不清楚青蒿中到底还有什么成分起作用的情况下，难以做到成药的质量控制，同时担心单独使用青蒿是否会带来疟原虫再次出现抗药性。“现在我们也在组织队伍，由交大、中科院等多个学科团队共同攻关，相信能够解决这个难题。”

如今，在团队中，唐克轩是负责人，把握团队研究方向、协调各方工作。同时，他也是老师，承担着教学及指导工作，并在繁重的科研任务之余带出了一个又一个优秀的学生。“本来现在每年只能带一个博士生，因为之前带出了优秀博士，所以有时一年能带两个，哈哈哈。”语气稍显得意的唐克轩，在学生们的眼中却是个随和而又博学的先生。几年前屠呦呦获奖时，记者曾采访唐克轩，唐老师说：“屠呦呦先生将青蒿素带入大众视野，一生致力于挖掘青蒿素的药用价值，推动了中草药的科研发展，她的贡献是非常大的。对我来说，这也是一生的目标。倘若研究能够让百姓得到实惠，为人类造福，我也就满足了。”

（执笔人：王斯博）

唐丽青：敦煌是每个人心中的一颗种子

绚烂恢宏的梵音世界，婀娜曼妙的飞天乐伎，将此二者完美结合的“乐者敦和·大音煌盛”敦煌壁画乐舞专题展，刷爆了微信朋友圈。展览以高科技复原敦煌乐伎，超高清还原壁画实景，通过新媒体打造的全息舞台，多感官体验动态乐舞。而这个被点赞无数的“网红”展览，背后的策展人就是上海盟员——唐丽青。

在徐汇艺术馆原副馆长、盟员朱曦的影响下，唐丽青2015年加入了民盟，她们也由此成为人生路上的好朋友。虽然正式身份是徐汇艺术馆展览设计部主任，但她更乐于以民盟盟员自称，甚至在导览时也会受到启发。为当时的需要。

敦煌初心，策展三年

策划此次敦煌壁画乐舞专题展，可以说是唐丽青的一份初心。她出生、成长在甘肃，9岁时第一次进入莫高窟就被深深震撼，大学毕业后在徐汇艺术馆做策展人，30岁时又重走河西走廊再入敦煌。这一去，便在她心里种下了策展的种子。她的这一想法，得到了馆长的大力支持。

敦煌的石窟壁画内容丰富、形态多样，徐汇艺术馆400平方米的展厅甚至容不下1/10，作为策展人，唐丽青需要找到一个切入点。为此，她把上海及周边地区近年来所有的敦煌展都看了个遍。在馆长的启发下，他们把艺术馆旁边上海音乐学院、聂耳广场等环境的元素结合起来，选择了“乐舞”的主题，提取敦煌壁画中的精华，用专题展的形式从深度上展示、解读敦煌艺术的魅力。“我不希望这个展只是简单的挂上壁画给大家欣赏，我们要让它动起来、活起来。”馆长对唐丽青提出了这个要求。在他们的努力下，现在这一切都做到了。

为了这个展览，她和她的团队筹备了三年。敦煌研究院提供了很多图文资料，两年多的时间里，唐丽青都埋首在浩如烟海的文献与画本里，潜心研究敦煌壁画中的伎乐天，最终精心挑选了9幅经变画，编写了3个小时、长达数万字的导览词。她说，当时在敦煌创作壁画的人都没有留下姓名，只留下了这惊世的作品，他们也愿意做无名氏，只把敦煌乐舞的精华留给观众。

联手大师，再现伎乐

展览取名“乐者敦和•大音煌盛”乃出自《礼记》：“乐者，天地之和也；礼者，天地之序也。”正因为中国古代，特别是唐朝，对礼乐文化的重视和传承，敦煌壁画中才出现了如此丰富绚烂的伎乐图像。大音希声，壁画通过“三道弯”的曼妙舞姿，在每一处细节上都表现出乐伎“左旋右转不知疲，千匝万周无已时”的张力；几十种不同乐器的搭配演绎，让观众领略到失传的乐器如觱篥、羯鼓等的风采，也让我们通过眼睛“听”到了梵音世界。

敦煌壁画不仅是艺术，也是历史。此次展览最大的亮点，就是运用最先进的多媒体设备，带领观众穿越千年的历史。展厅一楼的动态虚拟洞窟，运用CG技术复原敦煌壁画中的人物形象，由真人动作捕捉技术百分百提取舞蹈动作，让伎乐天“舞”起来；二楼的轨道镜则利用动画、音效等手段让影像与实物展品进行互动，通过轻松幽默的方式来引领观众走近伎乐。

为了达到最理想的观展效果，唐丽青在领导的支持下，邀请了不少大师助阵。全息投影制作的艺术总监是世博会“清明上河图”的艺术总监左焕琨先生，轨道镜由美国的知名动画师胡一凡设计制作，连演奏配乐都邀请了陈强斌、欧阳鑫勃、谢煜丹等大师出马。由于经费有限，这些大师几乎都是秉承着对敦煌艺术的赤诚之心为展览义务创作，这让作为策展人的唐丽青感动不已。

带走“端倪”留下思考

此次展览还有一位不得不提的形象大使——在艺术馆门口恭候观众的乐伎“胖端倪”。他和配乐乐器选取的观无量寿经变都出自榆林窟。提到敦煌壁画，人尽皆知莫高窟，而百公里之外的榆林窟却不为人所熟识。这次展览让观众浅尝到榆林窟的魅力，也让榆林窟的研究者激动不已。唐丽青透露说，榆林窟的导览员特地到上海来观展，当她看到利用CG技术“复活”的“胖端倪”时，竟感动到落泪，回去后便联系唐丽青，要将“胖端倪”带回榆林窟去。唐丽青笑称“胖端倪回娘家了”。就在发稿前一天，来自上海的“胖端倪”已经在榆林窟“跳”起了舞。

敦煌研究院前院长樊锦诗曾说过，即便是竭尽全力地保护敦煌壁画，但当我们把现在的壁画照片跟20年前的放在一起比较时，会发现它仍然在迅速退化。对此，唐丽青也深有感触：“我们不仅要保护敦煌壁画，还要给人们留下些什么；我们做展览的目的不仅是给大家带来美丽的壁画，还要带来思考。”她在导览最后都会说一段感性的结束语，她说敦煌是一颗种子，种在每个人的心中，有一天它一定会开花结果，这便是她所希望留给观众的。

虽然没有在媒体上打广告，而且同期上海还有另外2个同样主题的展览，但唐丽青策划的这个展览因其独特的视角和观众的浸入式体验，在微信朋友圈里以口口相传的方式迅速走红。小小的徐汇艺术馆因为这个专题展，迎来了开馆13年来最多的观众，开展至今已经累计接待超过5万名观众，每逢双休日馆里都被挤得满满当当。展览受欢迎的程度有些出乎唐丽青的意料，但她也发自内心地感到高兴："以前来我们馆的大多是中老年观众，这次展览吸引了很多年轻人来看，我感到很欣慰。"

（执笔人：郭琪）

曹蓓娟：用一生匠心去做艺术体操

择一事，终一生，盟员曹蓓娟的名字始终与艺术体操密不可分。她是上海体育学院体育教育与训练学院教授、硕士生导师。她是艺术体操国际专家级（TOP级）裁判，曾任世界锦标赛裁判，并多次担任艺术体操国际大赛的裁判工作。她曾受中国外交部、国家体育总局委派，赴埃及帮助组建埃及国家艺术体操队并担任主教练。她还曾任国家艺术体操集训队集体项目教练，并长期担任中国艺术体操队顾问。作为教师，她专长于艺术体操、形体芭蕾、体态礼仪的教学工作，曾获国家体育总局奥运攻关项目二项及上海市教委创新课题项目，以及多项市、院级课题项目，完成教学科研论文20余篇及《自我形象设计》《韵律体操》《时尚操舞》《办公室运动指南》四本教材与著作。2016年，她还获得了上海市“育才奖”。如今，她虽然离开了教学岗位，却依然心系于艺术体操的未来，关注着孩子们的健康成长。

结缘艺术体操

“我有五个兄弟姐妹，父母要工作，没空照顾孩子，爱怎么玩，就怎么玩。”谈及涉足艺术体操的初衷，曹蓓娟一脸纯真的笑容，回忆起了孩提时代。“那时候性格比较外向，喜欢冒险，和男孩子一起玩，灵巧性很好，胆子又大，于是锻炼出强健的体魄。后来恰逢1978年上体复校，于是考进上海体育学院，先学体操，后来学校开设艺术体操项目，就被选拔进校队，成为上海体育学院首批艺术体操队成员。”

到了1981年，曹蓓娟和校队的10个姑娘代表上海体育学院去“走穴”演出，途径江苏、安徽、浙江等多个省份，这也是首次有学校在全国进行社会演出的案例。4年后，她一个华丽的转身留校任教，成为上海体育学院的老师。曹蓓娟十分感谢学校的培养，也感慨自己的幸运，刚入校就赶上艺术体操这个新的项目，又因为这个项目跟上体结下了美好的渊源。后来，因为表现出色，在校领导和多方的支持下，她得到了所有有关艺术体操项目的各种学习与进修的资源，这也成为她人生的一个转折点。

第一位援外教练

“1987年受中国外交部、国家体育总局委派，我作为中国第一位援外艺术体操教练，赴埃及帮助组建埃及国家艺术体操队，并担任主教练。”那一年的曹蓓娟，刚拥有一个新的身份——母亲。接到这个援外的任务时，她儿子仅仅11个月，然而为了响应国家的召唤，她毅然踏上前往非洲的征程。援外的一年半时间里，她为非洲的艺术体操事业贡献了自己全部的力量。在此期间，世界锦标赛舞台上首次出现了非洲籍艺术体操运动员，而现任非洲艺术体操技术委员会主席也是她的学生。让曹蓓娟至今难以释怀的，是当时载誉归来的情景。“回国时，儿子在火车站开口叫我妈妈，眼泪一下子就涌上来了……”曹蓓娟回忆这段往事，脸上充满感慨，“那时我以为孩子还记得我。”她顿了顿，整理了下情绪，“后来到家遇到邻居，才知道这孩子见谁都叫妈妈……”

此刻诉说的曹教授眼含热泪，一个初为人母，并且一生爱教育爱孩子的人，在异国的明月下，一个个充满乡愁和思念的夜晚，是如何难挨？又泪湿了多少枕头呢？此刻的她尚且无法自已，当时的辛酸可见一斑。然而，她并没有后悔自己的选择，也坚信那段援外经历是一生的财富。

问鼎世界舞台

2003年匈牙利世界锦标赛上执裁的她，看到中国队第一场失利，没有发挥出应有的水平，队内气氛紧张，运动员、教练员甚至官员们都焦急万分。见此情景，曹蓓娟激动地对运动员们说："有什么可气馁的！比赛还没有结束，还有我们中国的表现机会！"此刻的她，已成为团队主心骨，鼓励着赛场上的大家。最终，中国队凭借此次比赛的优异成绩，进入了全能前八并获得直通希腊奥运会入场券。

四十载情缘，不说再见

不是老师的教练不是好的裁判，这句网络体用语印证了曹蓓娟全能型人才的身份。她在上海体育学院奉献了她人生最美好的40年，也是她人生之路不断拓宽的40年。1978年第一批艺术体操校队有10名成员，由于种种原因，后来上体艺术体操专业生源严重不足，搁置了将近十年，这也成为曹蓓娟心头的一个梗。终于2015年在学校各级领导的帮助下重新招生，看着曹教授扳着指头如数家珍似的说："15级3人，16级4人、17级6人、18级2人。"至2018年校队成员达到15人，曹教授把她们交给上海体育学院，然后光荣退休。给上体艺术体操队留下了新的起点与期望。

然而曹蓓娟和艺术体操的故事，并没有就此结束，退休后的她，并没有赋闲在家，而是继续深化之前在学校时承接的课题。"这个本来是在职时接的上海市教委的课题，学校也给了很大的支持，也就延续下来了。"曹蓓娟口中的"课题"，其全称是"大学生社会实践能力培养研究"。在她看来，大学的出口就是社会，要让学生做一个符合社会需要的人才，必须得让他们会教会练。于是，艺蓓艺术体操俱乐部在2016年成立了。“利用这个平台，我能带着学生做社会实践，把他们培养成合格的老师。除了他们本身的教学实习环节，在这里也更加接近社会。”两年后，课题结题，广受好评的艺蓓艺术体操俱乐部却保留了下来，成为大学生实践和少儿艺术体操培养的一流基地。

关注下一代成长

“我1989年申请入盟，1990年正式成为民盟盟员。当时我的导师、我专业课的系主任都是民盟盟员。他们都很喜欢我，我也很崇拜他们，所以就想入盟。”谈及入盟的经历，曹蓓娟和多数民盟前辈一样，出于对师长的尊敬和崇拜，走入了民盟。“现在就想做点力所能及的事儿，从自己专业出发，为艺术体操事业尽一份力。”

在身边人眼里，本可放松休息、享受天伦之乐的曹老师，依然怀着满腔的爱国情怀在发挥余热。“我这一辈子，就干艺术体操这一件事。在这事儿上我觉得我也有点积累。国家现在号召全民健身，增强下一代体质，我就想继续做下去了。”在曹老师看来，孩子童年很短，不应该把孩子时间浪费到不需要童子功的事情上。“锻炼身体，目的还是拥有健全的体魄，这就涉及科学健身的问题，并不是什么项目都合适孩子的。”从事体育事业半个世纪的她，尤其关注当下少儿体育事业的发展。她直言，艺术体操对于少儿发育时期女孩子的意义，是别的项目无法替代的。“现在孩子外面赶着上各种课的孩子很多，孩子累，家长也苦不堪言。然而艺术体操一个项目就能解决三个课程：音乐、舞蹈和运动。”

在曹蓓娟的带领下，艺蓓走出来的“大孩子”和“小朋友”都收获了自己的人生成果。俱乐部成立到现在也就3年多，小朋友们却已经斩获了中国学生艺术体操锦标赛的亚军，8个孩子通过了学生艺术体操等级3级。另外，在这里实习的学生，也成为各个学校眼中的稀缺人才。“今年毕业的两个学生，一个作为上海市优秀毕业生，已经符合在上海落户的分数条件，这在本科生中几乎是不可能的。”曹蓓娟谈及自己的学生，脸上写满了自豪。“另一个也已经与学校签约，我希望她们能成为一个契机，让大家更了解艺术体操对于孩子成长的意义。”

记者手记：采访曹老师的那天，不得不说首先吸引眼球的是她的气质，她是一位把优雅揉入骨子里的美丽女人，举手投足都尽显美感。而随着采访的深入，对她的印象不仅仅是一位贡献颇丰的退休教师，更是传递着先辈爱国情怀的民盟人。她因艺术体操而成长、成熟，最终桃李天下，如今，艺术体操已然融入了她的全部生命和灵魂。

（执笔人：王斯博）

常　青：认知永无止境，人人永在路上

第一次见到常青教授是在2005年。彼时笔者在民盟市委研究室（现参政议政部）工作，参与了当年承接的市政协课题的部分工作，课题内容是常青教授领衔的关于苏州河两岸的建筑历史和建筑保护。甫一见到顶尖大学顶尖专业的系主任，接触到自己这辈子从没涉足过的建筑领域，心情实在是诚惶诚恐。还记得在一个安静的午后，洒满阳光的阅览室里，常青教授拿着一摞专业资料和他撰写的论文，耐心细致地给我们讲解建筑保护相关的基本常识。现在想来，那天的阳光特别温暖，民盟教授的形象在我心目中开始逐渐清晰和高大起来。正是那一年，常教授从获得的瑞士赫尔希姆可持续建筑国际大奖赛亚太区金奖的奖金中捐出了40万元人民币，在学院设立了“风土保护奖学金”，旨在奖励在历史建筑保护专业学习的优秀学生。此前，常青主持的教授研究室承接了“杭州来氏聚落保护与再生设计”项目，规划设计中摒弃抹去风土肌理的规划方式，促成了对地段控制性详规的大幅修正，使该聚落

及其历史地貌得到保留和恢复，成为杭州十大历史街区之一，获瑞士首届赫尔希姆可持续建筑国际大奖赛亚太区的唯一金奖。

常青教授在很长一段时间里担任同济大学建筑系主任，他研究历史建筑的保护

也由来已久，他将建筑学与工科的土木、材料等学科，与文科的历史、文博等学科交叉整合，领衔创办了我国第一个历史建筑保护工程专业，促使保护与再生本—硕—博教育、研究和实践的学科领域体系化，并走在了全国前列。常青呼吁，“在我们这样的文明古国，再不给城乡文化遗产留出充分的生存空间就太晚了！……这个专业一定要办！”2003年，经教育部批准，同济大学建筑系创立了国内第一个“历史建筑保护工程”专业，事实证明，专业的发展前景极好。尽管相对于需求而言，这样的招生规模和毕业生人数可谓非常稀缺，但专业的设立非常及时，对于树立和推广正确的保护理念、培养历史建筑保护方面的人才意义深远。

在常青看来，建筑学是关于“建成环境”的学问，首先需要搞清楚存量和增量的关系，去和留的关系，保存、翻建、加建和新建的关系，历史建筑就是既存环境中最重要的文化遗产。他成功主持和主创了从上海外滩源项目研究到西藏日喀则宗山等全国多处保护与再生重大工程设计，为学科建设提供了典型实践案例，涵盖了保存、修缮、复建、再生、更新等各个方面，引领了国内历史环境再生的工程实践探索，获国内外重要奖项。在日喀则宗山宫堡复原工程中，常青教授创造了废墟无荷复原及吸纳宗山藏艺的新旧技艺合成范例，恢复的城市历史天际线也取得了巨大的政治和社会效益，这个设计获得了亚洲建筑界最高奖——亚洲建筑师协会建筑金奖。在被问到最有成就感的研究案例时，常青就谈到了这一迄今最大的单个援藏项目，他在6年时间里八上青藏高原的感受永远难以忘怀，工程竣工后，当地藏胞喜悦的心情也极大地感染了他。在高原上连日的高强度工作没有动摇他始终亢奋的心情和郑重的态度，如何与古老的建筑学一起生长是他在不断思考的课题。

与常青教授第二次见面是在2008年，那时笔者担任高校基层的联络员，第一次去同济大学联络盟务工作，便又一次见到了常青教授，这次我才知道他还担任民盟同济大学委员会的主委。常青教授的工作非常繁忙，步履匆匆，但是对于盟务非常投入，他说话前会思索一下，望着对方的眼神专注而认真。记得一次同济民盟举办图片展，常青亲自带着大家参观，一张张地为我们讲解，一点不介意来的都是门外汉，连带着把展厅建筑的特点甚至小到一把椅子的细节都娓娓道来。

常青教授进入同济之后成为罗小未先生的弟子，随即就加入了民盟。罗先生不仅在学术上指导、引领他，在人生态度和价值取向上也深刻地影响了他。还有一位对常青影响至深的盟员赵秀恒教授是同济大学建筑系的老系主任，可以说民盟的这两位师长给了常青指引和帮助，饮水思源，在常青成为同济民盟的主委以来，也不辞辛劳地做了大量的盟务工作。特别是在汶川大地震发生后，常青召开盟委会议，倡议盟员专家发挥专业优势，支援灾区重建，免费为灾区重建规划出谋划策，得到了盟员的积极响应。震后不到十日，同济大学抗震救灾援助团即赶赴现场，冒着余震不断的危险踏勘文化遗产现场，并经历了最大一次余震的生死考验。此后，十多位同济大学民盟成员，如土木学院顾祥林、熊海贝，建筑与城市规划学院卢永毅、李浈、张鹏、汤众等同济盟员都陆续赶往现场参加调研，为救灾和重建工作出谋划策。

在现场工作中，常青教授提出了遗产修复的指导思想："尊重历史、兼顾现状、因势利导、正本清源"，并主持参与了修复设计导则草案的制订。同济大学盟委的专家教授们全力以赴地扑到灾后重建项目上，来回四川的费用多是他们自费解决，为了得到最精确的现场数据，他们冒着生命危险，众多盟员献计献策，克服各种困难，共同圆满地完成了设计任务。

最近一次与常青教授联系是在他当选为院士之后，我还不大习惯称他为院士，而他也如以往一般谦逊，认真地表示：没有什么事迹要写，我就做了那些事。

常青院士在同济大学新增院士座谈会上说道："'院士'代表一种当下的资格和身份，是学术的第一个层次；第二个层次是实力，是持续坚持中的进行时；第三个层次是境界，是一生追求中的将来时，认知永无止境，人人永在路上。"理性的思维，感性的表达，为之叹服。

（执笔人：朱盈）

蒋华良：做科研，就要耐得住寂寞

“做科研，就要耐得住寂寞，不要害怕坐冷板凳。我们在前面为年轻人铺路，摇旗呐喊，希望能有越来越多的人参与进来，为中国科研发展献计献力、奉献一生。”

他是中科院院士，中国科学院上海药物研究所学术委员会主任。他也是国家杰出青年基金获得者，曾任科技部“973”计划首席科学家、科技部“863”计划“生物和医药技术领域”专家组成员。他还曾兼任国家药学杂志*Journal of Medicinal Chemistry*副主编以及*ChemMedChem*等5本国际杂志的编委……但是对于蒋华良来说，作为一名科学家，为中国药物科研发展奉献一切，才是毕生所求。

睡在实验室里的“拼命三郎”

“要我用一个词来形容他，只有4个字：‘拼命三郎’。”一位熟悉蒋华良的同事说。他的拼命，来自他的成长经历，也来自他的个性。1993年，药物所实验室的计算机设备安装后，蒋华良刻苦地进行课题研究。为了延长工作时间，蒋华良索性晚上睡在实验室。这一睡就是5年，直到1997年年底，他的爱人从常州调到上海。攻读博士期间，蒋华良没有节假日，经常通宵达旦地工

作。辛勤的劳动终于换来了收获。博士毕业时，蒋华良发表了十余篇论文，博士论文被评为中国科学院优秀论文。

以实验室、计算机房为家的蒋华良在1995年获得博士学位并留在了药物所。几乎每天，他7点半就到所里开始工作，这个习惯一直保持到现在。

从个性而言，蒋华良不仅是个勤奋之人，还是个认真负责的人，“清清白白做人，认认真真做事，踏踏实实做学问”是他的人生座右铭。他对一件事情认真，对所有事情都会认真，而一天只有有限的24小时，无论是以何种形式来达成解决问题的目标，蒋华良对自己的行政工作和业务工作都是认真对待，一丝不苟。

战斗在“抗疫”的前线

2020年9月8日，全国抗击新冠肺炎疫情表彰大会在北京人民大会堂隆重举行。蒋华良荣获“全国抗击新冠肺炎疫情先进个人”称号。对于这个沉甸甸的荣誉，蒋华良显得很是平静。“其实我也没想到自己会获得这一无上光荣的国家荣誉称号，但这份荣誉并不属于我个人，而是属于所有参与联合攻关的团队。”在他看来，加紧药物研究，尽快研发对抗病毒的特效药才是他当下最关心的事情。

2020年年初，新冠肺炎疫情暴发，意识到问题严重性的蒋华良立刻组织团队开展针对这种新病毒的药物研究，并在第一时间给科技部和科学院写了建议。在科技部、科学院和工程院的支持下，蒋华良与饶子和院士合作，领导由中科院上海药物研究所、上海科技大学和中科院武汉病毒研究所组成的联合攻关组，进行抗新冠肺炎药物研发攻关。

“2003年‘非典’时期，我也是攻关组的专家成员，对突发性传染病比较敏感，而且近17年来，饶子和院士团队和上海药物所团队针对SARS、MERS等相关冠状病毒的药物研究也一直没有停下来过，所以这次与饶子和院士团队联合攻关，才能在较短的时间内取得一系列的成果。”2021年1月26日，上海科技大学免疫化学研究所和中国科学院上海药物研究所抗2019-nCoV冠状病毒感染联合应急攻关团队宣布：联合课题组已测定新型冠状病毒3CL水解酶（Mpro）高分率晶体结构。

面对汹涌的疫情，蒋华良与饶子和院士领导的攻关团队关键时刻果断把个人荣誉放在一边，将研究成果毫无保留地向世界公开，希望能在全球范围内集中更多的力量，来共同应对这次人类的危机。

为中国科普事业鼓与呼

作为民盟上海市委副主委，蒋华良也很重视自己肩上的社会责任。“培养青少年群体的科学素质，是想让他们通过接受科学教育进而热爱科学、崇尚科学并愿意为之努力。”蒋华良如是说。他如是说，亦如是做。几年来，蒋华良一直在为中国科普工作鼓与呼，这位在同行眼里的“大忙人”，竟愿意挤出个人的时间和精力，放在科普宣传工作上。“这也和嵇汝运先生的影响有关，先生曾利用业余时间，为广大青少年作科普讲座，还写成了通俗易懂的科普著作《你了解生命吗——生命化学漫话》，深受广大青少年的喜爱。”在蒋华良看来，为祖国未来散播科技人才的火种，和做好科研同样重要。

民盟旗帜的传承

进入药物所后，蒋华良师从嵇汝运院士和陈凯先院士进行药物研究。嵇先生无论是在学术领域的高瞻远瞩，还是在为人方面的低调谦和，都让蒋华良十分崇敬。也是在嵇先生的影响下，他加入了中国民主同盟，成了一名盟员。“在药物所担任主委时，我也经常和年轻盟员讲嵇先生的故事，希望把先生科研、为人的风骨传递给下一代民盟科研人。”

其实除了“言传”，蒋华良更是在“身教”方面起到了“润物细无声”的效果。在他的带动和影响下，一批青年才俊纷纷在自己的研究领域崭露头角，捷报频传。在刚刚颁布的2020年度上海科学技术奖授奖名单中，吴蓓丽、赵强等人凭借“G蛋白偶联受体的结构与功能研究及药物发现”荣获自然科学奖一等奖，柳红等凭借“药物设计新策略的建立及其在创新药物发现中的应用”荣获科学技术进步奖一等奖。

“当时刚回国进入药物所，蒋老师就像启蒙导师一样。”谈及蒋先生，现任民盟中科院药物所主委吴蓓丽的声音中充满了感激之情。“在国外读书做研究时只要管好自己的事就可以了，但是回国组建自己的研究团队就完全不一样了，这方面蒋老师给我和我先生赵强的帮助是非常巨大的。”在吴蓓丽眼中，蒋老师除了事业上给予自己很多的指导和建议外，在日常生活中也很关心年轻人成长。“所以当时毫不犹豫就选择加入了民盟，感觉就像加入了一个大家庭一样。”

在柳红看来，蒋先生是一位“战略科学家”。“他是站在国家的医药领域很高的高度，为整个医药产业去谋划发展布局，对于科技前沿的一些动态和一些新的发现，他的敏锐性都非常强，能很快找到切入点去展开研究。”在创新药物研究领域深耕几十载的柳红，谈及当年跟随嵇汝运先生和蒋华良先生一起做研究的过往依然如数家珍、历历在目。“他们对学生特别好，也是在他们的影响下，我加入了民盟。”

蒋华良的坦诚、直率、正直、大度赢得了他人的尊重，使团队在原来的基础上发展壮大。而他个人，也是硕果累累——2002年第五届中国青年科学家奖；2007年国家自然科学奖二等奖；2009年上海市第七届自然科学牡丹奖；2010年药明康德生命化学研究奖（一等奖）；2017年当选中国科学院院士；2020年全国抗击新冠肺炎疫情先进个人……在诸多成绩面前，蒋华良从来没有表现出一丝满足。他只是淡淡地说：“成绩是过去的，科学家努力工作，才有未来，才有更加美好的祖国。”

（执笑人：王斯博）

程兆奇：铭记历史，为更好地前行

中国人民抗日战争暨世界反法西斯战争胜利75周年纪念日当天，百卷《中国对日战犯审判档案集成》举行首发式。我们独家专访了本套书的主编之一、上海交通大学东京审判研究中心主任、盟员程兆奇教授，听他谈谈这份尘封70多年的档案“重见天日”的始末，以及70多年前的那一场场正义审判。

程兆奇，上海交通大学特聘教授，东京审判研究中心主任。1986年1月，程兆奇加入中国民主同盟，主要从事中日战争遗留问题研究。其所著《东京审判》被评为2017年度“中国好书”，获上海市社科一等奖等奖项，曾主持教育部重大攻关项目等社科项目，目前正主持国家抗战专项工程·战后审判项目。程兆奇主持东京审判等战后审判文献的整理、出版，著有《南京大屠杀研究——日本虚构派批判》等书。

盟宣：2020年9月3日是中国人民抗日战争暨世界反法西斯战争胜利75周年纪念日，能否介绍一下《中国对日战犯审判档案集成》这部文献的情况？

程兆奇：《中国对日战犯审判档案集成》是上海交通大学东京审判研究中心与中国第二历史档案馆合作的成果。世界反法西斯战争胜利后，除了中、美、英、苏等11国代表联合国在东京对日本主要战犯进行的“远东

国际军事审判”，就是俗称的“东京审判”，中、美、荷、澳、英、法、苏、菲还单独在亚太各地设立了53个法庭，审判日本普通战犯。其中国民政府分别在沈阳、北平、太原、济南、徐州、南京、上海、武汉、台北和广州10个城市组建军事法庭。

东京审判研究中心成立后，一直将搜集、整理、出版战后审判文献作为奠定战后审判研究基础的最重要工作。其中，国民政府对日本战犯审判文献是我们搜集的一个重点。中心成员先后去中国台湾相关机构和日本国立公文书馆等机构，复回了部分档案，但由跨部会共建的战犯处理委员会的关键档案很久没有找到。确认这批档案在二史馆已在多年之后。经过马振犊馆长等人的努力，这批档案终于列入了可以公开出版的规划。自2016年以来，我们和二史馆分工合作，扫描原件、剔除混入的无关文件、重新编排、编制索引和附录，经过近5年的努力，正篇100卷（近五万页）、索引附录2卷的《中国对日战犯审判档案集成》，由上海交通大学出版社出版。

盟宣：您能否简单说明这一文献的重要意义？

程兆奇：我想主要有三点意义：第一，审判日本政军财界领袖的东京审判虽有中国代表参加，但大量在中国“双手沾满鲜血”、违反战争法规的罪犯是在本土由我们自己审判的，从惩罚直接犯罪者的角度来说，这是和我们相关性更高的审判，因此这一文献的出版十分必要；第二，与以往出版的战后审判文献（已由美、日等国国家档案馆公开）不同，这批文献是七十余年来第一次公开，是真正意义上的“重见天日”；第三，与以往已公开的局部相关档案不同，此次出版的“战争罪犯处理委员会”档案，是审判专门机构的档案，比之前的分散档案更为全面和完整。

盟宣：既然这个档案很重要，为什么迟至今天才公开出版？

程兆奇：这有认识上的顾虑，比如许多日本被告不认罪，一度认为这样公开对我们“不利”。东京审判开庭之际有个“罪行认否”环节，留下了录影，从荒木贞夫开始，所有被告都说自己“无罪”。有意思的是，在新中国的审判，被告经过改造，对被判有罪全部心悦诚服，即使回到日本，仍深悔在中国犯下的罪行，而且至死都忏悔不已。除了认识上的问题，也有历史的原因，主要是档案馆对何时公布哪些档案有自己的规定和惯性。

盟宣：您在从事战后审判研究之前曾进行过多年的南京大屠杀研究，南京大屠杀从20世纪90年代以后一直是关注度很高的热门话题，我们看到华盛顿大学的杨大庆教授对您的研究的评价，想请您谈一下为什么要研究南京大屠杀？

程兆奇：南京大屠杀问题引起我的关注，源自日本的争论，我曾在《日本现存南京大屠杀史料研究》的后记中说：“多年来我在翻览《诸君！》《正论》等日本右翼刊物有关南京大屠杀的议论时，除‘难以服人’的感受外，确实也留下了‘尚有待发之覆’的印象。如果说以后选择这一课题也不完全是出于偶然，这一双重印象是一个重要原因。因为如果仅仅觉得是‘一派胡言’或‘了无疑义’，便不大可能再有检讨这一课题的动力。”20世纪90年代后，日本右翼开始向国外推销他们的主张，如日本重要右翼团体“日本会议”出版的英日文合刊的《再审“南京大屠杀”——向世界倾诉日本的冤罪》，不仅免费寄送给美国重要学者，而且向美国政要和国会议员广为散发。当时中日两国的研究，犹如不相交的平行线，基本是各说各话。由于日本右翼并不仅仅是只有口号，他们由点及面地否定往往借助“实证”的外衣。因此，在不知情的第三者眼中，至少会留下各执一词的印象。日本的相关研究，特别是日本否定南京大屠杀的“虚构派”的研究，就是从想解决这一问题开始的。

盟宣：当时研究这个问题的难点在哪里？您的研究有什么特点？

程兆奇：用学术手段解决日本右翼对南京大屠杀史实的挑战，最大的难处在于中日在事发时是对立的两方，因此留下的记忆和记载自始便不甚相同，甚至完全相反。如对相反材料视而不见，不加理会，批判的火力再强也难中要害。出于这一考虑，我在日本“虚构派”的主张时，为免文献信疑的纠缠，只用中方以外的文献，关键论证更只用日本“虚构派”也承认、至少是不否认的日方文献。我的总结论是，即使仅据日方留下的文献，日本“虚构派”的总体否定也是站不住脚的。

盟宣：您能简单介绍两例具体研究吗?

程兆奇：从20世纪70年代以来，洞富雄等主张南京大屠杀为实有的日本“屠杀派”学者，已做了不少有益的工作，但未及之处仍不在少数。比如，进攻南京的主力部队的军风纪究竟如何，直接关系到日军暴行的“可能”和程度。东京审判时，南京大屠杀第一责任人、华中方面军司令官松井石根，以及上海派遣军参谋长饭诏守等被告方证人，都铁口断言日军军风纪严明，根本没有暴行；即使承认有极个别违反军法事件的第十军法务部长小川关治郎，也“证明”日本军风纪总体很好。日本“屠杀派”学者小野贤二等人经过长年发掘，出版了包括第十三师团山田支队斋藤次郎等十八位官兵的日记和天野三郎少尉的军事函件的《记载南京大屠杀的皇军士兵们》(以下简称《士兵们》)。但这些本来有证明力的材料，因悉数为士兵和最低阶军官（最高为少尉），而“虚构派”在稍前采访48位中高阶军官、进入南京的日本领事和记者，都异口同声地否认日军在南京有大规模暴行(《纪闻·南京事件》)，因而《士兵们》被“虚构派”矮化成不能判断全局的局部，甚至被认为不实。我通过《第十军法务部阵中日志》这一全日军仅存的法务部日志和华中方面军军法会议日志，以及《小川关治郎日记》等文献，证明进入南京的日军主力部队之一第十军从金山卫登陆伊始就有频繁的暴行……

盟宣：这些材料，日本“屠杀派”学者没有作为论述的证据吗?

程兆奇：我正要谈到这点。《第十军法务部阵中日志》的重要意义，还不仅是“唯一”，而是因为法务部是专司犯罪的部门，从日军内部反映军风纪和犯罪而言，这是最直接的证据。日本学者没有利用这些重要材料，想必是日志等材料仅记载了南京以外的情况。第十军法务部长小川关治郎的个人日记，也未被利用，除了出版较晚的原因，也有由于未载南京的情况。我注意这些文献，主要是发现东京审判被告、辩方证人的证词与事发时他们自己的日记所载出入之大，尤其是在否认暴行上异口同声、高度一致，已无法用误记等理由来解释，因此断定当时辩方证词是精心策划的伪证。但虽是伪证，日军高级将领的日记内容主要是作战，日军表面上也有军风纪的要求，加上各部队及法务部以外的部门的阵中日志都不记载军风纪情况，因此进入南京的日军所留下的各种文献本身，并不能直接反映南京日军军风纪的情况。但日军文献虽不能直接反映进入南京部队的情况，同一支日军在南京以外的表现却并非不能推知他们在南京的表现。从这点上说，《第十军法务部阵中日志》作为第一手文献，对认识第十军的军风纪情况，甚至对于认识同时进入南京的上海派遣军的军风纪情况，都有不可替代的价值。

由于一般认为暴行是在战斗激烈生死无常状态下人性扭曲的结果，而第十军1937年11月5日在金山卫登陆时，中国军队已撤守，第十军在整个进军过程中，除了南京攻坚，只有零星战斗，直至进入杭州也是无血入城，按理第十军最没有施行暴行的理由，但第十军却一直暴行不断。由于法务部在战时不受重视，所属宪兵太少，所以法务部得到的消息、处理的违法、留下的记录，只是犯罪的冰山一角。而且，以小川日记比对，法务部日志对许多罪行的记录都已做了轻微化处理。但即便如此，日志还是留下了从金山、嘉兴一路以来杀人放火抢劫强奸的不少记录，以至于小川关治郎这位资深军法官，在日记中对“皇军”的表现，每每“痛心疾首”“寒心不已”“不甚感慨”。可见所谓日军军风纪“严明”，完全经不起检验。

再举一例。松井石根被东京审判检方起诉的罪名有39项，但判决时仅保留“普通战争罪”的“不作为”一项。这就产生两个问题，一是消极罪名和最高量刑的问题，因“不作为”和积极的“纵容”总应有区别，虽然东京审判是法官各自投票，但判决结果并不是协商的总意，有偶然性；二是东京审判之所以称为A（甲）级审判，东京审判的被告之所以被称为A（甲）级战犯，是因为东京审判追究的主要罪责是a类罪行，即反和平罪。东京审判所有被告都被控a类罪行有罪，除了松井石根，所有被告最终都被判处a类罪行有罪。松井石根被判a类罪行无罪，等于否定了他应为A级战犯。

而通过检查松井本人和东京审判辩方证人事发时的日记等第一手文献，证明他们在东京审判时集体做了伪证。其中重要的一点，是将松井石根描绘成“亲中派”。说松井石根对“日中兵戎相见”“十分遗憾和惋惜”，希望尽早结束战争；战争之所以不能结束，主要是中国军队随时准备集结反攻，日军只是被迫应战。这一伪证直接导致了检方提出的“实行对华侵略罪”被免责。翻开东京审判时松井谎称已销毁的日记，让人惊讶地看到，中日之战打到不可收拾，两国外交努力和德国居间调停最终因为日军攻占南京而彻底失败，正是由于松井石根不断突破日军中央成命造成的。松井石根1935年从中国台湾军司令官任上退休，“8·13”战役爆发的次日被重新征召为“上海派遣军”司令官。他对日军中央决定由两个师团组成“上海派遣军”和以“保护上海居留民和上海附近交通要道”的作战目标，自始便明确反对。他认为“解决中国问题”应投入五个师团，而且必须攻占南京。以后无论在淞沪战役打得难分难解时，还是中国军队撤退后，他的这一主张从未改变。从松井日记中可以看到，直到11月25日日军参谋本部多田骏参谋次长来电要求战线不能再超出无锡、芜湖以西，他还在日记中斥责为“因循姑息，诚不可思议”。在11月底日军中央决定进攻南京之前，松井石根不仅在行动上远远走在日军中央命令的前面，而且在日记中留下了大量对日军中央“不思进取”应该“鞭笞”（用的就是汉字）等的不满。所以，免除松井石根本来避无可避的“反和平罪”中的“实行对华侵略罪”，是法庭因证据困难的“不得不”。松井石根自己的日记是他向法庭提出的“宣誓口供书”的最好的反证，足见日本右翼得寸进尺，反而以此为松井石根鸣冤叫屈，完全站不住脚。

盟宣：听您这样说，我已大体感到了您的研究重点从南京大屠杀转向东京审判的原因，想必是两者本来密不可分？

程兆奇：的确。因日本“虚构派”否定南京大屠杀的一个重要根据，是南京大屠杀为时隔8年后东京审判的“编造”。所以检讨东京审判的南京大屠杀案成了绕不过去的一个关键，也可说研究东京审判本是研究南京大屠杀的应有之义。我虽从20世纪90年代起开始搜集南京大屠杀的相关文献和论著，但着手研究是在2000年回沪后。回沪的次年开始写“日本虚构派批判”，不久就写了《南京大屠杀是东京审判的编造么？》，刊于2002年最后一期《近代史研究》卷首，长达57页。

当然，放下南京大屠杀的研究也有外部原因。2011年交大建立东京审判研究中心，希望我能参与其事。历史系系主任曹树基在交大历史系2004年建系时就曾来寒舍，邀请加盟。2011年初春，我在国外，未开漫游，一进家门，树基电话就跟着打了进来，火急火燎，说打我电话，一直不通。晚上他来，说这次“于公于私你都要来”。这样就到了交大。因东京审判没有研究，主要是海外已出版的有限的文献，像国图、上图这样的图书馆都没有收藏，所以我们开始倾全力搜集、整理文献。此外，也是南京大屠杀研究还是有天花板，一是按战后审判结论复原史实有材料的困难。材料困难的意思是材料虽不少，但能反映全局的第一手材料太少。二是确实有什么可以研究、什么不便研究的限制。

盟宣：我能体会“天花板”。今天的访谈已太长，最后，想请您再简单概括一下东京审判研究的意义。

程兆奇：东京审判与是人类有史以来参与国家最多、规模最大、开庭时间最长、留下档案文献最为浩瀚，同时是争议最多的审判。就狭义的审判本身说，它已为人类留下了极为宝贵的遗产。作为学术研究的对象，它为法学、史学、政治学提供了丰富的资源。但东京审判的研究价值并不仅限于狭义的审判本身。东京审判审理的日本近代以来对外发动战争、伴随着战争的暴行，涉及整个东亚近代的历史。作为一个有创造性意义的重大审判，东京审判对国际法，特别是战争法和人道法的发展具有重要的影响力。

（执笔人：殷志敏）

雍　飞：专注和热爱成就小裁缝的大梦想

在2021年4月27日中华全国总工会庆祝“五一”国际劳动节表彰大会上，民盟盟员、东方国际集团旗下上海纺织时尚定制服饰有限公司高级定制部主管雍飞获得“全国五一劳动奖章”。身为技术领头羊，雍飞要忙的事情太多，上班有点下班没点是常态。在得悉获奖后，我们前后三次预约，紧赶慢赶才完成了专访。

“你应该到上海去，最好的制版师傅在上海”

出身于裁缝世家，雍飞从小听着缝纫机的声音长大，对裁缝这一行当有天然的热爱。初中毕业，受限于家庭经济条件，他和姐姐只能有一人选择继续求学。他毫不犹豫选择支持学习成绩更好的姐姐，自己匆匆忙忙读了一年中专。

16岁离家闯荡世界，雍飞成为河北任丘一家服装厂流水线上的工人。聪明伶俐，手脚勤快，雍飞在流水线上的工作量几乎是常人的两倍。带教师傅喜欢这个上进好学的小伙子，毫无保留地将自己的手艺教给他。初生牛犊不怕虎，曾经，雍飞创造了一个月没有上床就寝的记录。那时临近春节，主管告诉他们，就这些活，早做完可以早回家。

"我想早点回家，就加班加点干活，累了趴机器上休息一会，醒了继续做。"回忆起当年的这一幕，雍飞自己都觉得不可思议。就是这样的早期沉淀，给他打下了扎实的服装制作基础。他也以自己劳动所得，供给考上中国科技大学的姐姐。

渐渐地，雍飞不满足于当一名流水线工人，开始羡慕版房师傅的工作。"工作强度不大，环境又好，薪水还高。"雍飞尝试自己设计打版，制作了一件黑色雪纺衬衣，成品结果让他非常沮丧。由此，雍飞萌生了转型、提升能力的念头。"有人告诉我，你应该到上海去，最好的制版师傅在上海。"

"感恩上海，我觉得自己选对了城市"

来到上海，雍飞对服装行业、对上海产生了更浓厚的感情。这个只有19岁的小裁缝，有了更大的梦想，希望为行业做出更大的贡献，回报那些一路走来厚待他的人们。

第一份工作是在一家做男装的服装企业。雍飞一有空就找师傅要活干，毫不惜力。"师傅对我真的很好，非常用心地教我。"提及此，雍飞依然感念。"师傅教我制作服装的细节和工艺，让我得到很大的提升。"

实践经验丰富了，需要理论支撑。前前后后，从做助教到修完本科，雍飞在东华大学待了近8年。在这里，他不仅团结了一大批和他后来工作有合作的东华毕业生，更在老师们潜移默化的引导下，钻研业务理论，指导服装制版实践。"在东华，我得到最大的收获是习得怎样做研究。"雍飞说，"老师告诉我，打版犹如调音响，你一点点慢慢调整会看不出参数的变化，但如果你将音响调到最大或最小两极，变化就很明晰。"他因此心领神会，在做波浪造型时，如果预估是10公分，他会一下加到5公分，效果很好。

毕业后入职上海纺织时尚定制服饰有限公司，雍飞更加感受到来自公司管理层和同事、服装行业协会对他的支持。"他们真的给了我很大力量，让我觉得责任重大，必须好好努力才不辜负他们的期待。”雍飞说。

2013年，雍飞在中国服装协会首届全国“十佳服装制版师”大赛中获“全国十佳服装制版师”荣誉称号，并获得大赛第一名。彼时，上海服装行业已经10多年没有拿到任何行业奖项。“当时陪同我一起去的工会同事刚听到结果，还没退场就给公司领导报喜。”提及此，雍飞忍不住笑了。

此后，雍飞获奖连连。2014年获全国财贸轻纺烟草行业技术（服务）标兵称号；2016年获“全国纺织工业劳动模范”光荣称号；2017年获“上海工匠”荣誉称号；同年，雍飞“成衣版型设计”技师创新工作室获市级命名。2020年12月，雍飞代表上海出征，在首届全国技能大赛上获得服装技术竞赛银牌。这对于已转行业务管理，在时间紧迫、工作繁忙的雍飞来说，能取得银牌已属不易，但是他仍因未能为上海夺得金牌而感到内疚和失落。上海承办的第46届世界技能大赛延期一年，雍飞找到培训赛事人员的负责人，主动要求为赛事培训贡献智慧和力量，以期助力上海选手夺冠。

“主打‘用心服务’，擦亮‘上海服务’的名片”

雍飞现在公司“成衣版型设计”工作室负责服装定制，业务既有数十万元一件的高定服装，也有企业的统一制服。身为工作室负责人，他在业务上刻苦钻研、精益求精，坚持专业、敬业、效率、精致的工作作风，严格把控每一个工艺细节，力求完美。时至今日，雍飞仍参与每个环节，再琐碎的事他也亲力亲为。一次，为了给客户制作一件高级定制礼服，雍飞和5位样衣工总共缝制耗时528小时，光面料就用掉216米。他说：“定制服装没有99%满意率，只要有一件不满意，就是失职。”

虽然工作更多转向管理，但雍飞最喜欢的还是服装打版和制作。问及如何理解“匠心”二字，雍飞的回答是：“一辈子做成一件事，并把这件事做到极致。”

几年前，雍飞陪公司领导去欧洲和日本考察。在那里，他看到当地裁缝会跪下来为客户量尺寸，事事一丝不苟。这给了他很大触动。“产品好，服务也要好，企业和个人的事业才能走得更远。”雍飞说，“我希望和团队主打‘用心服务’，将所有的细节服务都尽量考虑到，给客户更好的体验，擦亮‘上海服务’的名片。”

“在民盟大家庭里，我感受到了温暖”

两年多前，怀着对民盟的景仰之情，雍飞成为一位民盟盟员，他觉得自己非常幸运。在这里，雍飞感受到民盟这个大家庭的和谐温暖，很快融入其中。盟里开展的青年骨干培训，让他觉得内容生动有趣，眼界和思维得以开阔；盟里组织的学习参观和支部活动，只要有空，他几乎一次不落。“在这里，我找到了家的感觉。”雍飞一脸诚挚。

2020年年初，在全国和上海抗击新冠肺炎疫情期间，当时整个上海仅存3000套医疗防护服。集团接到紧急赶制防护服的任务后，雍飞跑遍崇明、奉贤、金山和嘉定等郊区的所有工厂，寻找能够承接防护服制作的企业。当时，人手奇缺，他想到找盟组织求助。倡议信发出后，很快，多位盟员踊跃报名。雍飞得以组织大家在一周内完成了120万件隔离防护服的制作。

参政履职的责任感也让雍飞对上海的服装产业有了更深刻的认识和沉甸甸的责任。曾经，上海的服装产业链完善，在服装领域颇具优势。但现在，面料、辅料和加工工厂都不在上海，很多专业人才也被周边城市高薪聘请。“上海服装业的土壤很好，但亟需找到核心优势，围绕精品品牌做高端制造。”雍飞强调，“我希望自己也能为上海的服装行业多做一点事情。”

（执笔人：江南）

熊　斌：温和而坚定，进退且自如

春寒料峭的午后，熊斌教授在华东师范大学理科大楼给我上了一节数学课，导语是：华罗庚说过，善于“退”，足够地“退”，一直退到最原始而不失去重要性的地方，是学好数学的一个诀窍。接下来的数个例题讲完时，我已经迫不及待想要去学生时代回炉重造，好好探索一下数学世界的奥秘了。

熊斌是2019年上海市“五一劳动奖章”获得者，华东师范大学数学科学学院教授、博导，除了带博士、硕士研究生十几人，本科生教学等常规的大学数学教学工作，他也与中小学保持密切的联系，时常为中学生讲课，为青年教师进行培训，他指导的多名青年教师成长为很有影响力的人才。从2010年起，熊斌每年组织召开全国数学竞赛命题研讨会，为全国40多所重点高中的青年教师提供学习交流的平台。从2016年起，他每年组织全国数学竞赛教练员高级研讨班活动。2013年，上海市核心数学与实践重点实验室成立，熊斌一直担任实验室主任至今。熊斌在国内外发表了100余篇论文，主编和编著的著作150多本。他还致力于数学普及工作，主编的《趣味数学》获得了上海市科学技术进步奖三等奖。他还在“民盟之星”评选中获颁

2018“教育之星”。

熊斌担任中国数学奥林匹克国家队教练近20次，8次担任国家队领队、主教练，带领中国队取得了国际数学奥林匹克五次团体总分第一，两次团体总分第二。一次团体总分第三的优异成绩；多次参与中国数学奥林匹克、全国高中数学联赛、全国初中数学竞赛、国际城市青少年数学邀请赛等竞赛的组织和命题工作。过去20多年中，我国数学竞赛取得的巨大进步，离不开熊斌的努力，他在资优生培养理论和实践中的一系列工作也得到了国内和国际一致认可。也正是基于这些卓越成就，2018年，熊斌获得了保罗•厄尔多斯奖。上一次中国人获得这个奖项，还是在1994年，由时任中国数学奥林匹克委员会常务副主席裘宗沪教授获得。

可以说，熊斌投身于数学教育工作几十年始终如一，这期间他曾担任华东师范大学招生办主任3年多，然后他又继续心无旁骛地回到数学的广阔天地中去。畅游数学王国乐在其中，看到数学奥林匹克、国家队领队这些词语，总是容易与不苟言笑的形象联系起来，然而事实上熊斌教授非常谦和，完全是如他的学生所说非常“nice”的人。问起获奖情况、发表论文和出版著述，他声音很轻，话也不多，只是翻出一张某次会议议程上印的个人简介。然而一提到数学教育的本行，熊斌就打开了话匣子，表情生动，眼里有了光。学生们都说熊老师特别好，我也有幸聆听了熊老师的讲课，的确循循善诱，引人入胜，让人不禁对数学产生浓厚的兴趣和对规则的敬畏之心。

在喜欢数学的孩子们身上，熊斌能看到几十年前自己的影子，他记得在暑假，十几岁的他趴在桌上做数学题，两三个小时下来终于解出一道难题，那滋味真是美妙无比。熊斌说，资优生所占的比例是非常低的，对数学既有天赋又有兴趣，那就是高配了，只有兴趣使然，才能坚持下来并乐在其中。他说，近年来国家教育部门规范了数学比赛，取消了一些加分项目，也是对社会公平的促进，其实是并不鼓励没有兴趣和天赋的孩子花太多精力在数学竞赛的准备上，这反而会影响他们其他科目的学习。

2019年7月，熊斌带领6位同学飞往英国参加国际数学奥林匹克比赛，6人中有两位是高一学生，其中一位来自上海中学。熊斌说，国家队的队员选拔是从每年9月份的全国高中数学联赛开始，从十几万同学中选拔三百多人，11月从中再选出60人进入国家集训队，第二年3月再从这些同学里选拔出6位代表国家队参加比赛。“新政策出台后，参加奥数竞赛的总人数有所减少，但这并不影响真正喜欢数学的学生来参赛。减少了外在的功利因素，可以让真正喜欢数学的学生更容易凸显出来，这是好事。”

数学是严密的，每一步都需要证明，数学又是思维的体操，学习数学能够训练开放性的思维模式。除了体会基础数学的美，数学在工作、生活中的应用也是极其普遍的。其实数学题中并没有奥数题这一分类，数学竞赛的考试内容，主要是数学课堂内容的拓展、补充和提高，而大家所熟悉的“鸡兔同笼”等问题，也是让大家用更优的思考方法来解决实际问题。

华罗庚先生非常注意栽培年青一代，工作之余还不忘给青年朋友写一些科普读物，“善于退”思想也是一种探索解题思路或切入点的有效方法，对有些较为具体的数学问题，如果直接求解显得比较棘手，不妨后退一步，把问题适当地一般化，在历经一种从特殊退到一般的思维过程后，问题的本质就明朗了。

熊斌用了几个实际生活中可能发生的事例，如药品有效率的比较、考试平均分的计算这几个问题，来说明如何运用数学思维来避免仅靠经验而极易产生的误判。更有瓦尔德与失踪的弹孔这样有趣的小故事，完全改变了数学问题枯燥无味的印象。对熊斌来说，在日常工作和生活中运用数学思维解决问题是一种常态，甚至在担任学校招生办主任期间，面对自主招生面试过程中出现的评分公平问题，他也能够通过数学思维提出一些新的解决方案，并发表了相关论文。

结束了采访，漫步在丽娃河畔，看到熟悉的“求实创造，为人师表”的校训，不禁回忆起刚进校园不久，钱谷融先生专门为中文系大一新生上了一堂课，是文学的课，也是做人的课。此后，许多温润如玉的老师教我们在学习中，工作中，在一生中，永远坚定地、温和地投入和热爱自己的选择。今天，熊斌老师也给我上了同样的一课。

（执笔人：朱盈）

艺苑荟萃

王志萍：归去来兮，心如旧

“我是1987年入的盟，是刘重威老师介绍加入的。”回忆起与民盟的情缘，王志萍的故事和钱惠丽颇有几分相似。“当时有些社会影响力，刘老师就劝我加入民盟，能够发挥更多力量，我就欣然答应啦。”越剧院的盟组织活动很丰富，王志萍一直积极参与其中，热衷于各种社会服务和公益事业。说起剧院的盟组织，她言语中满是自豪之情。

“父母喜欢，从小就带着我去听，而我又从小喜欢文艺。”在王志萍看来，她从事越剧艺术是种自然而然的结果。20世纪80年代的浙江，地县都有越剧团。作为班上文艺骨干的王志萍天生爱运动，身体底子好，因此也就顺理成章进了舟山越剧团。1984年，舟山越剧团来沪演出，有人看过后就找到了王文娟老师，说：“舟山有个花旦，和你一模一样！”王文娟老师初听半信半疑，后来亲自见了王志萍，一眼就看中了她。

随后的经历对于王志萍来说堪称一条坦途。1985年她正式拜王文娟为师，成了王派同门中最值得期待的新人之一。同年，她在神话剧《海明珠》中饰

海囡，获浙江省青年演员一等奖，并被评为省十佳青年演员。1986年，她又参加江浙沪越剧青年演员电视大奖赛，演出《春香传》折子戏及《红楼梦·葬花》，获得一等奖。同年，在全国越剧中青年演员广

播大奖赛中获演唱奖。同年，经过各方斡旋，她终于进入上海越剧院红楼剧团，之后就在王文娟老师身边边演边学，于是有了《追鱼》《红楼梦》和《梁祝》等一系列优秀作品涌现……

然而就在艺术事业迎来高峰的时候，王志萍做出了一个让所有人吃惊的决定——离开舞台，出国！

“那时候年轻啊，想法多。”被问及为什么要出国时，她的头略微低了一低，顿了顿，嘴角的微笑似有若无。“我一直觉得自己特幸运，在演艺路上没有碰到什么障碍，但时间久了，‘小王文娟’的称号就从赞美变成了一种瓶颈……”她又停了下，仿佛回忆渐渐缠绕住了她的心头。“我那时候内心希望有所改变吧，就出国了。”

从1991年离开，到1998年回到舞台，故人似如旧，然沧海已桑田。

如果把这段时间，看作是一次艺术上的留白与自我放空，显然这次放空有点久，以至于初回舞台时，扑面而来的压力让王志萍有些喘不过气。“回来第一部就排《追鱼》，那时候一下子找不到感觉，也是很辛苦。戏里的表演内容多，肢体语言丰富，再加上大家期待很高，身体和精神的压力都蛮大的。”然而，谈及这段回归的辛苦经历，她的语调却逐渐明快了起来，仿佛眼前一切都慢慢豁然开朗了。“排完《追鱼》排《红楼梦》，然后我就有了想法，自己找题材，自己投资找导演，邀请全国各门类的最强阵容，打造了《蝴蝶梦》。”

《蝴蝶梦》没有辜负她的期望，它承载着一个归去来者的初心，在舞台上翩翩起舞，观众们看到了一个“传统与时尚结合”的王志萍回来了。2002年，她因这部戏获得了“白玉兰奖”。2011年，蝴蝶再次起舞，为她带来了迟到的“梅花奖”。

“回归就像一次涅槃，让自己学到很多，悟到很多。”回首这些年，王志萍十分感慨，“前辈留下来的遗产要继承，在此基础上，也要用新戏逐渐完善自己的艺术个性。”回归舞台后，她一直寻找新题材与突破，积极学习各种门类的知识。然而，随着岁月流逝，瓶颈渐渐又出现了。就在她苦恼的时候，《双飞翼》和越剧版《甄嬛》在3个月中接连出现在她的生命中。“那时候其实也没想到自己能演甄嬛，毕竟前面刚接了《双飞翼》，一般不会在这么短的时间内同时接两部新戏。”随着挑战而来的，是一段全身心投入艺术的纯粹时光，与老搭档钱惠丽一起排这两部戏，王文娟再一次感受到了越剧带给自己最初的快乐。

“因为电视剧，大家对甄嬛有先入为主的概念，越剧舞台上的程式化演出和电视剧的荧幕演出毕竟不一样，又要像甄嬛，又要有创新，在排练和舞台创作的时候那种犯难，比十月怀胎都难多了！”虽然话语如是，写在王志萍脸上的，却是满满的幸福。“与钱惠丽在舞台上搭戏很过瘾！中生代演员们对于观众的把握和驾驭也很好，再加上50多场演出的改进和打磨，才能有北京演出这种盛况出现吧。”

作为越剧演员，收入并没有那么高，但是享受观众的热爱，享受工作，让王志萍现在倍感幸福，觉得不能辜负大家对自己的期望。“如今我们这代人肩负承上启下的责任，王文娟老师今年都90多岁了，还上台指导。她把自己的全部都献给了越剧，献给了这个舞台，也身体力行教会了我——人这一辈子，做好一件事就够了。”

（执笔人：王斯博）

王　苏：学艺先做人，育人先育己

在上海戏剧学院昌林路校区会议室里，第十三届全国政协委员、上海戏剧学院表演系教授王苏正在参加学校主题教育活动的集体学习，她的发言题目是《学艺先做人，育人先育己》。伴着王苏老师令人沉醉的声音，我们一起回顾她从学艺到育人的一幕幕画面。

从中戏毕业到上戏教书

王苏的妈妈是杭州电台的播音员，王苏继承了妈妈的好嗓音，小时候就经常去电台，耳濡目染也喜欢上了声音的艺术。由于在学校宣传队表现出色，王苏被选入杭州五七艺校学习京剧样板戏，戏曲功底扎实。1982年她考入中央戏剧学院表演系，与倪大宏、张光北、何政军、张山、王超、孙凤英等人成为同学。

虽然父母都不太赞成女儿从杭州离家去北京求学，王苏却很坚定，她喜欢文艺，愿意投身于戏剧表演的艺术。在中戏，王苏刻苦学习，每天的晨课也从不缺席，抓紧一切时间在知识的海洋中尽情地遨游。她各项成绩都很优秀，尤其对台词课情有独钟，花了更多的时间和精力去钻研。她在大一就随北京朗诵艺术团一起参加巡回演出，跟着殷之光、曹灿、张家声等朗诵艺术家学到很多，受益匪浅，在语言艺术方面打下了坚实的基础。

王苏毕业后本可以留校，但是考虑到在北外读书的弟弟将会留京，正好上海戏剧学院的魏淑贤等老师来中戏挑选毕业生，于是她选择扎根离家比较近的上海，从此与上戏结下不解之缘。王苏笑言，丈夫是上戏教授，儿子毕业于上戏导演系，我们一家三口都是上戏人。

30年育人润物无声

王苏从1986年开始在上海戏剧学院表演系任台词教师，前后担任了表演系十几个本科班的台词课教学工作，教过的学生有田水、佟大为、任程伟、郝平、娄艺潇、冯绍峰、严宽、程雷、蒲巴甲等一大批优秀的影视剧演员，并一直为影视剧担任后期配音等工作。2021年，和她同一天加入民盟的胡歌虽然不是王苏班上的学生，但是一直很感念师恩，胡歌屡次说，“王苏是我的老师，是她引领我走进了配音棚，让我掌握了配音语言的人物塑造”。

值得一提的是，王苏曾经带过包括藏族班和蒙古班在内的四届少数民族班，王苏坦言，带教民族班是自己教师生涯中让人难忘的时光。对少数民族的学生们，她倾注了很多心血，付出了爱和奉献，也收获了学生们全心全意的爱戴。在担任藏族班的台词教学工作期间，王苏荣获了上海市教委颁发的教育成果一等奖。前不久，上海戏剧学院表演系获得了新中国成立以来首次颁发的“全国民族团结进步模范集体”的荣誉，王苏深感振奋。这些年来，她教过的少数民族学生也一直和她保持着联系，她把学生们称作孩子，孩子们有心事都会和王老师倾诉，她分享着孩子们的喜怒哀乐。

民族班的学生不多，一个班20多位学生，刚来时汉语都不大会讲。王苏尽心尽力地教他们，汉语基础不好就从拼音、四声开始教，除正课外，她每周给学生上2次以上的台词晨课，早晨6：30之前准时到教室上课。那时候班上没有辅导员，大部分同学生活并不宽裕，过年都没法回家，王苏从学业到生活给孩子们无微不至的关怀，班上的学生把她当成自己的亲人，现在仍能回忆起许多点点滴滴的温暖。她笑着说，为了能按时完成教学任务，让孩子们跟上学习进度，那时候绞尽脑汁总想着怎样才能进步快一些，于是规定他们只要一走进教室，就只许用汉语交流和思考，逼着孩子们尽快掌握汉语的发音、语法和汉语的思维方式。

学生们都非常刻苦，毕业后，他们一个个在少数民族的戏剧舞台上大放异彩，在电影《西藏天空》《喜玛拉雅王子》《攀登者》，电视剧《忽必烈》，话剧《共同的家园》等剧中担当主要角色，出色完成了演出任务。最近，在电影《西藏天空》里饰演男主角的阿旺仁青获得了第十七届电影表演艺术学会颁发的“最佳男演员奖”。前几天又有喜报传来，索朗旺姆凭借在电影《气球》中的出色表现荣膺第二届海南岛国际电影节“金椰奖”最佳女演员奖。看着自己教的孩子们长大了，和老师分享自己成功的喜悦，也告诉老师他们遇到的迷茫和困惑，王苏十分欣慰。她说，学艺先做人，老师是灵魂的工程师，是青春的护航者，我希望能像我的老师和前辈们一样，引导我的学生们踏踏实实修好品德，成为有大爱大德大情怀的人。

一辈子情系语言艺术

分到上戏后，除了教学工作，王苏一直在做影视剧及动画片的后期配音制作，包括动画片《奥特曼》《恐龙战队》《樱桃小丸子》，电影《鹰冠庄园》《半生缘》《人鬼情未了》，电视剧《家春秋》《上海一家人》《仙剑奇侠传》《步步惊心》《花千骨》等上万集影视作品。她是上海市语言文字测试中心的特聘专家，也是上海市朗诵协会艺委会的成员，曾获得由中华朗诵联合会颁发的“第二届中国十大诵读艺术家”称号。

2011年以来，王苏开始举办以诵读为载体的《品读》会，在语言艺术上进行了一次新的探索与展示，赋予了朗诵这门语言艺术新的生命力。担任《品读》工作室的主持人，十年间讲了几百场次，王苏坚信，文化自信可以从中国的语言和文字开始。她现场演示用声音绘画，让文字立体，让大家感受语言如何让文字灵动飞翔，体会中国语言文字的魅力。她的《品读》课走进了国家21个部委和直属机关，走进了多所大中小学和幼儿园，走进了街道社区，甚至走进矿山为矿工们讲课，听者无不感动泪下。

现场听王苏老师用语言的笔绘画，实在是一件赏心悦目的乐事。一首骆宾王的《咏鹅》谁都会背，不会去想“鹅鹅鹅”要怎么念，王苏告诉我们，要先想象三只鹅，一只是毛茸茸的小鹅，一只是垂垂老矣的老鹅，一只是优雅的天鹅，那每一只的读法就不同，小鹅的音调是高的，老鹅的是低沉的，天鹅的音色最美。“白毛浮绿水，红掌拨清波”，王苏也有演绎：白色是很干净的，要念得轻；“浮”字要去感受那种状态；清波颜色深，要念得重一些；红掌很小巧，拨清波要念得快。“要用声音这支笔，赋予文字生命，飞到每一个人的心里。”王苏说。

王苏对语言艺术情有独钟，也乐在其中，她开设了“绘声如画”微信公众号，每周录一期自己的诵读作品，已经默默地做了130多篇。她对待每一次诵读都很用心，哪怕自己已经有几十年的语言教学功底，她还是坚持每个作品“绘制”后读上数十遍，反复推敲才进录音棚。录音师经常“埋怨”王老师对自己的作品太过苛求，永远没有满意的时候，这种对语言精益求精的态度为人们所称赞。王苏说：“我一辈子只做了一件事，就是语言上的探索，希望能把这件事做好，希望聆听者通过我的朗诵感受到中国语言文字的魅力。”

与民盟的缘分

王苏虽然是新盟员，却早在40年前就与民盟结缘。从杭州艺校毕业以后，王苏在杭州民盟市委工作过一年多的时间，是当时机关里唯一的年轻人，在那里她知道了张澜、沈钧儒等民盟前辈的事迹，了解了民盟与中国共产党风雨同舟的岁月。在繁忙的日常工作之余，她还在业余大学进修，经过认真备考，王苏以优异的成绩考上中戏，依依不舍地离开了杭州民盟，继续自己的专业道路。

“缘分”二字可谓神奇。王苏到上戏当老师之后，遇到了同为上戏老师的丈夫，在结婚很久之后，才知道他的家族也和民盟有深厚的情缘。他的外婆毕业于西南联大，是张澜先生的第一批女学生，之后回到老家四川李庄担任第一任小学校长，毕生致力于张澜先生极为关注的中小学教育，他是自小听着外婆和妈妈口中的北川圣人的故事长大的。

在参政履职方面，王苏这些年做了不少努力，她原本就十分关注对孩子们的艺术教育，自从担任全国政协委员以来，多次提出提案建议，希望培养孩子们对艺术的兴趣，让他们真正热爱艺术。王苏说，首先要热爱，有兴趣，在此基础上踏踏实实静下心来钻研，这样才会有独到见解，演绎出真正属于自己的艺术表现形式。她说，希望能为孩子们、为社会做更多有益的事，也是我加入民盟的初心。

（执笔人：朱盈）

毛猛达：用独脚戏讲述上海40年变迁

“我以前家住在延安东路，吴江电影院对面的石库门里，名叫马德里。现在马德里拆掉了，建了一个新小区，叫皇家马德里。”——以幽默诙谐的方式讲述上海40年的城市变迁，正是盟员毛猛达和他的老搭档沈荣海的原创独脚戏①《石库门的笑声》。9月底在兰心大戏院首演，开票三周后全部售罄，连演7场，场场爆满。为了让传统独脚戏焕发出新生机，毛猛达还邀请了不同领域的7位好友助阵，包括同为盟员的“宝哥哥”钱惠丽、上海沪剧院院长茅善玉等。

石库门里的生活变迁

《石库门的笑声》以上海经典的石库门作为背景，用传统的独脚戏双档形式，讲述了改革开放40年来的城市变迁和石库门中人们生活的变化。作品由《万宝全“四”》《千变万化》《三喜临门》《一体世界》《我爱文化》《难与不难》《上海未来》7个全新原创独脚戏组成，内容涉及上海文化、上海制造、上海服务、上海购物“四大品牌”。7个原创独脚戏既有千丝万缕的关联，又相互独立，形成

① 独脚戏，又称“滑稽”发源于杭州，流行于上海、江苏、浙江等地，以“上海话”为主体语言演出的一种地方曲艺。

“魔方”式有机组合。不论观众从哪个节点穿插进来听，都能自然融入、无缝衔接。

故事从普通市民身边说起，以小见大，展现上海的发展轨迹，讲述改革开放40年来，上海如何从依附江南水乡的上海滩，演变成如今的国际大都市。此外,《石库门的笑声》还特别增加了毛猛达和搭档的“二次创作”部分，根据每日新闻即时创作“滑稽说热点”，围绕百姓关注的话题，发挥滑稽戏灵活机动、针砭时弊的功能，彰显社会正能量。

围绕改革开放40年的主题,《石库门的笑声》邀请的嘉宾也都是这座城市改革变迁的见证人、亲历者。在越剧中以“宝哥哥”形象为大家熟识的钱惠丽是20世纪80年代来到上海开展文艺工作的，她坦言，这座城市从未用有色眼光看待过外来人才，“或许现在进上海的异乡人不会有我们当初那样深刻的感受，上海的包容性真的是融在这座城市的骨血里的。”

虽然同属民盟，钱惠丽和毛猛达相识相知也已有20余年，但她强调，站上《石库门的笑声》的舞台并不只为这些“私交”，“更是为我们的海派文化和上海品牌来‘站台’。这座城市给予我许多。来到上海，不但能让我和恩师徐玉兰靠得更近，学得更多，也让像我这样的年轻人在个人发展上得到更多空间和机会。”

独脚戏走进新时代

作为神秘嘉宾亮相之前，钱惠丽“隐身”在观众群也是笑得“全没了素日端庄稳重的样子”。散场时，她嘴角带笑感慨不已：“真亏得我一来上海就积极学习上海话，否则一知半解得错过多少精彩的噱头。”身为早期的新上海人，钱惠丽从来不会觉得在公共场合听到上海话是种“不尊重”，“一座城市的味道，不就是那些街头巷尾的话语中透露出来的吗？你真心想要融入一座城，自然是要去了解他的语言，才能更好地倾听它的声音。”

对于方言的保护、海派文化的传承发扬，毛猛达的感受更深刻。在“滑稽说热点”中，他就对前不久热议的“外婆变姥姥”话题展开独脚戏式的讨论。“《石库门的笑声》讲述的是这个城市一点一滴的变化，也是上海人日积月累的生活智慧。”毛猛达说，独脚戏作为上海非物质文化遗产的瑰宝，像是一个能量源源不绝的笑料罐头，近年来稍显落寞，却未丢失上海人对它予以的期待。

“一天到晚炒冷饭，我有点难为情，所以这次全都是新作品。”为了能以最佳状态面对观众，在开演前，毛猛达和沈荣海整整闭关了两个月。用他的话说就是“从黄梅天一直排到大暑天”。毛猛达和沈荣海合作也近“金婚”，舞台经验丰富的他们在《石库门的笑声》创作中却不断经历挑战与突破，“一直卡住，从支付宝、大数据到智能化，这些城市变化都是独脚戏没有碰到过的新话题。”也正是他们的付出让这出独脚戏得以“C位出道”。

毛猛达希望《石库门的笑声》能以最真诚的姿态、最贴心的观察唤醒申城观众对独脚戏的“独家记忆”，而不是以扮丑的造型、夸张的肢体动作或隔靴搔痒的车轱辘笑话来触动观众的笑神经。“时代不同了，观众的审美需求也不同了，他们的笑点每天都在拉高。”毛猛达感叹着，同时提醒自己和同行，是时候为独脚戏灌下一碗“醒酒汤”。改革开放40年来，社会的方方面面都发生了巨大变化，城市发展了，独脚戏也要与时俱进，方能彰显上海“海纳百川”的文化底蕴。

（执笔人：孟轩）

刘　彬：赋性格予角色，忘自身之存在

“你有权保持沉默。如果你放弃这个权利，你的话将在法庭上作为你的供词……”在20世纪80年代，这句台词火遍大街小巷，甚至孩子们在游戏时都会用到。刘彬就是在这部风靡一时的长达百余集的美国电视剧《神探亨特》中为亨特警官配音。在高质量的海外译制片刚刚大量涌现的时期，当时的观众们都是从这部电视剧开始对警察产生了疯狂的崇拜和喜爱，人们意识到原来长得普通平凡的警察竟然如此有魅力，原来代表正义的角色也会遭遇痛苦和彷徨。刘彬在配音时，采用了略带鼻腔共鸣的偏上发声位置，以懒散拖腔为基调，但时有迅捷锋利的爆发性变调的语言节奏，习惯性的傲慢揶揄口气中透露出职业化的自信，和对歹徒的蔑视与警觉。

从大学讲台上“半路出家”的配音演员

从1981年以业余配音演员身份参与《姿三四郎》的配音之后直到今天，刘彬从事配音工作已近40年，并且仍然充满活力干劲十足，从未离开过自己热爱的事业，成为配音界寥寥可数的“常青藤”。然而让人诧异的是，刘彬竟然是中文系出身，还写作发表过“伤痕文学”小说。他笑言自己是“半路出家”的国家一级演员，除在小学喜欢说相声，中学、大学都是校广播台的播音员，以及下乡期间的一点业余文艺表演的经历外，他并没有接受过任何专业的影视剧表演和台词的训练。

作为一名“老三届”上海知青，因为父亲被错划为“右派”，求学之路很是吃了不少苦，即便凭借“学霸”底子仅仅上了一年初中就在恢复高考的第一年考出了好成绩，可是政审过不了关只能降格录取，就近在“上山下乡”的当地黑龙江就读牡丹江师范学院中文系。其后历经波折，辗转回沪，又到黄浦业大中文系就读并留校任教文艺理论课程。三年之后毅然弃教从艺，进入上海电视台译制部成为一名专业配音演员，并接下了刚开播不久的“海外影视”栏目第一部大戏《神探亨特》的主角配音任务。

此时的刘彬只做过一些业余的配音工作，专业方面的知识储备并不充分，当时作为中国译制片重镇的上海电影译制厂有一大批杰出的前辈老师同行，给了他不可多得的指导和帮助。1981年，刘彬在苏秀、毕克老师的指导下参与了《姿三四郎》中津崎公平的配音工作，进台前后又与丁建华在日剧《血的锁链》和美剧《违禁者》中两度合作，其中后者配的是男主角弗里兹，此外他还曾在曹雷导演的片中学习，更与乔榛、尚华等老师在话筒前并肩工作。刘彬坦言，这种“名师带、干中学”的经历对自己帮助极大，实效性很强。

在《神探亨特》的配音过程中，刘彬一直努力探索人物的内心世界，希望让亨特通过声音展现出内在的力量。凭借长期积累的文学分析能力，他认为亨特是一个直接面对街头犯罪的低阶警官，在凶残的歹徒面前，他必须比歹徒更为强硬，而他的某些看似漫不经心的言行，实则是用缉凶者的老练掩盖着他疾恶如仇的正直和洞若观火的犀利。刘彬虽不是科班出身，却有着宽广的视角和纵深的领悟能力，配音事业的感召力，让他坚持用心体会，细细打磨，用爽朗而又玩世不恭的声音让亨特的形象更加鲜活，获得了广大观众的认可。

“要让观众忘记我的存在”

在为《神探亨特》配音大获成功之后，在整个20世纪90年代，刘彬几乎成了上海配音界警探角色的“专业户”。在美剧《孤胆侦探》《福尔摩斯探案》《古畑任三郎》等剧中配主角。然而，在树立了警探特有的干练果决、沉稳明快的声音标识之后，刘彬却不按惯例出牌，主动淡化这一声音特点，力求塑造不同个性色彩的角色。

所以才会有《幸福雪》里啰唆俗气的安吉伯父，《违禁者》里温文儒雅的犹太诗人弗里兹，《鹰狼传奇》里深沉坚毅的传奇武士纳瓦拉，《浮华世家》里阴险狡诈的奸商扎克鲍尔，《根》里奴性顺从的老黑奴费德勒，《古畑任三郎》里藏锋守拙的古畑侦探……

每每有人问刘彬，“亨特是你最得意的角色吗？”他都会回答“不！亨特是我最有影响的角色，而我最得意的是我配的国产剧中观众们以为是原片演员自己声音的角色。”他曾为《百老汇大街100号》里的娄际成、《西伯利亚流亡记》《生死斗》里的刘威、《昙花梦》里的尤勇、《中国神探》里的申军谊、《梁山伯与祝英台》里的寇振海、《房东老爸》里的曾志伟、《罗曼蒂克消亡史》里的倪大宏等知名演员配音。刘彬动情地说：“配音，不是以角色为名举办的声音的假面舞会。”所以他才会在译制剧中几乎配遍了好莱坞中年男星以外，还长期跨界地隐姓埋名藏身幕后为国产电视剧里众多不同类型的角色配音。

由于《神探亨特》剧中配音工作的出色表现，得到了制片方华纳兄弟公司的认可。1994年，亨特和麦考尔的配音演员刘彬和张欢被邀请赴洛杉矶回访，这在译制片历史上也是绝无仅有的。1998年，亨特的扮演者弗雷德·德雷尔先生来到长春电影节，见到配音片后临时决定增加行程特地到上海来与刘彬见面，弗雷德亲笔写了附有他照片的感谢卡：“感谢你把我的声音变得这么棒。”在与弗雷德交流时，刘彬说道：“配音的最高境界，是让观众忘记配音演员的存在。”随后他用自己能想到的英语单词解释“remember you, forget me.”弗雷德不禁莞尔，跷起大拇指连声赞叹。

改革开放好时代造就盟员好搭档

40年前，改革开放的春风拂面，一大批高质量的海外译制片的引进，为配音艺术提供了广阔天地，许多优秀的配音演员得到了广大观众的认可和喜爱。《神探亨特》正是上海电视台成立“海外影视”栏目之后播出的第一部大戏，女主角麦考尔的配音演员张欢与刘彬成为配音好搭档，更为巧合的是，两人竟都是民盟盟员，实属佳话。

刘彬入盟是在黄浦业大期间，当时学校里的盟员都是年龄较大资历较深的老师，而校盟委主委、中文系主任陈一正破格让时年30出头的他加入民盟，之后刘彬调到上海电视台，并在第一届上海广电局盟支部成立后担任了支部主委，他热心盟务，繁忙的配音工作之余经常组织丰富多彩的活动。

张欢是中福会儿艺演员出身，在《姿三四郎》中为女主角——同父异母的姐妹俩早乙美和高子配音，《姿三四郎》的播出获得了极大的轰动，张欢也开始为人们所熟知。在配《神探亨特》的麦考尔之后，张欢还为《成长的烦恼》中的母亲麦琪配音，这部电视连续剧在之后的几十年中反复地播出，影响了几代人。张欢曾为4000部影视剧配音，她是国家一级演员，享受国务院政府特殊津贴，同时还在为静安区政协工作献计出力。

同为盟员的刘彬、张欢在为《神探亨特》配音的三年里合作无间，电视剧播出后他们经常受邀演出配音片段。在北京首都体育馆，报幕员刚报完下一个节目是《神探亨特》片段时，全场便掌声雷动，并高呼“亨特！麦考尔！”两位配音演员感动万分。

国家广播电视总局出版的《中国电视剧六十年大系》丛书，编列了我国电视剧发展60年来的600名领军人物，配音演员共有5人收录，其中就有刘彬和张欢，而刘彬是唯一入选的男配音演员。

刘彬说，兴趣与职业的合一，是人生最大的幸福之一，而如果能通过配音给角色带来魅力，给观众带来快乐，那么这种合一的幸福就具有了特殊的社会价值。

赋性格予角色，忘自身之存在——这就是配音演员刘彬的终极追求。

（执笔人：朱盈）

杨婷娜：传承越剧之美

采访前，在网上看了一些资料，不少粉丝都说杨婷娜“很帅”，更有人索性称她为“杨帅”。和杨老师见面时寒暄两句，果然，她走几步，往那儿一坐，一股潇洒的豪气就扑面而来。

似乎猜中了我的心思，杨老师开口就说：“其实刚入门时，大家都觉得我是花旦的料呢。”看到我脸上的惊讶，杨老师又悠然一句：“但我这耿直刚烈的性格，哪里肯唱花旦？”当时杨婷娜一再坚持要学小生，否则就撂挑子，老师们没辙了，这才改了行当。

“比起那些从小就喜欢戏入行的人，我入门算是晚的了。”杨婷娜的父母都很喜欢越剧，从小就被母亲抱着听《红楼梦》，但是自己一开始并不是那么喜欢。小时候的杨婷娜是个正宗的“假小子”，爬竹竿、摸桃子的事儿没少干。

到了初二那年，好朋友要去新昌艺校报名，她本是作陪，未曾想老师让她也唱两声看看。“我说我不会唱的，但是那老师说没关系，就唱了几句。结果直接进了复试。”杨婷娜回想起这段，自己不觉莞尔，“那会儿脑子里想的都是‘唱戏还翻筋斗挺好玩的，不用读书啦’，就进了艺校。”

刚进艺校都是京昆老师教，各种武戏动作都得学。那时候练功房成了紧缺资源，杨婷娜那时特别刻苦，还拿了个“勤学苦练”

奖。艺校毕业后，杨婷娜去了吴江越剧团。有一天，上海来了几个老师，听她唱过后就决定把她带到上海来。然而，到了上海却因为落户的问题险些没能留下。关键时刻，来自家人的全力支持，让她得以进入上海戏曲学院重新读书4年。“那会儿进戏院要考试，我是直接进总决赛，然后一唱就过关。”一路的坎坷，非三言两语所能道清，但这些困难在杨婷娜口中颇有“乌蒙磅礴走泥丸”的味道。年年在戏校拿奖学金的她，毕业后终于加盟了上海越剧院，还得到了“徐派”宗师徐玉兰老师的亲自指点，以及史济华老师的指导和帮助，后来，又有幸成为钱惠丽老师的学生。

“那会儿得到徐老师指点，学了《哭灵》，后来排《梁祝》，又学了范派的一些唱法。结果第二次徐老师来，一听我唱就生气了，坚决不准我继续唱范派，结果排好的戏全停了。”自那之后，杨婷娜坐了一年多的冷板凳，才等来了上台的机会。“第一次上台那个紧张啊，腿都在抖，感觉都是被人推上台的。”杨婷娜停了停，神思渐远，仿佛回到第一次登台，“好在后来演出评价不错，还收到了戏迷送的花。”在越剧的学习方面，老师们都毫无保留地把自己毕生的经验倾囊相授，这让杨婷娜也颇为感动：“钱老师一拿到《双飞翼》就叫我，每段唱腔设计，舞台表演，都详细地讲给我听，让我着实受益匪浅。”

“看到《甄嬛传》，花了两三天就读完了7本书，然后推给院长，希望他能考虑下改成越剧版。后来电视剧版出了，我还专门研究角色。”提议后，杨婷娜也没想到会有什么结果，然而由于王志萍的推动，终于引起了院长的重视。几天看完70多集电视剧后，院长就决定要把《甄嬛传》改成上、下本，推上舞台。

剧组成立后，院长找到杨婷娜，希望她演上本的皇帝玄凌。“我那会儿就不乐意了，王爷多好呀，风流倜傥的，我就说我要演王爷，不演皇上。”面对杨婷娜的个性表露，院长一语让她改变了心意：“之前演的都是潇洒的小生，难道就不想尝试尝试新戏路？”就这样，在忐忑和压力下，杨婷娜从一个动作，一个眼神做起，努力成为一个气场十足的“皇帝”。“最终成品出来，钱老师看了，说了句‘还不错’，那已经是莫大的表扬了。”

皇帝一角，不仅仅让杨婷娜拓宽了戏路，感受到了角色的内心，更为她带来了“白玉兰奖”。让她倍感高兴的是，越剧版《甄嬛》也得到了广大观众和专家评委的认可，吸引了大批年轻观众到剧院看戏。“我常和院长说，咱们能去高校就多去高校演演。”在杨婷娜看来，大学生群体理解力强，喜欢看表演，有一种“演员与观众”的共鸣感。“老一辈观众更关注唱腔，往往‘好’都是出在唱词，而年轻观众更注重看表演，往往为精彩的表演而喝彩。”高校演出一来可以培养年轻观众，二来可以传播越剧文化，从而带动越剧在社会的影响力。

谈及入盟的情形，杨婷娜表示当年退团后很多民主党派找过自己，然而老师钱惠丽对她的影响力毫无疑问是最大的，所以也就自然而然在老师的影响下，加入了民盟。“我觉得传帮带的优良传统在钱老师身上体现得尤为突出，民盟作为一个知识分子和教育界别为主的党派，可能更有种老师的精神在里面。”她微笑着，眼睛里充满了温暖，“希望未来新人能够不断涌现，一代代把越剧的美和民盟精神传承下去吧。”

（执笔人：王斯博）

佟瑞欣：用生命去塑造角色

初夏的武康路，蝉鸣声盖过了车马声。在梧桐树的斑驳树影中，一栋新古典主义风格的白色小洋楼静静矗立——武康路395号，“这里是上影演员剧团的‘家’”。上影演员剧团团长、国家一级演员佟瑞欣，带着我们走过一个个颇有年代感的房间，介绍墙上挂着的一幅幅照片、一张张海报，仿佛穿越了一整部上海电影史。

穿着干净的白衬衫和黑西裤，头发梳得一丝不苟，皮鞋擦得锃亮，佟瑞欣坐在三楼团长办公室的沙发上，他的身上，既有东北“爷们”的豪爽与风趣，也有上海“老克勒”的优雅与倜傥。他一边抽着雪茄，一边侃侃而谈他对表演艺术的感悟与追求，跟我们分享上影演员剧团的温馨故事。

“带着敬畏，走入角色内心”

2021年是中国共产党百年华诞，作为献礼剧的《光荣与梦想》在各大卫视热播，佟瑞欣在剧中饰演中年毛泽东，这不是他第一次饰演这位伟人。“2016年我拍摄了电视剧《长征大会师》，是我第一次在电视剧中扮演毛主席，后面又接演了《难忘的岁月》《遵义会议》《人民的选择》等。”佟瑞欣细数自己饰演毛泽东的经历，脸上充满了崇敬。他说，要用敬畏心走进角色，用平常心演绎角色。

佟瑞欣曾在接受电视采访时说，自己不是“一眼看上去就是主席”的人，也不是“特型”演员，做不到“形似”，只能用心演绎，追求“神似”。显然，在《光荣与梦想》里，他做到了。他不仅塑造了伟人的形象，也呈现出了一位深情、温和的父亲形象，尤其是与毛岸英的戏份引得观众潸然泪下。

这场戏也让佟瑞欣一直念念不忘。毛岸英从苏联归来，毛泽东用杨开慧送给自己的梳子给儿子梳头，瞬间就想到自己当年和她分别的场景，忍不住泪流满面，伤感的同时，父子俩当场相拥而泣。“剧本到这里就结束了，但是现场导演并没有喊停，大家都沉浸在情绪中。”最后，佟瑞欣有感而发地说了一句“爸爸永远不让你再离开我了”。正是这句真情流露的台词，让很多观众感动落泪。“伟人也是凡人。”佟瑞欣说，看到观众的弹幕评论，“大家都看懂了，让我很欣慰。”

《光荣与梦想》中还有一段剧情也让佟瑞欣印象深刻。张澜、李济深等民主人士受毛泽东邀请到达北京共商建国大事，毛泽东表示愿意和其他民主党派领袖同舟共济、荣辱与共、协商合作。佟瑞欣特别邀请了剧团的前辈达式常、王诗槐出演张澜和李济深。“和自家人对戏，发挥得特别好。”佟瑞欣说，作为民主党派成员，能以自己的方式演绎多党合作和政治协商的内容，让他倍感振奋。

“拼上半条命，圆自己一个梦”

每一个少年心中都有一个英雄，佟瑞欣的英雄是牛虻。《牛虻》这本书在他的枕边放了很多年，直到今年，话剧《牛虻》先后在广州和上海演出，他在舞台上实现了年少时的梦。

“牛虻不仅仅是演给观众看的，更是为了完成自己的梦想，所以我全力以赴，完全融入角色中，没有一丝一毫的应付。”然而话剧对于已经56岁的佟瑞欣来说，并不轻松。“5年前演《哈姆雷特》的时候拼了半条命，这次演《牛虻》又拼了半条命。”但他毅然决然。

他说，时间很珍贵，所以要把时间花在自己认可的事情上，演绎自己喜欢的角色，“用生命去演，去塑造角色”。他也是用这份虔诚的心去致敬经典、致敬英雄。“经典之所以成为经典，是因为他历经时间的磨炼，依然呈现给当下的人们以启迪、以信仰。我也是想通过塑造这个经典的角色，告诉年轻的观众，我们那个时代的英雄是什么样的。”佟瑞欣说。

演出的巨大反响没有辜负他的付出，几代人的情怀被唤起，甚至有观众天天购票观看。更惊喜的是，达式常等剧团好友特地到广州观剧。“当时还没确定来上海演出，大家就都到广州去看，他们为了不影响我演出，也没有提前通知我，他们的支持真的让我特别感动。”谢幕的时候，达式常上场给佟瑞欣献花，“我是单腿跪着接过鲜花的。”佟瑞欣回忆起来仍难掩激动。

“艺术家是无冕之王，他们塑造的角色可以在人的心里藏几十年。”佟瑞欣说，《牛虻》对他而言无谓名利，这是他一心追求的艺术与梦想，也希望通过这个角色的塑造带给更多观众信仰与力量。

“演了把团长，越演越投入”

成为上影演员剧团团长后，佟瑞欣总是在想自己能做点什么，“哪怕不知道能做到什么程度，不知道结果究竟怎样，但你一定要去做。”八一厂被裁撤、北影厂被拆，给了他很大的触动。回过神来的时候，上影演员剧团似乎已是中国电影界仅存的那个“唯一”。“所以我首先要做的是，把‘家’留住。”佟瑞欣话语间充满了坚定。

搬回阔别了15年的武康路395号，这是第一步。佟瑞欣表示，接下来要“两条腿走路”。“一是艺术的表达，我们不是观众要看什么就演什么，而是要引导大众审美，培养观众的艺术细胞。二是时代的使命，我们要肩负起这一代电影人的责任，紧跟时代的步伐。2021年是建党百年，我们就要用自己的方式表达祝福与敬意。”而上影演员剧团的表达方式，就是原创献礼话剧《日出东方》。

《日出东方》的首演是在2019年，作为上影演员剧团成立以来的首部原创话剧，在上海大剧院的演出反响热烈。“当时剧团的资金很紧张，全拿去订大剧院的剧场了，因为我认为要演就要在上海最大最好的舞台上展现我们剧团的风采。”佟瑞欣谈道。他在剧中再次出演毛泽东，通过讲述他在上海发生的几段故事，“跟着他在上海的脚步，回望这座城市的历史，展望它的未来。”

“我希望通过这部戏提振剧团的士气，也让剧团有个全新的亮相。”为此，佟瑞欣把新老演员都聚集起来。“牛犇给毛主席拍照，向梅在毛主席接见的群众中，还有达式常、马冠英等老艺术家，他们很多都没有台词，但为了这部剧依然全力以赴。”佟瑞欣说，演出没有对外售票，演员们也没有拿片酬。而牛犇的一句“给自己家干活，不能要钱”让他最为感动。

此次作为建党百年的献礼，《日出东方》再次被搬上舞台，主创团队对话剧进行了再创作再打磨。剧中既有对“中共一大”、上海解放这样重大历史事件的浓墨再现，也有对毛泽东与家人生活细节的动情描摹，时而慷慨激奋，时而细腻温暖。

“作为团长，就是要为剧团、为大家服务。”佟瑞欣告诉我们，上影演员剧团对所有演员都一视同仁，“每个人都有一张躺椅、一个定制的保温壶，演出排练有专车接送。”对于剧团的“老宝贝”们，他更是敬爱有加。牛犇入党、秦怡拍《青海湖畔》，他都出了自己的一份力。“做团长，就是要帮助团员实现他们的梦想。”

佟瑞欣引用电影《邹碧华》中的台词说，要在工作中收获快乐，就要把工作的成就变成自己的快乐。剧团的工作，佟瑞欣乐在其中：“演了把团长，越演越投入。”

“想回归社会，也想为民盟多做些事”

谈到未来的打算，佟瑞欣表示，如今剧团稳定下来了，接下来想更多地回归社会。热心公益的他，已经连续办了5年的上海公益微电影节，通过公益也结识了很多志同道合的朋友。“大家都乐于贡献自己的资源，帮助需要帮助的人。”佟瑞欣说，做公益并不是简单地捐钱，如他们资助云南大理巍山县大仓镇啄木郎的星时代新胜小学，前前后后去实地调研了好几次。“我们亲眼看到这些孩子的条件确实艰苦，确实是需要帮助，我们也愿意倾囊相助。”

公益的力量要使在刀刃上，民盟组织的发展也不能落下。谈及民盟，佟瑞欣脸上始终挂着温暖的笑容，对上影支部的诸多盟员如数家珍。“我们是一个温暖的大家庭，相互关心帮助，也一起为电影事业的发展而努力。”

让他印象最深刻的是2018年5月2日，著名表演艺术家王丹凤逝世。她曾任民盟中央常委、民盟上海市委副主委，还介绍了梁波罗、陈鸿梅、洪融等一批优秀演员加入民盟，可以说是上影民盟的大家长。当时已是民盟上影支部主委的佟瑞欣，策划举办了追思会，带领支部与文联、上影、上海影协等联合主办，邀请王丹凤生前的同事好友相聚一堂，用简单朴素而又深情的方式怀念她。

佟瑞欣从办公桌上拿出一本民盟中央文化委员会委员的聘书，他说，民盟给了他很多，他也想为民盟多做些事。“接下来有更多的时间可以考虑盟组织的建设和发展，希望能够吸纳更多优秀的青年演员加入民盟大家庭。也想着能够发挥艺术家们的社会影响力，多做一些有益于社会、传播正能量的事。”

（执笔人：郭琪）

汪观清：用赤子之心，绘祖国山河

汪观清，著名画家，1931年出生，安徽歙县人，1987年加入民盟。他从事连环画创作三十余载，其中《南京路上好八连》《周恩来同志在长征路上》《鸡毛飞上天》《红日》《雷锋》《十二把椅子》等作品产生广泛影响。同时汪观清擅国画艺术，现为中国美术家协会会员、上海文史研究馆馆员、文史研究馆书画研究社社长、上海民盟书画院院长。

步入画坛，勤于创作

1943年，12岁的汪观清来到上海生活，在读书的同时喜欢上了连环画，放学后就在小书摊前流连忘返。1948年结婚后汪观清开始在一家广告公司学画，后来就开始画连环画，1954年加入新美术出版社。当时新美术汇集的出版商、文编和绘画人员达到400多人，在全国是连环画画家最多、最集中的一家。1956年，新美术出版社并入上海人民美术出版社，连环画文字编辑室有27人，连环画创作室有93人，成为全国最大的连环画出版机构。

“我那时是人美社内公认最勤奋的创作人员之一，别人画6个小时，我画12个小时。每天五点起床，八点前到出版社，夜里工

作到凌晨两点是常有的事儿，整栋洋房里，只有我窗口的灯亮着。中午别人午休睡觉，我接着画画。”汪观清对自己的作品高标准、严要求，很多都是画了又画，自己满意才交稿。

汪观清绘画基本功扎实、技艺精湛，创作手法多样，堪称优质高产能手。他创作的作品题材很广泛，古今中外皆有，作品蕴含鲜明的揭露性和批判力，显示出画家的正义感和对社会众生相的观察力与表现力。

1978年恢复上海人民美术出版社后，连环画市场却呈现出了不景气。从1952年出版第一本连环画《扫雷英雄姚显儒》，到1982年最后一本《检察官》为止，汪观清一共画了约60种，百余册连环画。30年的光阴、生命和才情，都投入新中国的连环画创作中。作为上海人民美术出版社的第一批连环画画家，汪观清经历过连环画的繁荣期、鼎盛期、衰落期，见证了新中国连环画生命周期的全过程。

改革开放之后，乘着文艺界百花齐放、欣欣向荣的春风，汪观清转型成为职业画家，他在国内国外参加各种画展，把祖国的绘画艺术传播到海外，同时学习融会了海派绘画技艺。他在加拿大居住了几年之后于1997年回国定居，后成为上海市文史馆馆员。

精益求精，以画颂国

汪观清以画牛闻名。凝神、挥毫，片刻工夫，宣纸上便现出一头牛来，姿态各异、神形兼备，或憨态可掬，或天真稚气，或持重平和……汪观清回忆，在歙县的练江牧场，牧场养殖的各色牛就是自己的模特，他观察它们的肌肉、身体结构、动作神态。各种牛的样子，深深地留在了脑海里。汪观清画的牛备受赞誉，1987年他还出版了《怎样画牛》的技法入门专著。

1997年，汪观清从海外初回上海，恰逢牛年，他怀着真挚的爱国情感，为庆祝香港回归祖国创作了100套姿态各异的“百牛纪念封”，每幅纪念封上都邀请一位名人，写下对这一大事件的寄语。汪观清不辞辛苦，前后用了10年时间，“攒齐”百位名人题签，以此向香港回归献礼。2009年，又一轮牛年，“百牛纪念封”出版了画册，汪老深情地说，“这本画册，我时常会翻看一下。作为一个画家，用自己的方式留存下了香港回归的历史记录。如今题签的名家不少已经驾鹤仙去，但‘百牛纪念封’留下了他们的墨迹，也留下了当年他们对香港回归的美好祝愿，是一份有温度的历史记忆”。

改革开放以来，汪观清创作了很多优秀的国画山水和人物作品。《周恩来同志在长征路上》是非常有影响力的一幅。为了创作需要，汪观清先后两次沿着长征线路实地考察，亲身体验，成功地刻画了伟人庄严的气度和对事业充满信心的情怀，描绘了长征这一前无古人的壮丽革命史诗。

汪观清潜心5年创作《梦里徽州——新安江风情图》60米长卷和黄山《天都云浦歌》图卷，被2010中国上海世博会城市足迹馆和世博中心选展。这些气势宏大的画卷集其绘画艺术之大成，得益于30余次登黄山采风，是万水千山行遍，向晚思乡的依归。

民盟书画，大展风采

汪观清用赤子之心和爱国之情绘祖国河山，这10余年来，更是用责任心和使命感把上海民盟书画院院长一职做得有声有色、成绩斐然。

上海民盟书画院于2006年成立，是民盟上海市委为了发挥盟内书画艺术人才优势，更好地服务社会而搭建的书画艺术交流平台。汪观清担任院长以来，带领书画院由最初的几十人发展到如今200余人，在践行费老“做实事、做好事”的过程中可谓硕果累累：2008年汶川地震后进行创作、义拍，筹集赈灾款143万元；2013年举办“纪念南京路上好八连命名50周年主题书画展”；83岁高龄之际，他领衔为上海援疆指挥部创作歌颂中华民族大团结的巨幅国画《硕果累累》；2015年举办“纪念抗日战争胜利70周年美术作品展”；2016

年举办纪念上海民盟地方组织“建立70周年暨上海民盟书画院成立10周年美术作品展”；汪观清还亲自挂帅，带领上海民盟书画院为上海凝聚力工程博物馆和上海市衡山路—复兴路历史风貌保护区内“名人与建筑”创作大量的连环画。

2018年11月13日，民盟上海市委“庆祝改革开放40周年美术作品展”在上海市政协展厅开幕。中共上海市委统战部副部长王珏出席开幕式，民盟市委专职副主委沈志刚在开幕式上讲话，汪观清致辞，民盟市委秘书长费俭主持开幕式。民盟中央副主席、上海市副市长、民盟市委主委陈群前来观展并为画展撰写前言。

展出的100余幅书画精品，是汪观清组织书画院的艺术家们从不同侧面集中反映和热情讴歌改革开放40年而创作的。汪观清恳切地说，自己与同辈的书画家们亲历了40年翻天覆地的变化，既是历史的见证人，也是改革开放的受益人。为办好此次展览，大家都积极拿出自己最好的作品，用书画歌颂改革开放的累累硕果和可歌可泣的时代精神。2019年是新中国70华诞，民盟书画院将拿出更好的作品，用妙笔丹青描绘壮丽的新时代画卷。

（执笔人：朱盈）

陈飞华：用舞蹈讲好红色故事

《永不消逝的电波》和《朱鹮》是近年来上海歌舞团打造的两部现象级舞剧，前者创造了当代中国舞台艺术界罕见的“电波现象”，后者被誉为“东方天鹅湖”，三度赴日本巡演，还曾登上林肯艺术中心的舞台。经过数百场演出，这两部原创舞剧不仅获得了票房和口碑的双丰收，还连续两年亮相央视春节联欢晚会，惊艳全国。

2021年7月19日，上海歌舞团团长、民盟上海文广影视集团委员会主委陈飞华，出席民盟市委“我与主委面对面”座谈会，从《永不消逝的电波》谈起，向文艺界盟员和代表人士分享了经典原创舞剧创作背后的故事，获得好评如潮，让人受益匪浅。会前，他还接受了我们的简短专访，畅谈他的艺术理念和上海歌舞团的守正创新。

“创作是我们的常态”

作为北京舞蹈学院第一届本科生，陈飞华1984年毕业后便到上海市舞蹈学校从事舞蹈教学工作。1988年加入中国民主同盟。2006年12月起担任上海歌舞团和上海东方青春舞蹈团团长。面临着歌舞团如何发展的压力以及舞蹈这门艺术形式在时代变迁中应对的挑战，2011年，陈飞华带领上海歌舞团完成了转企改制工作。“这10年间，我们一步一个脚印，可谓是不畏艰难，不辞辛劳。”他感慨道。

转型后的上海歌舞团，如何攻坚克难？陈飞华选择用作品说话。从前些年的《天边的红云》《一起跳舞吧》到近年来大热的《朱鹮》《永不消逝的电波》，这些原创舞剧的成功是对上海歌舞团的肯定，也是对他这位团长的肯定。但对此，陈飞华却表现得很平静，他说：“创作是我们的常态，是基础性工作，也是立团之本。”从选题的确立、主创团队的遴选、艺术导向的把控，到作品质量的打磨，一切都在他的考量之中。“艺术创作要与时代脉搏同频共振，所以选题要准确，制作要精良，市场也要有反响，我作为团长必须把好舵。”陈飞华对创排工作慎之又慎，精益求精。

创作舞剧《朱鹮》时，主创团队实地赶赴陕西洋县、日本佐渡采风，深入了解朱鹮的生活习性，花了四年时间打磨，创作研讨20余次，终孕育出这部享誉海内外的经典舞剧。2014年10月，《朱鹮》启动亚洲首轮演出，后三度赴日本巡演。“日本对这种鸟和这部作品非常膜拜，非常仰慕，我们用舞蹈的形式在舞台上展现，这是日本观众从来没有想到过的。”陈飞华回忆说，当时看到日本观众在看到这样漂亮、生动的舞剧之后，非常感动，“很多人看到后眼泪直流。”

艺术灵感不仅来源于大自然，也来源于上海这座城市的红色基因。《永不消逝的电波》就是以李白烈士的真实事迹为素材，融入了青春、谍战、红色记忆与浪漫情怀等多种元素，在舞台上再现了先烈可歌可泣的英雄形象和革命精神。长达两年的选题孵化，20余次的研讨论证，排练厅无数个日夜的拼搏奋战，才成就了这道“红色电波”。陈飞华表示，这不仅是一种创作，也是一种探索，“探索守正创新，守的是红色文化之正，创的是表现手法之新”。

“向电影工业学习”

海纳百川的城市品格让多元的文化在上海竞相绽放，越来越多的人走进剧院去欣赏各种形式的艺术表演。“如今有越来越多的年轻人走进剧院，比如《永不消失的电波》大部分观众都是‘90后’‘00后’，经常开票出来几十分钟就被他们抢光了。”陈飞华对于舞蹈艺术有着特殊的热爱，对于艺术市场也有着独特的见解。“可以看出，市场潜力其实是很大的，我们要做的就是把它挖掘出来，吸引观众走进剧院。”

为此陈飞华提出，“要向电影工业学习，整合资源，为我所用”。他介绍到，《天边的红云》《朱鹮》《永不消逝的电波》是由三个不同的主创团队创作，但都很成功。“我们在全国各地寻找最契合上海审美和舞剧选题的优秀编导，并以他为核心搭建主创团队。”陈飞华表示，上海歌舞团的创作团队以年轻化为特色，更贴近年轻观众的审美需求，潜力巨大，未来可期。

“同时，我们通过‘艺衔制’‘艺术创新扶持计划’等吸纳培养青年舞蹈人才。最终，将最合适的主创团队与最优秀的演员队伍熔于一炉，才锻造出《朱鹮》《永不消逝的电波》等一系列经典作品。”陈飞华说。

“让他们在剧中历练、成长、发光”

如果说原创优秀作品是上海歌舞团走向市场的核心竞争力，那么人才就是创造核心竞争力的基石。陈飞华非常注重舞蹈人才培养和梯队建设，2008年首推舞蹈演员“艺衔制”，通过一套系统化的基础训练、业务考核模式，确定“艺衔”档次，把良性竞争和鼓励机制引入团队建设中，让演员时刻保持最好的专业状态，培养出了朱洁静、王佳俊、侯腾飞等一批优秀的青年舞蹈家。

7月16日《永不消逝的电波》《朱鹮》启动驻场演出，计划在上海美琪大戏院演出100场，同时巡演的脚步也未停歇。“驻场、巡演双线并进，压力很大。”陈飞华坦言，大幅增加的演出体量需要创新人才培养机制与之相匹配。于是，上海歌舞团与中国舞蹈家协会联合推进“项目制招聘”，向全国优秀舞蹈人才敞开胸怀。

“上海依托驻场演出搭建平台，给青年舞者充分施展才能的舞台，我们要让青年舞蹈演员在剧中历练、成长、发光。”陈飞华语重心长地说道。大量新人充实演员队伍的同时，也对基训、排练、管理等各方面提出了新要求。为此，上海歌舞团不仅为受聘演员免费提供酒店住宿、报销往返交通费用、购买意外伤害和意外医疗保险等，还组建专职教练团队，制订长达两个半月的科学训练课程。“要让每一个新演员都能在180天驻演中有切实收获、艺术水准有进一步提升。”

“将红色电波发送给下一个 70 年”

“一出好的舞台剧能影响一个人的一生。”陈飞华说，人在成长过程中，需要有更多文学文艺的熏陶，需要更多的美育。而好的美育教材需要创作者懂得表演，表演者理解创作内涵，理解历史脉络的延伸。“我们以前有句话叫‘演革命戏做革命人’，放在现在也一样，我们要从角色身上汲取精神力量，才能更好地把这种力量通过艺术的表现形式传递出去。”陈飞华说道。

为此，上海歌舞团以《永不消逝的电波》的红色题材为内容，推出“主题党课”，将经典的文艺作品与党史学习教育紧密结合，不断创新表达方式，一方面让演员们在思想上、政治上“站得更高”，另一方面也用舞台艺术让观众感受爱与信念的洗礼。

“我们将70年前的红色电波，发送给下一个70年。”陈飞华说，上海是红色文化的发源地，《永不消逝的电波》则是这片红色土地上孕育出的文化明珠。石库门、弄堂、马路、报馆、旗袍裁缝店等老上海的城市特色，细致入微地呈现在舞台上，不仅传递了红色的革命精神，也展示了上海的城市文化。

身为文艺界的市政协委员，关注上海的文化建设同样是陈飞华的使命，“上海要打造文化的高峰高原，应该有更多走得出去的精品。”他指出，演员要有表达力，作品要有影响力，才能进一步提升上海文化软实力。这其中，主创团队的创新探索、青年演员的责任担当、文化产业的体能升级都不可或缺。“我们要用舞蹈讲好故事，为上海文化建设贡献力量，向世界传递中国声音。”

（执笔人：郭琪）

陈甦萍：盛放四十载，努力无止境

在长宁区沪剧传承中心见到了被誉为沪剧舞台五朵金花之一的国家一级演员陈甦萍，舞台上的她光彩夺目，生活中的她温婉亲和。而作为一团之长的她英姿飒爽，既有女性的柔情一面，又有工作中的干练一面，让人不由自主地想到她在沪剧《小巷总理》中塑造的居委书记一角。

《小巷总理》带来的正能量

2014年《小巷总理》火爆全城，这是一部反映街道社区干部在创建文明新风中感人故事的原创新剧目，以居委书记潘雅萍如何解决小区水质问题作为主线，散点式地反映当今小区生活的一些热点问题和矛盾。整台戏呈现了当代社区的生活风情和“小巷总理”的特殊风采，以小见大，充满正能量。

陈甦萍演过大家闺秀、小家碧玉，演过母亲、老师，这些角色她表演起来都游刃有余，但是在一部原创剧目中饰演一位基层干部是前所未有的挑战，不仅因为对居委干部了解不多，而且用

沪剧表现主旋律作品也并不容易。“小巷总理”（居委干部）们面对的大都是鸡毛蒜皮的琐事，要把这些日常生活中比较零散的事迹搬上舞台，演绎出起承转合、扣人心弦的剧情，是颇难经营的。所以陈甦萍投入了更大的热情，她率队走访收集了大量素材，从中选取当代社区中存在的典型问题，用真实的事件去反映一线居委干部的辛苦和坚韧。除了选材源于生活，她在表演方面也极力展现一位真实的居委书记，甚至临时去学骑自行车，只为了舞台上的表演能够更真实一点。

在逸夫舞台首轮演出之前，陈甦萍没有想到过《小巷总理》在观众中引起的反响如此之大，《小巷总理》的原型——虹桥街道虹储居民区党总支书记朱国萍也带领本社区的居民们去看演出，这位“小巷总理”每场都看得泪流满面，居民们更是从戏中看到了真实的书记，动情不已。身为盟龄35年的老盟员，陈甦萍还是上海市第十五届人民代表大会代表，能够在戏中展现当代小区的老百姓生活风情画，反映长宁区基层干部的感人事迹，并得到原型的肯定和群众的欢迎，陈甦萍很开心。她说，如果这出戏能够在正能量的宣传方面起到微薄的一点作用，让更多看到这出戏的人理解居委会干部，也是值得高兴的。

2018年，陈甦萍带领剧团将原剧再次打磨，以拆违为话题，创作了《小巷总理之拆违风波》，再次入围第二十届中国上海国际艺术节“纪念改革开放40周年”演出板块，创造了同一台剧目两次入围国家级艺术节的纪录，获得观众与行业内一致好评。

2019年是新中国成立70周年，《小巷总理》在北京梅兰芳大剧院会演，在2018版的基础上，结合上海这座海派城市所独有的历史文化底蕴，聚焦“垃圾分类”等当下热点话题，通过沪语文化展示上海这座城市精细化管理所取得的进步和正在付出的努力。这也是此次全国基层院团戏曲会演唯一代表上海参演的舞台作品。

在长宁沪剧团的艺术之路

陈甦萍从小爱好沪剧，在学校里一直是文艺积极分子，高中毕业就毫不犹豫地考进了长宁沪剧团。从艺40年，自1979年进团不久即出演《秋海棠》中的梅宝一炮走红，之后开始以每年1~2部新戏的速度不停不辍，到如今已主演了60余部大戏，数量之多和质量之高让人叹为观止，而背后的辛苦付出也难以想象。她回忆当时在团里的生活，每天都是白天苦练基本功、排戏，晚上7点到10点上台演出，然后坐公交车回到家里，半夜才能睡觉，第二天早上8点准时到团里继续排练。日复一日，靠着对沪剧的喜爱和执着，陈甦萍全身心地忘我投入。

担任长宁沪剧团团长的十多年来，陈甦萍对剧团的演出和剧目的生产都有着很高的要求，她告诉团里的成员们，在任何场合演出，每场都要精益求精，不管是出国访问演出还是送戏进社区，只要站在舞台上，就一定要对自己高标准、严要求。她经常说，要唱主角，除艺术上认真、有天赋外，还要有良好的道德素养、健康的身体以及对沪剧的热爱，这些缺一不可。在团长的带领下，大家认真揣摩每个剧本，认真演好每个角色，认真对待每个舞台，吸引了越来越多的观众走进沪剧，走进长宁沪剧团。

沪剧的传承任重道远

2013年4月，长宁沪剧团改制为长宁沪剧传承中心，陈甦萍非常感激区领导对沪剧传承中心的重视和爱护，她想要更努力、更拼命地前行，回馈关爱她和关爱长宁沪剧团的人们。陈甦萍意识到，对沪剧的保护和继承不能停止，但是要真正地传承下去，离不开发展和创新。沪剧有《雷雨》《杨乃武与小白菜》《蝴蝶夫人》等经过千锤百炼的经典戏，广为戏迷们所喜爱，但是沪剧里的西装旗袍戏在100年前的当时恰恰就是现代戏，沪剧的特色其实正是紧跟时代、反映当下，而《小巷总理》正是如此。

想要把原创新剧锤炼成经典剧目，道路还很漫长，作为一团之长，陈甦萍觉得责任很重，然而并不彷徨。在陈甦萍的心目中，长宁沪剧传承中心不仅承担着传承非物质文化遗产的使命，也承担着传戏、传人、传技的重任。团长给每个青年演员机会和舞台，秉承着长宁沪剧团一直以来“普遍培养中选拔尖子”的宗旨，青年演员在不断磨炼中成长，也吸引更多的青年观众走进剧场。

《小巷总理》上演后，在观众中引起强烈反响，认为如此贴近生活、弘扬正能量的好剧应该多多演出。然而在陈甦萍看来，一部经得起琢磨的作品也必须与时俱进。于是，新版《小巷总理》，舞台场景依然在“可乐坊”，主人公依然是基层干部潘雅萍，但潘雅萍的扮演者换成了新秀张燕雯。剧情也从一段由水管老化引发的故事，变成了居委会如何稳妥巧妙化解下岗工人破墙开店遇拆违的难题。张燕雯的演出也获得了观众的普遍认可。陈甦萍对于自己把舞台让给这样的“接班人”颇感欣慰：“燕雯演戏很投入，能深入角色，演出很有感染力。”

长宁沪剧团的前身叫努力沪剧团，如今，大家在陈甦萍的带领下努力演好戏、做好人。剧团近年来推出的新版现代剧《苏娘》、新版传统剧《杨乃武与小白菜》、青春版《雷雨》等都受到了观众的热烈欢迎，也让陈甦萍对沪剧的创新和发展有了更多的期许。

（执笔人：朱盈）

茅善玉：醉心艺术多面人生

茅善玉，上海沪剧院院长，国家一级演员，1982年11月加入民盟。她是著名沪剧表演艺术家、国家级非物质文化遗产项目沪剧代表性传承人，是当今沪剧界乃至上海戏曲文化艺术界的领军人物，也是全国宣传文化系统“四个一批”人才。她从艺多年，所取得的艺术成就及艺术奖项之多、奖级之高，在同类艺术人员中名列前茅。茅善玉以《一个明星的遭遇》在沪剧舞台上崭露头角，又以沪剧电视连续剧《璇子》风靡沪上，蜚声海内外，成为家喻户晓的戏曲明星和具有社会知名度的公众人物。她的表演清新自然，富有灵气；唱腔圆润甜美，情深味浓。全国许多观众因茅善玉而看沪剧，因茅善玉而喜欢上沪剧。

作为演员的她

“其实我是糊里糊涂走上唱沪剧的道路的。如果不是去报考，我的命运也许就是另一个样子了。”茅善玉眨眨眼，打开了她的话匣子。虽然她从小喜欢文艺，但是当时年少的她并不真的清楚沪剧是什么，只知道是唱唱跳跳的工作，自己挺喜欢的。“那是在‘文革’期间，家中有哥哥姐姐上山下乡，如果我能进沪剧院，那就好像捧到了金饭碗一样，可以帮父母分担生活的困难。当时想的就是那么简单。”茅善玉说。

当负责招生的上海沪剧院老师问她，“上台唱戏你喜欢不喜欢？”她根本没有考虑什么就立刻回答说：“喜欢的呀！”经过一层层选拔，她真的就这样考上了。

聪明、漂亮、嗓音甜美，这些条件对茅善玉来说都非常有利，但是她却遭遇了演员最忌讳的难题——怯场。她还记得自己出演《红灯记》时，一出场要高喊一声“爹！”但是自己却紧张得两个手心里都是汗，就是喊不出来。“临近毕业，我还是不能调整自己，心里非常着急。老师甚至说我这块料不对了，实在不行就只能改行。我很委屈，又有点不服气，心里更加着急。”茅善玉微微皱起眉头说，“我是做演员的，我不想改行！”

从那以后，只要有机会演出，她一定参加，不管是主角还是配角，出演唱词不多的丫头，她也愿意。越是怯场她越是要上。除了考虑如何克服怯场的缺点，茅善玉当时并不懂得如何调嗓，唱高音很吃力，这也是一个她很难克服的短处。后来有老师到团里教习发声、运气等，那些知识和练习方法让她眼界大开，比如要学会用真假嗓转换，到了一定的高音时候要会用气，这些都是以前闻所未闻的，她仿佛看到了希望，特别花力气去学习和练习。

就是在这段内心十分煎熬的日子里，她不仅直面自己的怯场问题，而且还为自己的前途另辟蹊径。她一直在盘算，人们为什么喜欢听某个调子，是因为其有“味道”，那“味道”究竟是什么？自己的高音不如别人，是否能找到其他的发展方向，比如在韵味上多下点功夫？“我转过好几个老师，在摸索中寻找自己的出路。”茅善玉说。

“毕业后，我很幸运地得到了人生的第一个角色，在《一个明星的遭遇》中扮演电影演员周璇，我非常珍视这个机遇。”由于周璇当年在上海非常有名，加上演出中还要演唱她的《天涯歌女》《四季歌》等脍炙人口的作品，茅善玉压力非常大。那时只要醒着，她就打开留声机听周璇的声音，房间里摆满了周璇的照片，仔细琢磨她的神态举止、一颦一笑。她把自己像泡茶叶一样，天天浸泡在周璇的世界里。后来这部戏获得了广泛好评，而茅善玉也因为这部戏被观众所熟知。

20世纪80年代，茅善玉连续获得了第二届大众电视金鹰奖最佳女主角奖、第二届中国戏剧梅花奖。略有名气，心中也就开始有些骄傲。当时，她的老师及时告诫："现在观众喜欢你，是因为喜欢你的表演；如果你还是原地踏步，观众就会慢慢疏远你。你必须要保持不断学习，善待观众，才能走得更远……"这些话她一直铭记在心中。

2007年7月，茅善玉在沪剧新戏《瑞珏》中扮演女主角。作为主演，不仅唱段多、戏份重，十分辛苦劳累。演出前几天，她累得突然咽喉水肿，连着两晚靠打针控制病情，到了第三个演出日，她的嗓子完全失声了。在去医院的路上，她的心情特别沉重："这么热的天，观众来一次剧场多不容易，如果让他们乘兴而来、扫兴而归，我怎么对得起观众？"于是她再三恳求医院想办法让她能登台。医院采取了很多措施，包括加大口服激素剂量，采用静脉和咽喉部位注射的方法，最后总算没有影响到那天的演出。"虽然治疗的过程很痛苦，但是我很开心，作为一名演员，一定要对得起观众对你的期望，只有不让观众失望，观众才不会让你失望。"

作为院长的她

2002年，茅善玉的工作重心逐渐从舞台表演转换到了上海沪剧院的管理上。"其实一开始，我并不想当这个院长，我认为我是一名演员，应该把更多的时间献给舞台。后来领导找我再三谈话，说现在沪剧的观众流失很厉害，沪剧需要传承弘扬，需要懂沪剧的人接过这根接力棒……"于是，茅善玉通过竞聘程序接下了上海沪剧院院长的工作。

她刚上任时，正面临不少沪剧剧团大部分解散、小部分苦守的处境，人、财、物都非常紧缺。记得当时剧院正在筹划一台大戏《石榴裙下》，但是剧院连40万元的投资资金都凑不齐，最后她想到了向全院职工集资的方法。大家凭着对沪剧的热爱，拿出了平时省吃俭用的积蓄投资入股。“每每想起这件事，我都挺感动，也挺后怕，万一搞砸了怎么办？后来，这部戏反响非常好，场场观众爆满，到了第11场，成本就全部收回了。”

沪剧传承面临的另一个问题就是人才紧缺。剧院演员队伍所有人加起来就二十几个人，而且演员年龄出现了断层。由于人数有限，只能排五六个角色的小戏。茅善玉坦言人才缺乏是她当时最大的心病。“那时候我就在想，这样下去沪剧就完了，经典剧目长年没人传承，原创剧目也无人演，最后就会彻底消失。所以，我当时最着急的就是必须抓紧招收、培养新人。”

在招生过程中又面临一个窘境，正宗的沪剧表演要用上海方言，之前沪剧院只招上海本地户口的学生，现在本地孩子对学沪剧兴趣不大，根本无生可招。于是她与教委多次沟通，最后教委同意可招外地学生。即便如此，2005年到2006年招生，也只有100多人报考，到了复试的时候只剩80多人了，远远没有她们当年几万名小朋友同时报考的火热场景。最后，我们挑选了28个人进行培养。

培养也不是一朝一夕的事情，有些孩子完全是零基础。比如，外地孩子一句上海话都不会讲，老师们只得先一字一句教上海话，直到这些孩子能流畅地说上海话，通过最起码的语言关。另外，声、台、形、表等都要学习。沪剧教学跟其他剧种一样，也是口传心授，一招一式要通过演员自己对角色的理解来表演。如今，这些孩子们都逐渐成熟，成了剧院主力。他们的到来，让剧院队伍整体年龄层往下降了很多，也让剧院充满了朝气。

虽然剧院接班人的问题暂时得到了一些缓解，但茅善玉没敢懈怠，她清楚地意识到还需要搭建好沪剧演员的年龄梯队。“2013年我们又招了一批小朋友，老、中、青、少每个年龄层的演员都有了，这样沪剧演员才不会断档，沪剧艺术的生命才能一代一代传承下去。”

作为盟员的她

除了投身艺术，作为民盟盟员，茅善玉积极参政议政，坚持为文艺建设建言献计。在担任民盟市委常委、上海市人大代表、全国政协委员期间，茅善玉先后在多个领域，就涉及文艺繁荣及文艺院团生存与改革、教育、文化、卫生等民生关注的问题提出或参与提案和建议，受到有关方面重视。她积极参与精神文明创建活动，组织演职人员经常送戏到社区里弄，送戏下乡下基层，在上海国际艺术节期间参加南京路广场“天天演”活动。她还亲自带队到浦东新区社会福利院为老人举行了专场演出，并由上海沪剧院和社会福利院签约精神文明共建单位，与部分孤老结成长期关爱敬老对子。因在开展社会关爱活动中表现突出，她本人被市福利协会授予“助老敬老积极推动者”称号。

曾经，在维也纳金色大厅，身穿旗袍的茅善玉以一曲紫竹调赢得了莫扎特故乡的人们经久不息的掌声。在她看来，沪剧不是一个文物，而是一个时尚的剧种。“事实证明，东方人可以欣赏西方的交响芭蕾，西方人同样能够喜爱我们的民族戏曲。民族戏曲是有希望的。我们应该有信心。”

（执笔人：王斯博）

钱惠丽：我就是一个演员

“今晚去看钱公子的，多拍点照片啊！”“首都人民好幸福，期待在上海再演。”从网上的评论，不难看出戏迷们对钱惠丽的喜爱。从初折“梅花奖”到三探“白玉兰奖”，从“十大杰出青年”到“领军人才”，誉满天下的钱惠丽如今十分淡然：“我其实就是一个演员，就想演好戏。”

拜师徐玉兰的故事，如今坊间已经津津乐道，而大家对于她加入民盟的情况却是知之甚少。提及为何入盟，钱惠丽直言这是个“很单纯的想法”。“我可是个老盟员了。”她笑道，“1986年到上海，知道民盟是知识分子的党派，特别喜欢这种氛围，就想加入呗。”于是在1988年，她在刘重威先生的介绍下加入了民盟，成为一名盟员。在开放人才引进前，想要落户上海是件极其困难的事情。“这事儿和民盟也是有缘，在开放落户前，除了我，听说也就刘海粟落户过来了，碰巧都是民盟的人。”入盟之后的钱惠丽，在事业上更加刻苦努力。“总觉得要为盟争光，不说起到一个表率作用吧，起码能影响周围人。”

从小出生于越剧之乡，从小喜欢越剧，一步步走到今天，她的想法很纯粹——能够做自己的理想职业，为了开心而工作，是一件非常幸福的事情。“这么

一路过来，与其说自己走，不如说领导、老师和同伴在推着我走。”钱惠丽感慨演艺事业能有今天成就，从师友之处获益良多。“三人行，必有我师。人有一技之长，则必有可师之处。”她不仅仅从越剧领域博采众长，丰富自己的表演，更是从京剧、昆曲，乃至话剧中寻找新的元素和灵感，来点亮自己的角色和舞台。

“一句简单的台词，如果想偷懒，照本宣科就行，然而我过不了自己这关。想到就要做好，是我表演的一个基本原则。”在越剧《甄嬛》下本中，她将多种艺术手段杂合揉捻，尽融于皇帝玄凌一身，突破了越剧传统风流潇洒的拘囿，从而带领观众跨过电视版的《甄嬛传》的原有形象，把一个内心压抑、多情又多疑的九五至尊形象呈现在了观众面前。钱惠丽对于角色表演设计的用心，从《甄嬛》的一个细节就能展现出来。舞台之上，当面对亲兄弟清河王与甄嬛的感情时，用钱老师的话来说就是“他既想知道，又不想知道，然而心里早已知道……”这一切的复杂，化为眉宇间的凝重伤感，化为在桌面上两次沉重的敲打，化为决绝的一句——“你不该爱上一个不该爱的女人！”观众们的情绪此刻完全被点燃了，梅兰芳大剧院内满堂喝彩，掌声如雷。

谈及对于表演的感受，她的话匣子一下如滔滔江水，表演有太多东西可说，对于角色的认识、把握；对于历史背景的了解和学习；对于舞台表演的思考和感悟；以及对于表演的态度……然而这些中间她最看重的，还是表演的“节奏”。钱惠丽在演艺生涯几十年间，最大的追求就是“一戏一格，必不雷同”，而追求创新的时候对于“节奏”的控制就是关键。“你让我完全说清这个‘节奏’是指什么，其实也蛮难的，很多东西只可意会不可言传。举个例子，当年俞振飞老师带学生，提到一段表演的要领，他只是在舞台上走了几步，然后坐下，便让在座众人感受到了角色的内心。”在她看来，舞台上最不能重复的就是表演的节奏，她坦言这方面《双飞翼》的难度让她印象很深——李商隐的身份决定了这个人就是个传统的才子，他的政治处境则决定了角色的压抑和内敛，这种情况下想要获取一些创新点就是件很困难的事情，那就要在“节奏”中下很多功夫。比如在一些需要情感爆发的情况，用“充盈欲破”的“静”来代替喷薄而出的“动”；通过对唱腔的设计和控制，让本来高亢潇洒的徐派唱腔展现出更为丰富的内容，从而表现人物的纠结和忧虑。

第二次拿“白玉兰奖”在钱惠丽心中有着特殊的意义，在她看来，前两次得奖因为演主角，有很多出彩的机会，自然得奖的概率也比较大，然而第三次却是要给别人衬戏的情况下出彩，难度一下大了许多。让她对于配角的表演也有了更多的感悟：“有人说，舞台上只有小角色，没有小演员。有几位老前辈，哪怕只有一个出场，都能让人记住。演员要用人物说话，哪怕十分钟的戏，也能体现价值。作为演员，演好戏就是一种自我达成。”现在对于演出，钱惠丽更看重质量，要好不要多。她希望能够给更多青年演员机会，让越剧的发展拥有更多未来。

得益于演戏，生活中的钱惠丽朋友很多。“大概我男性角色演多了，会用男性眼光看问题吧。这让我交朋友看问题也能更全面些。”钱惠丽笑道，“多站在别人的角度思考问题，大家自然会喜欢你吧。”虽然盛誉加身，又是上海越剧院副院长，但是工作生活中的钱惠丽一点架子也没有，和大家依旧能有说有笑地打成一片。此次采访，笔者因为对越剧不甚了解，特邀在读戏曲研究的好友吴波先生一起。当得知吴波想要做越剧理论研究时，钱老师两眼一下子光芒四射：“现在越剧最缺的就是做理论研究的人才啊！想要找哪个老师？我帮你去说！”

“对于未来，我想还是专心舞台，专注培养下一代，好让越剧生生不息地传承下去。”采访时，笔者发现她上下楼异常吃力，一问才知道，现在演出之余，她还要带学生。“昨天走台步腿都软了，但是学生都等着，不能不去啊。”看似轻描淡写一句，却满怀着对下一代越剧苗子的爱，“现在就想静下来，为越剧好好做点事，就够了。”

（执笔人：王斯博）

蒋铁骊：做踏实的艺术家

日前，上海大学上海美术学院教授、博导、盟员蒋铁骊，被授予2021年“上海市五一劳动奖章”荣誉称号。

蒋铁骊现任上海美术家协会副主席、上海大学上海美术学院副院长，从事雕塑艺术教学与创作至今已30余年，深耕具象雕塑，擅长人物塑造，尤其是历史人物肖像刻画。作为一名高校教师和艺术工作者，蒋铁骊传承红色基因，发挥统战优势，用自己的专业技能和艺术特长，创作了大量的公共艺术作品，为时代造像、为人民立碑，获得社会各界的一致好评，并荣获多项重要的学术奖项，具有良好的社会影响力。

挖掘红色资源，献礼建党百年

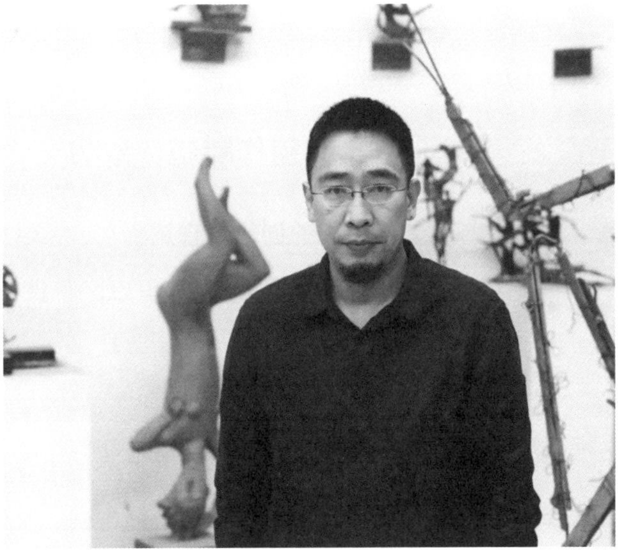

在中国共产党成立100周年之际，蒋铁骊挖掘红色资源、宣传红色文化，为中共一大纪念馆新馆序厅创作了《历史选择伟大起点》大型雕塑作品。雕塑表现了13位一大代表步伐坚定地迈出石库门的历史瞬

间。他们风华正茂、英气勃勃，象征中国共产党从这里诞生，走向全国，走向辉煌。

为纪念上海机器工会成立100周年，蒋铁骊创作了雕塑《上海机器工会纪念雕塑》。上海机器工会是中国共产党发起组领导成立的第一个工会，在中共党史、中国工运史上具有重要地位。雕像矗立在上海工人阶级开展革命工作的旧址太平湖畔，体现出中国的工人阶级紧密地团结在中国共产党的周围，接受革命教育，建立革命理想，开展革命工作的这样的历史瞬间，有力地用艺术的方式表现了中国工人革命的历史和珍贵的红色的记忆，反映了上海工人阶级和波澜壮阔的革命历史。

近年来，蒋铁骊还为中国劳动组合书记部成立100周年创作了雕塑《追随与奋斗》，为中国美术家协会、中国文联纪念建党百年中国美术创作系列工程创作了雕塑《五卅运动》，为中国福利会创作了《宋奶奶和孩子们》，为中共中央军委机关旧址纪念馆创作了《军委四烈士》《军委秘书处》，为龙华烈士陵园创作了《龙华烈士陵园英雄浮雕》，为中国社会主义青年团中央机关旧址纪念馆创作了《社会主义青年团的八位发起人》等作品。蒋铁骊用精湛的技艺让一个个难忘的身影清晰生动起来，凝结着这段光辉历程的浩然精神，提醒着今天的人们不忘初心、砥砺前行。

踏实创作雕塑，致力艺术之路

大众总以为艺术家们的创作是直觉驱动、天赋加持，这往往掩盖了一件件佳作背后的创作者们所负担的压力与焦虑。蒋铁骊的艺术来自顽强、来自师承、来自磨炼。面对“上海市五一劳动奖章”这个荣誉，他认为自己只不过是在“踏踏实实做事”。

中共一大纪念馆大型雕塑作品《历史选择伟大起点》的创作历时两年，在此期间，蒋铁骊几乎住在了工作室，辛勤耕耘。作品采用了青铜铸造的艺术手法，使雕塑闪烁出金属坚硬与沉稳的质感，象征出雕塑主题所传达的澎湃激昂的革命情怀和坚定信念。雕塑运用写实和概括相结合的艺术表现手法，突出人物的精神气势，13个人物在保持相对独立的性格刻画的同时，强调完整的视觉面貌，使13个人物形成有机整体，凝练出坚强有力、充满理想的革命初心。为了尽量逼真地还原历史人物，蒋铁骊带领团队细细研读了各个版本党史中关于“中共一大”的描述，反复搜集资料，对13位代表的家庭背景、个人经历、人物性格、年龄、身高、职业等做了分析表，力求准确刻画。现在，这件作品树立在中共一大纪念馆新馆，已成为党史教育的重要作品，每日接受来自祖国各地党员及群众的参观学习。

对蒋铁骊来说，中国劳动组合书记部成立100周年纪念作品《追随与奋斗》也是一次富有挑战性的创作。之前劳动组合书记部前的雕塑已经深入人心，3名工人有着各自坚毅的动作和表情，背后的巨大书卷形象刻着“中国的工人们呀，他们赶紧联合成劳动组合呀”这句宣言。经过蒋铁骊和团队的思考和打磨，最终确定下雕塑的主体风格。在偏抽象化的概念中运用具象化的元素，不应太过直白缺乏联想，也不能太过抽象不知所云。最终呈现的作品中，通过两种不同的材料即黄铜和紫铜进行锻造。紫铜更为具象，黄铜更为抽象，两者融合在一起，将全新的工人阶级形象《追随与奋斗》展现在大家面前。

作为一名艺术创作者，适逢文艺空前繁荣的时代，蒋铁骊用丰富和深刻的主题创作，严谨和投入的实践行动，宣传了红色革命文化，弘扬了中国蓬勃昂扬的文化自信。面对“上海市五一劳动奖章”带来的认可，他坦言，这是荣誉也是责任，未来将继续坚守自身的艺术要求，在时代的浪潮中踏实做事，通过自己的雕塑，表达对社会的理解和认识，体现艺术家的社会责任感。

躬耕三尺讲台，发展艺术教育

拥有艺术家和教育者双重身份，蒋铁骊在坚持自己创作作品的同时，以身示范、立德树人，引领和指导学生树立正确的艺术观。在他看来，作为一名高校教师，有责任引领学生和青年艺术工作者树立正确的艺术观念，参与到红色主题艺术创作中，肩负起历史责任和对于民族与国家的义务。只有这样，才是艺术家成长的正路，而不是投机取巧与哗众取宠式地“抄近路”。

重视艺术观念教育的同时，蒋铁骊从不忽视艺术教育的实践性。他常带领学生参与到创作中去，将教与学、理论与实践相结合。在中国劳动组合书记部成立100周年纪念雕塑《追随与奋斗》的创作过程中，他带领学生参与团队创作，启发学生大胆创新，突破劳动组合书记部前原有雕塑的束缚，最终克服困难，解决问题，使得作品完美呈现在观众面前。

高校艺术教育任重而道远，蒋铁骊主张要教会学生肩负起历史责任和对民族与国家的义务，用作品记录红色历史，用创作弘扬红色文化。他认为用作品讲述红色故事，这是时代赋予艺术家的责任，更是每一位艺术家艺术价值的真正体现。未来他将坚持“为党育人、为国育才”，以“比学赶超”的精神状态，创作弘扬红色文化，用作品讲述中国故事，发出中国声音。

（执笔人：张莹、焦正）

傅希如：京生如是，不负青春

“诚惶诚恐，感谢评委会对于青年演员的提携和鼓励……”不久前，上海京剧院国家一级演员、民盟上海京剧院支部主委傅希如荣获2018年“亚洲最杰出艺人金奖"，同时获得纽约州众议院授予的特别嘉奖令。从“上海市青年五四奖章标兵”，到三度“白玉兰奖”折桂，年纪轻轻便盛誉满身的他，面对大奖，谦逊依然。

亚洲最杰出艺人奖创办于1981年，由美国林肯艺术中心、纽约文化局及美华艺术协会共同创办，是全美唯一注册在案为亚裔艺术家颁发的最高荣誉奖项，至今已颁发36届。已有来自中国大陆、香港、台湾及旅居海外的80多位艺术家获此殊荣，而上一届大奖得主，正是国内大名鼎鼎的“美猴王”——六小龄童。

结合中西，传播京剧

一个又一个嘉奖，见证了傅希如坚定执着的艺术人生。被业界冠以“京剧王子”美名的他，“颜值高、身手好，文武兼备”，是年青一辈京剧文武老生中的翘楚。傅希如勇于在传统中创新，不断突破自我，作品《子胥逃国》敬畏传统而不囿于传统，保留了简约写意的传统韵味，融入现代审美，让观众能够获得更多的共鸣和感受，体会老戏的魅力。

他是传统戏曲的捍卫者和传承者，但也以包容的心态汲取西方戏剧的营养。他参演的上海京剧院新编京剧《王子复仇记》至今已逾十年，这出戏用最传统、最纯粹的京剧形式演绎莎翁笔下的《哈姆雷特》的故事，做到了“京剧的形，莎翁的魂”。为了演好“王子”这个角色，傅希如做了大量工作，从《哈姆雷特》的原著、电影、话剧中寻求灵感，甚至坐个公交地铁，都要琢磨眼神、身段。经过十余年的打磨，《王子复仇记》已逐步成熟、定型，在国内外广受好评，成为上海京剧院长期保留的、适于对外交流的精品剧目。他排的很多大戏对于年龄阅历都有要求，对此，年轻的傅希如直言：“我喜欢挑战，现在正是我最有干劲的时候，如果不挑战自己以后会遗憾。”

台上，他是耀眼的京剧明星，台下，他是京剧传播的探索者。在忙碌的演出之余，傅希如以文化沙龙、戏曲讲座、京剧教学等多种形式积极进行京剧推广工作。作为一个年轻京剧人，他经常主动接近年轻人，成为他们走进京剧大门的领路人。近几年，剧场里年轻观众日益增多，更坚定了傅希如的决心——把“京剧时尚化、青年化”作为毕生的追求。

演绎英烈，重拾信仰

2016年，傅希如参与排演了一出新编京剧《浴火黎明》，描写的是新中国成立前夕，重庆渣滓洞中共产党员英勇自救、总结教训，留下狱中八条的一段故事。因为排演这出戏，他跟随团队到重庆渣滓洞实地考察、亲身经历，到龙华烈士陵园缅怀烈士，进行座谈，并翻阅和学习了诸多红色题材的作品，越看越震撼，越想越惭愧。“可以说，70年后的我们，物质越来越富足，而精神能量却并没有与物质增长成正比”傅希如脱口而出说了这句话。“这部作品，对于现在的京剧舞台，对于现在的青年朋友，可以说是久旱逢甘霖。”在他看来，如果问现在的青年朋友，他的信仰是什么，不少人是回答不出来的。有些人也许会认真思考，而有些人也许会戏言赚钱享乐。在社会安定、国家富强、人民安居乐业的今天，的确不需要再抛头颅洒热血，不需要再为了自由而慷慨赴死，那我们的信仰到底是什么呢？傅希如认为，就是习近平总书记所提出的那8个字“牢记使命，不忘初心”。

自排演《浴火黎明》之初，傅希如遇到的困难和挫折就没有间断过。一开始，领导先找他谈话，说由于这个人物的特殊性，所以在排名上他只能排在第三位，而几位青年演员则排在他的前面。这对于一个老戏班的演员来讲是难以接受的，但他觉得只要能给观众、给京剧舞台奉献一出好戏，排名其实无所谓。在傅希如看来，从来只有大演员，没有小角色，所以他欣然同意了这一决定。由于角色的内心非常复杂，一开始刚毅、果断、开朗、能干，中间颓靡、恍惚、萎缩、摇摆，后来悔恨、自责、痛心、疯狂，直到最后浴火重生，对傅希如的形体动作要求也是多元化的，既有大量的跪、躺、爬、趴，又有受酷刑时的翻、滚、跌、扑。“我1997年由于腰部受伤，被专家警告不得再从事剧烈运动，这个戏真的让我吃足了苦头。”除了老伤，再加上有非常严重的鼻炎，每次地毯上扬起的尘螨、羊毛都让傅希如喷嚏不断、涕泪交加，同时还有满身汗水挟裹，真可谓难受至极。然而最难克服的还是情绪与唱腔的衔接，戏曲讲究的是虚拟、写意、程式，要求演员形于外而无动于衷。也就是说，演员要保持情绪的稳定，才能气定神闲地进行大段唱腔的演唱，然而新编现代京剧则颠覆了这个表演理念。如果没有强大的心理依托，完全无法感染观众。比如，当剧中的傅希如被所有狱友原谅和接纳的时候，他的情绪悲喜交加，痛恨自己一时的软弱，感激狱友宽容的接纳，胸中起伏、呼吸急促。直到狱友把象征着革命希望的婴孩递到他的手中，他终于忍不住，放声悲泣，然后开始一段十分钟的大段反二黄唱腔。“我每次演到这里都会真的泪流满面，然后用十秒钟的乐队过门时间来调整自己的情绪，调整自己的呼吸，进入演唱状态，这个过程也是几经反复、磨炼而成的。”

过程如此艰难，但傅希如从来没想过放弃。“我觉得这是我难得的一次经历，也是我离革命先辈最近的一次接触。”他希望能通过这出戏，通过全体演员的表演，让现在的人们追寻记忆，重拾信仰。“希望通过这出戏告诉他们，我们现在的安定富足，是多少革命先烈受尽千辛万苦换来的，也希望告诉他们，这个世界上还有很多比赚钱享乐更重要百倍的事情，国家的未来，仍然需要我们每个人的奉献和牺牲。”

不忘初心，履职尽责

作为一名戏曲演员，多半的时间是用来练功、学戏、排练、演出，正所谓曲不离口、拳不离手，台上一分钟，台下十年功。专业水平过硬的他，在当选民盟上海京剧院支部主委之初，曾对于民盟工作以及人大工作多少有点手足无措。他清楚地记得，在某次徐汇区人代会的小组讨论时向沈志刚副主委提过一个问题：“像我们专业性这么强的职业，如何能尽到一个人大代表的义务，做到尽职履职，不负众望？”沈志刚副主委回答说，做好本职工作，在行业内起到模范作用，用一个优秀的民盟盟员形象来引导民众对民主党派的看法，这就是最基本的尽职履职。“我当时听了茅塞顿开，找到了自己努力的目标和方向。”在2018年民盟上海市委召开的纪念“五一口号”发布70周年座谈会上，傅希如作为青年盟员代表发言。他结合自身本职工作侃侃而谈，以自己排戏为例阐述如何通过演出来影响观众、影响社会，从而展现民盟风采。

在院团演出之余，傅希如和京剧院民盟的同志们多次走进社区、学校，以及养老院、福利院，进行讲座、交流、演出，把传统文化传递到群众、基层中去。这些演出经常都是义务劳动，但盟员们依旧热情不减、毫不惜力。海派京剧大师周信芳先生曾言，“戏剧非一人之戏剧，亦非一部分可称为戏剧，务须全体演员聚精会神表演，方能成为戏剧”。由傅希如观之，做人、做事，不外如此。

（执笔人：王斯博）

裘丹莉：用越剧演绎心中的爱

初冬的申城寒意料峭，然而长江剧场的“红匣子”里却洋溢着浓浓热情。2019年11月29日晚，上海越剧艺术传习所（上海越剧院）创排的新编越剧《宴祭》在这里首演。主创兼主演的裘丹莉是傅派传人、国家二级演员，也是民盟上海越剧院支部的盟员。前不久，她和搭档在豫园古戏台上为中法两国元首夫妇表演了传统越剧《梁祝》。从小受越剧熏陶的她，将这两次演出视为自己越剧人生中具有里程碑意义的经历。

越剧世家“小戏痴”的初心

裘丹莉出生在“越剧之乡”嵊州，她说在自己家乡，到处都能听见越剧的曲调，每个人都能“随时给你来一段儿”。而她，也是在越剧世家中长大的“小戏痴”。她的堂姨是和越剧宗师袁雪芬同一个科班出身的越剧老生演员裘素芳；大姨裘水静曾是福建晋江越剧团小生演员，也是一名越剧编剧和作家；二姨裘鑫琴是国家一级演员，并担任福建芳华越剧团的艺术指导直至退休；二舅妈支玲娟是民营越剧团的当家小生；连外甥女张媛也是一名越剧演员……在这样的艺术熏陶下，裘丹莉4岁时便能把越剧选段《我家有个小九妹》唱得有模有样。

“越剧是我的初心，我一直不曾忘记，也始终都在前行。”谈起越剧，裘丹莉的眼神中总是充满坚定。据她回忆，1995年绍兴戏曲艺术学校来嵊州招生，当时在面试现场自己唱了一曲《红梅赞》，被艺校校长“一耳相中”，她也从此正式踏上了学艺之路。1998年，裘丹莉进入著名的绍兴小百花越剧团。刚入团不久，16岁的她就迎来了人生中的一次重要机遇：当时剧团的4位花旦演员同时怀孕，让她一连出演了十台大戏，还和团里的“顶梁柱”范派小生吴凤花合作出演了《梁祝》《李亚传》等戏，并且得到了越剧表演名家陈飞的传授和辅导。虽然演出训练强度高，但为她的表演艺术打下了坚实的基础，也积累了宝贵的舞台经验。

作为越剧傅派传人，裘丹莉与越剧宗师傅全香也有着不解的缘分。“傅老师的家其实就在我们家边上。”裘丹莉透露说，早在1975年傅全香回老家嵊州时，就曾想收裘丹莉的妈妈为徒，“遗憾的是当时妈妈要留在家里照顾外婆，没办法答应这番美意”。然而让人欣慰的是，裘丹莉续上了这段缘分。2002年，她第一次见到傅全香，就被问道：“这个小姑娘，我好像在哪个地方见过你？”裘丹莉激动地告诉她自己就是20多年前嵊州那个小姑娘的女儿。2004年，裘丹莉作为人才被引进到上海越剧院，傅全香经常让她到自己家里去吃住，手把手地教戏。越剧百年时，由傅全香亲授裘丹莉主演的傅派经典名剧《情探》复排上演，这也是《情探》继上次全本演出28年后第一次完整地呈现，得到了观众的热烈响应。而裘丹莉也凭《情探》中的敫桂英一角荣获了第十七届白玉兰戏剧表演艺术“新人主角提名奖”。

2006年，裘丹莉参加《越女争锋》越剧青年演员电视挑战赛，一路过关斩将荣获“银奖”，其柔美亮丽的扮相、高亢清亮的嗓音、细腻灵动又极具爆发力的表演，得到了专家的肯定，也让她收获了一大批喜爱她的戏迷。秀丽聪明的祝英台、美轮美奂的敫桂英、霸气痴情的华妃、风流灵巧的晴雯、如痴如癫的崔氏、鬼灵精怪的云儿、情深意重的阿兰……这些风格迥异的人物，都在裘丹莉的演绎下，生动地呈现在观众和戏迷们的眼前。指导过她的老师都说："这孩子身上有股与生俱来的表演灵气，天生是块唱戏的好料。"

受上海越剧院副院长钱惠丽的影响和推荐，裘丹莉于2006年加入民盟，成为民盟上海越剧院支部的一员，"大家都像家人一样，在一起特别温馨"。谈起民盟大家庭，她的脸上总是满溢欢笑。"加入民盟后，既能和各行各业交流，也能对艺术视野的开阔具有很大的帮助。"生活中的裘丹莉有很多的爱好，如唱歌、跳舞、主持、书法、绘画等，民盟在文艺界的优势，也让她找到不少可以交流学习的同道。

将发扬越剧视为自己的使命

在上海越剧院的4号楼排练厅，墙上挂着"不忘初心，牢记使命"8个大字，裘丹莉经常在此排戏。她说，越剧是自己的初心，将其发扬光大就是自己的使命。为此，她不仅在舞台上表演传统越剧，给自己的各路粉丝宣传越剧艺术和戏曲文化，还参加了不少影视剧和综艺节目的拍摄，借此向更多的观众介绍和传播戏曲。用她自己的话说，就是"变着法儿地推广越剧"。

1998年，央视版《西游记》续集开拍，去绍兴挑选演员的杨洁导演一眼就相中了当时才15岁的裘丹莉，让她出演了观音旁边的净瓶龙女一角；2002年，她拍摄了越剧电影《醉公主》，饰演女二号白鲢；2003年，她在央视电视剧《歌王》中饰演女一号丹霞……裘丹莉表示，影视剧中人物表现更为细腻，能够从中学到更多的表演手法，有助于在越剧舞台上更好地诠释角色。至于会不会为影视剧而放弃越剧舞台，她的回答十分坚定："我热爱越剧，不会放弃越剧，她让我心中有爱，眼里有光！"

从2006年起，裘丹莉陆续在中央电视台、上海戏剧频道、上海娱乐频道等参加了多个综艺节目的录制，开始对传媒有了很大的兴趣和敏感度。除了自己学习，她还开始在荧幕上推广越剧。“越剧作为传统戏曲的代表性剧种之一，是中国传统文化的名片。”裘丹莉表示，自己一直努力将越剧优雅唯美、博大精深的艺术魅力，通过媒体平台向观众普及。为此，她还特地考取了中国传媒大学的广播电视编导专业进行深造。今年受邀在湖北卫视《戏码头》全国大学生电视戏曲挑战赛中出任导师，更加让她看到了戏曲在大学生群体中的发展潜力。“他们对戏曲的热爱丝毫不比我们专业演员逊色。”裘丹莉坦言，自己被那些省吃俭用也要买“行头”的大学生深深打动，也更加坚定了自己为传播传统戏曲文化而努力的决心。

从电视上的戏曲节目、娱乐节目、美妆节目甚至美食节目，到全国各地的演出，甚至拓展到海外市场，裘丹莉说自己是“逮着一切机会推广越剧”。让她印象最深的一次演出，是今年国庆在池南首届艺术节上，越剧第一次走进长白山。为庆祝新中国成立70周年，长白山池南区委区政府组织退伍军人、消防员和当地百姓观看戏曲演出。然而传统戏曲在当地并没有群众基础，再加上南北文化的差异，让裘丹莉陷入思考：“我们不能自娱自乐，演出几场回来就结束了，而是要让当地百姓真正了解戏曲。”为此，她在演出中做了很多调整，不仅表演传统越剧，还加入了京剧和黄梅戏的内容，拉近与观众之间的距离，而一阵阵热烈的掌声是对她的努力最好的回报。

在裘丹莉推广越剧的“使命之路”上，2019年11月5日注定是一座里程碑。当晚，裘丹莉和搭档在豫园古戏台上为习近平夫妇和马克龙夫妇表演了传统越剧《梁祝》，并在演出结束后得到了“最温暖的握手”和“最有爱的鼓励”。这次演出在《新闻联播》播出后，让裘丹莉收获了更多的关注，“微信的信息来不及回，微博的粉丝也涨了好多。”但让她更欣慰的是，更多的人看到了越剧的魅力，也更加坚定了她的初心和使命。

探索传统戏曲的创新

“以前没有电视，也没有综艺，人们最大的休闲娱乐就是戏曲。那时候大家追戏曲名角儿，跟现在粉丝追星也差不了多少。”裘丹莉说起戏曲曾经的辉煌，对比当下难免有些失落，“我生得晚，没能体会到这种经历。”在她看来，戏曲中蕴含着中国传统文化的精髓，不能让其没落下去。为此，她做了很多，但她也深知，传统戏曲光靠传承和发扬还远远不够，发展需要靠创新。“作为‘80后’的演员已经是剧院的新晋中生代，更是艺术创作的黄金时期。如何在保留越剧原有艺术特色的基础上进行创新，是我一直在思考和探索的命题。”

越剧《甄嬛》就是一次创新尝试。在剧中饰演华妃的裘丹莉谈起这部剧，连呼“特别过瘾”，她说自己喜欢极致的人物角色，“花腔提高一点，加一点点小生的味道进去，妩媚中添几分霸气，人物的气场就出来了。”而《甄嬛》的成功也让裘丹莉尝到了甜头，此次的新编越剧《宴祭》就是以她为主力的创新之作。“特别感谢梁弘钧院长提出的‘演员邀约制’，让我能够演自己想演的戏，大胆尝试创新。”裘丹莉说。

《宴祭》讲述了一个极致唯美的爱情故事，却又在“爱情”之外生发了东方式的主题，展现出“大仁大义，至情至性”的大爱与理想。在与好友俞鳗文、莫霞一起策划的过程中，裘丹莉有过迷茫、纠结和焦虑，体会到了“创作犹如十月怀胎，过程艰辛且不易”。但她也从中受益匪浅，“参与每一次剧本会议，修改每一稿剧本，目睹了由无到有，一步步建立文本结构的过程，对于后续的人物呈现和舞台表现有很大的助益”。

裘丹莉透露，《宴祭》还关注到当代职业女性的成长和心理，女性观众可以在她饰演的月公主身上看到自己的影子。“我们希望更多的职业女性能够走进越剧的世界，看到她，爱上她。所以这部剧是以职业女性为目标观众，让她们能够在剧中找到共鸣，引发思考。”

而对于女主角裘丹莉来说，另一大挑战在于最后的“霓裳羽衣舞”，“要一边唱一边跳，对动作流畅、气息稳定的要求太高了！”为此，她夜以继日地排练，不断探索、不断改进，自嘲“长”在了排练厅。其实，裘丹莉从来都不惧挑战。早在2008年的个人专场中，她就一连挑战了四个形象迥异的人物，从少女、少妇到中年女子，行当也横跨青衣、小花旦、花衫等。她说：“当你真心在追寻自己的梦想时，感受的每一寸疼痛都是舒适的，体会的每一份煎熬也是幸福的。”

（执笔人：郭琪）

盟心铸爱

丁志伟：雪域高原的“上海青”

2020年青海省五一劳动奖状、奖章名单日前公布，上海援青盟员教师丁志伟获颁青海省五一劳动奖章。

“老师，我不想学，你讲100遍我也听不懂。”

“那我就讲101遍、102遍……直到你弄懂为止。”

对话的两个人是果洛藏族自治州民族高级中学校长助理丁志伟老师和他的学生。就在对话发生的几个月后，这位“讲100遍也听不懂的学生”在期中考试中取得了个人前所未有的好成绩，整个高三年级的数学平均成绩更是增长显著。丁志伟说：作为“上海青”，来到果洛，是奉献，也是坚守，更是心与情的交融。

18年教师职业生涯，从大学毕业成为一名教师，到成长为虹口区数学骨干教师，丁志伟始终站在教育教学的第一线。2019年，这位拥有12年班主任、6年数学备课组组长、2年年级组长经验的资深教师，成为上海市第四批援青团队的一员，奔赴果洛州民族高级中学，开启了3年意义非凡的援青支教征程。

扎根一线，托起果洛明天的太阳

一来到果洛，丁志伟就克服了严重的高原反应，投身于学校的教学工作中。他担任学校校长助理一职，分管学校的教学管理工作，并担任学校2020届高三的分管领导。在日常教学方面，丁志伟还担任高三一个文科班的数学教学工作和资优生的培养工作，同时负责尖子生的分层个别辅导。

果洛州藏族孩子们较低的数学水平，远远超出了丁志伟的想象，很多学生不会解方程，分数运算也常出错……面对高中数学的抽象和艰深，孩子们常常感到无奈和绝望。孩子们心里的痛苦，丁志伟都看在眼里，也放在了心上。耐心、耐心，再耐心一点，放慢节奏，给他们搭更多的阶梯，多多鼓励他们，丁志伟不断地告诫自己。

几乎每节高三数学课，就像一次12年的数学之旅，为此，在教学中，丁志伟尽可能地把枯燥乏味的数学知识联系实际，以幽默诙谐的通俗语言让学生感到问题的浅显易懂。丁志伟慢慢地、耐心地帮助学生们搭建数学的高楼，也慢慢地帮助他们搭建信心之塔。

为了激励学生不畏艰难，丁志伟以NBA球星成长的故事开展了一次别开生面的主题班会，让学生们懂得成功从来都是来之不易的；与此同时，为了能够和学生们进行心与心的交流，一有空余时间丁志伟就找个别同学沟通交流，还进行了多次家访活动，得到了家长们的支持。

数月下来，学生的学习情况有了很大的改观，连原本一些调皮的后进生们都开始认真听课和做作业了，最关键的是学生学习数学的积极性提高了，开始主动问问题，信心也建立起来了。他尽其所能去帮助学生们，用自己的不懈努力去托起果洛明天的太阳。

管理改革，打造当地的骨干队伍

学生成绩有了起色。那么如何进一步提高学校的办学质量，让更多老师成长起来，带领孩子们追逐梦想呢?

作为学校教学的分管领导，丁志伟重整了学校的教学管理部门，以“积跬步，至千里”作为学校教学管理部门的工作理念。坚持以“重视基础、分层递进、激活潜能、发展特长”作为学校的教学管理思路，认真履行教导处管理、研究、指导、服务的工作职能，以课堂改进为抓手，促进教师的反思，促进学生的自主学习，提高课堂教学效益。

针对学校教学质量薄弱的情况，丁志伟积极制订了学校教学三年发展规划和工作重点——加强教学过程管理，关注教学基本环节。一年多来，坚持规范学校的奖惩和请假制度，联合教研室、教务处和值周团队的严格管理，学校的“空堂”课和无教案上课等现象消失了，教师的责任心和觉悟都有了很大的提升。同时，关注教研组、备课组的常规活动，做到定时、定点、定内容、定主讲，相关工作已趋于常态化。

为了规范学校的考务工作，引入了第一张民族高级中学的命题双向细目表，规范性地开展了全校期中、期末考试的命题工作和质量分析工作，学生的成就感和学习的积极性均得到了很大的提升。

为了提升教师的教学能力，丁志伟所在的团队编制了首张民族高级中学的课堂教学评价表，联合教研室积极开展相互听课、评课活动；通过教师之间相互听课、评课活动的开展，逐步提升教师的授课水平。一年多来，丁志伟成功组织开展了两届民高岗位大练兵活动，学校涌现出一批又一批能力突出的青年教师。

春风化雨，收获累累硕果

经过不懈努力，民族高级中学结出了丰收的果实。2020届高三学生取得了历史性的突破，全校74个学生本科上线，上线人数为学校有史以来之最，本科率第一次突破20%，文理科的最高分都史无前例地高出本科线100多分，其中更有三位尖子生突破了500分的大关，创造了果洛民族高级中学的历史；学校申报的课题第一次成为青海省课题，实现了科研零的突破；2020年有6位青年骨干教师代表民高参加省级岗位大练兵活动，数量上创造了历史……民族高级中学在前进，她的未来必将更加光明。

果洛的夜是静的，果洛的星空是璀璨的，丁志伟说："很荣幸能从上海来到青海，为果洛的教育事业，为藏族的孩子们贡献自己的一缕微光，站在高原守望这片纯洁的星月天堂的经历，将会成为我教师生涯永远的骄傲。"

（执笔人：上海青）

王林波：参政议政是基层支部第一要务

“其实有点忐忑，因为盟内杰出盟员很多，从个人成果来看，我实在受之惶恐。”日前，在民盟上海市委2020年度参政议政工作会议上，第四综合总支部的王林波被授予“2019年度民盟上海市委反映社情民意信息工作特殊贡献奖”。作为全市唯一获此殊荣的盟员，王林波显得很是谦虚。在他看来，这个奖既是莫大的鼓舞和荣誉，也意味着更多的责任和鞭策。

连年获奖的“基层模范”

从2014年入盟伊始，王林波就和参政议政结下了不解之缘。“那年入盟后，8月才知道有社情民意这个参政议政的渠道。”虽然当年时间有限，但王林波依然凭借着高质量的4篇社情民意，被评为当年度“民盟上海市委反映社情民意工作积极分子”。随后几年，他年年都获得“民盟上海市委反映社情民意工作先进个人”称号，2017年还获得了“民盟中央反映社情民意信息工作先进个人”称号。

而在荣誉的背后，是他每年在社情民意上所倾注的心血——2015年28篇；2016年11篇；2017年23篇；2018年27篇；2019年38篇；2020年31篇，采用比例超过了90%，其中还有盟市委课题2项。这累

累的参政议政硕果，在王林波看来，和他的教育、人生经历密不可分。“一方面，从学习背景来看，我跨专业多，经济学、社会学、管理学、哲学都有接触。另一方面，我从小成长在小山村，在企业工作6年，又在大学工作过，到了2010年才进机关，对整个社会阶层有相对全面的认识，对产业经济有所了解，涉猎面比较广泛。”正因为如此，王林波把参政议政变成了“日常习惯”。他常常能围绕政府中心目标，抓住社会热点，特别善于站在政府职能部门角度去思考问题，提出自己的思考。

独树一帜的“参政启蒙”

2015年8月，王林波担任第四综合总支部新盟员支部主委，而在2016年换届时，他又担任了总支副主委，分管参政议政工作。可以说，作为最年轻的总支副主委，组织就是看中了王林波的参政议政能力。“作为一个基层支部，参政议政是第一要务，现在我们下属五个支部，每个支部都是有参政议政成果的。”从2016年开始，每次总支盟务活动中，总有参政议政内容穿插其中。“我们方式比较灵活，通常是让投稿有成果的盟员分享经验，或做简短的参政议政培训。”

对于新盟员，王林波显得更为重视。“刚入盟的新盟员绝大多数从来没有参政议政经验，突然有这么一个正规的渠道让他去参政履职，他就会显得无所适从。”针对这个普遍现象，王林波推出了一系列被他称为“参政启蒙”的做法。在他看来，盟员入盟，首先要有政党意识，这个意识和参政议政的责任感是相辅相成的。“盟员是要履职的，不是进入一个社会团体来沾沾光的。”

他给每位新盟员提出了三个问题：为什么要入盟？入盟后能为组织做什么？能为社会做什么？其目的就是让他们明确自己的政治身份。另外，他针对新盟员设计了一年的“培训期”。“在这个培训期内，一方面，给他们建立一个认识，要把一些抱怨的想法转化为建设性意见。另一方面，看盟市委和政协的范文，要让他们站在政府职能部门角度去思考问题。”在这个过程中，新盟员支部班子会共同努力，将一些好的想法转化为高品质的社情民意。而这么做的成果也是显而易见的。“在上一批发展的五个新盟员中，四人已经提交了社情民意。”王林波自豪地说。

以老带新的“改稿机制”

如何把一个好的想法转化为高品质的社情民意，单单依靠“教”往往很难真正地让人明白，而在所有的办法中，从2016年起王林波在总支倡导的“改稿机制”可以说是核心亮点。而这个办法的出现，也和王林波自身的经历有关。“我在2015年有一篇先后被盟中央和全国政协采用的稿件，就是在前辈的指导下完成的。”王林波的眼神中闪烁着光芒，这篇社情民意对他来说显然意义非凡。当时中央在倡导中国文化走出去，王林波就针对中外文化元素互相翻译问题构思了一篇稿子。正好那段时间有盟市委的主委接待日，其间王林波遇到了陈崎常委，就留了联系方式。“我当时把初稿给他，问这么写是否合适？他很谦虚，站在人大代表的角度给了我一些建议。我按照他的建议修改后上报给参政议政部，后来就被采用了。”在王林波看来，主委接待日仿佛给基层盟员接上了“天线”，“能够获得人大代表现场指导，对于盟员的帮助是非常直接有效的”。

这次经历让王林波认识到了“改稿”的重要性。“改稿机制推出后，在支部班子的共同努力下，每个支部参政议政委员会把支部上报的稿件进行审查和编辑，然后提交。有些新盟员和支部委员不熟悉，就会让我来改稿。”王林波看似轻描淡写的一句，实际上包含着大量业余时间的付出。在他的引领下，总支2019年社情民意投稿112篇，他看过并改过的几乎占了一半，最后被采用了81篇。总支的7名盟员受到了市委2019年度参政议政表彰，还有1名盟员拿到了“2019年度民盟中央反映社情民意信息工作先进个人”称号。

在总支内部，为了调动盟员的参政履职积极性，王林波还设置了成绩分级鼓励机制。从“积极分子”到“先进个人”再到“参政议政一等奖”，这些奖项都是为了让盟员对自己的参政议政成果有自豪感，让他们以更大的热情投入其中。而放眼未来，王林波也对自己提出了更高的要求。“在个人层面，希望在参政议政领域继续持之以恒，尽一己之所能推动社会进步。在组织层面，则是继续传帮带新盟员，让他们在自己擅长的领域做好参政议政工作。”此外，他还想挖掘有潜力的老盟员，把他们也动员起来。用他的话说：“让所在基层组织更有参政议政活力，这是一位盟内干部的使命。”

（执笔人：王斯博）

平　安：用音乐为山里孩子打开心灵之门

“小小少年，很少烦恼，眼望四周阳光照。小小少年，很少烦恼，但愿永远这样好。”

近期，《小小少年》音乐支教纪行系列纪录片相继在央视音乐频道播出并在央视频上线，其中记录的就是青年盟员平安与孩子们的温暖故事。

作为中国流行音乐男歌手，平安以高亢的音色、精湛的技巧和宽广的音域荣获多个音乐奖项，活跃在央视春晚等各个舞台。他的作品传递着满满的正能量，深受人们的喜爱。而作为“音乐老师”的平安，也与天南海北的孩子们结下了不解之缘。从2017年起，平安相继在吉林敦化、海南临高、云南会泽成立“平安音乐教室”。从此，他即使再忙，也要每个月抽出几天时间去教孩子们唱歌，与孩子们一起生活，用音乐为偏远地区的孩子们打开心灵之门。

“他是一个热心公益的人”

采访平安时，他正在录音棚里忙着与几位“803刑警”录制公益歌曲。“已经不是第一次合作了，他是一个热心公益的人，我们都很喜欢他，希望‘平安’能为我们保平安。”刑警们笑着说道。

作为刚刚入盟的新盟员，平安刚坐下来，就迫不及待地谈起了自己加入民盟的初衷：“我的父母都是中国科学院光电所研究员，他们及身边的很多优秀知识分子对我产生了潜移默化的影响。去年参加入盟前教育，了解到民盟主要由从事文化教育及科技工作的知识分子组成，很多盟员在各个领域作出了突出贡献。我要向前辈们学习，为国家和社会做力所能及的事情。”

为什么热心公益？平安说，在自己的成长道路上，曾接受很多师长的无私帮助，比如谭冰若老师。上大学时，热爱音乐的平安就经常参加各类文艺演出和比赛，在一次校园十大歌手比赛中，他遇到了自己的良师——上海音乐学院谭冰若教授。“谭老师说很喜欢我的声音，可以去上他的课，接受系统的声乐训练。我很担心学费问题，但他分毫未收，就这样让我旁听了好几年，所以我也算是半个‘上音人’了。还有杨坤老师，当时在节目录制时，只有他一个人为我转身，改变了我的命运。”带着这份感恩，平安决定以自己的能力更多地回馈社会。

平安说到做到。作为中国文联文艺志愿者协会理事，他积极响应文艺扶贫的号召，跟随中国文联和多家电视台等机构走遍大江南北，到很多偏远地区演出，贡献自己的力量。在奔忙中，他有了更深层次的思考：只是一场演出，并不能给当地带来多大变化。怎样才能通过更多的扶贫指导，来改变他们的生活呢？

为此，平安走访了很多学校。他发现很多偏远地区的学校硬件设施并不差，校舍、钢琴等一应俱全，但通常只注重文化课程的教学，音体美课程长期被忽视。“艺术对孩子们情商和审美能力培养非常重要。这些地方的孩子们很多都是留守儿童，他们在心理上、情感上有很多需求。有些情绪可以通过歌唱表达和发泄出来，孩子们唱歌时都特别开心。所以我想发挥自己的特长，努力让更多的孩子接受到音乐教育。”

“他就像春天里的风”

课堂上，平安一字一句地教孩子们唱歌，教他们发音和运用气息的方法，并组建合唱团进行排练。“南方和北方的孩子都有，我会从当地文化入手调整教学内容。”

“开始只有孩子们听，后来有越来越多音乐老师甚至附近学校的老师们也来旁听。”为此，平安请来了清华附中专门教合唱团的高级教师，整理教学方法，指导当地老师如何教学生。“毕竟我只能教几天，日常的课程还需要学校的老师们去指导。我们建立了一个群，老师们在教学中有什么问题，或者需要什么谱子，都会及时沟通。”平安还联合其他公益组织，购买各类音乐器材和教材送给学校。

驰宏小学，位于云南省曲靖市会泽县，“从昆明出发，一路向北，要绕几个小时的山路，这里山高、坡抖，泥石流高发。”2018年3月，平安第一次来到这里就留下了深刻的印象：这是一所集普教和特教为一体的学校，1700多学生中包括了187名特殊的孩子。“虽然偏远，但当地十分重视教育。这些山区的孩子特别不容易，所以我想用音乐、用歌声，让他们开心快乐地成长。”

杨明丽就是其中一个特殊的孩子，双眼看不到的她是“平安童悦合唱团”中的一员，美妙的歌声为她打开了另一扇光明之门。平安还走进她的家，在空旷的山野里与她一起歌唱。“平安哥哥来我家，我真是太意外了！我的家很远，路很难走……”杨明丽感慨地说，“我虽然看不到他，但通过歌声，我能感觉到他特别有亲和力，特别有爱心，像春天里的风。”

除了教孩子们唱歌，平安还带着孩子们一起在操场上打篮球，玩耍，带着合唱团一起坐飞机去北京和上海等地演出。

“没想到从电视中走出来的平安老师是如此亲切，像大哥哥一样教我们唱歌。”

“平安老师每个学期都会来教我们唱歌，在合唱中我学习到了许多唱歌的技巧，明白了团队合作的重要性，也让自己得到了锻炼。”

“平安老师让我们贫困地区的孩子得到了艺术熏陶，也让孩子们建立起了生活的自信。”

……

这些师生们暖心的话语，也让平安看到了自己付出的价值所在。“我带他们走出大山去看世界，其实不是为了让他们去追求那些物质生活，是让他们能看到更大的舞台，可以通过音乐去照亮他们的未来。”

“希望他们过自己想要的生活”

“我们爱我们的国家。我们爱善良、爱坦荡，兄弟姐妹永远难忘。”

平安的这首《姐姐》讲述了支教老师像“姐姐”一样用心守护孩子、帮助他们认识世界的温暖故事。这首公益歌曲一上线，便获得了网友们的热情支持和点赞。这也是平安自己最喜欢的歌曲。“艺术就是要展现美好的、积极向上的东西。”

在中国音乐家协会第九次全国代表大会上，平安被增选为中国文联音乐家协会理事，这也是对平安音乐和公益事业的肯定。

谈起做音乐的初衷，平安说：“一是自己喜欢唱歌；二是发现音乐是很神奇的东西。它不需要其他载体，只需用声音，像能量传输一样，可以让你难过，让你开心，让你情绪上有波动。而且音乐给人非常大的想象空间，同一首歌，每个人听到后都有不同的想象。因此，音乐也成为心理治疗的辅助手段。”在音乐的魔力下，孩子们敞开心扉，变得越发开朗。“我希望在大家的帮助下，他们能够过自己想要的生活。”

平安还谈到了自己更大的梦想：“有可能的话，想成立个基金会，让更多的专业在校老师后顾无忧地去贫困地区支教。希望有更多人参与其中，帮助那些贫困地区的孩子们。”他说，希望白发苍苍的时候，回想自己所做的这些有意义的事情，会感觉人生值得。

（执笔人：殷志敏）

华国津：匠心雕玉，爱心帮扶

华国津，上海工艺美术职业学院副教授、中国工美行业艺术大师、中国玉石雕艺术大师，正高级工艺美术师。

早年在上海玉雕厂工作的华国津，从20世纪80年代就与云南建立了工作关系。但那时的他没想到的是，2007年，他会作为上海工艺美术职业学院教师，再次回到这片红土地，为当地学生传授玉器设计与工艺技术。在国家少数民族扶贫战略的旗帜下，华国津多年耕耘，为云南培养了一批“懂工艺，会技能，好就业”的玉雕人才。2017年9月9日下午，上海市民族宗教委主任花蓓把“工艺美术从业人员创业基地”的铜牌授予了云南省德宏州芒市职业教育中心代表华国津。对华国津来说，这不仅是对自己多年帮扶工作的肯定，更是对未来的一种鼓励和期许。“帮扶不仅要投入人力、财力，而且要找到好的融合点，帮扶方要发挥自身的技艺和行业优势，并匹配当地少数民族地区的资源特点和产业环境。”华国津说。

2017年8月28日至30日举行的云南省玉石雕刻技能大赛中，华国津教授

的学生获得了第一、第二、第四、第五、第八名的好成绩。获奖的学生中，既有傣族、德昂族、景颇族等少数民族学生，也有来自沪、滇两地的汉族学生。这些年来，华国津先后在

芒市职业教育中心、德宏州中等职业学校等支教，共培养了5届学生约150人。华国津讲课从不照搬书本，而是结合实例，用他那专业生动的教学、热情洋溢的讲授征服了孩子们的心。孩子们在私下里议论道：“听津津老师的课，真的津津有味。”

孩子们喜欢华国津，华国津也忘不了那些期盼的目光。他的心在这块土地上沉淀了下来。好几年春节，华国津都是在村寨的学生们家中度过的。村寨百姓以最高礼节热情接待了他们心目中的贵宾。

然而课堂教学的时间毕竟有限，离开了学校，孩子们到哪里去做玉雕呢？学到的手艺能够帮助他们过上理想的生活吗？要打通教育与职业，这是华国津的思路，这与民盟创始人之一黄炎培的职业教育思想一脉相承。黄炎培当年提出：既要培养职业智能，又要培养职业道德与服务精神；既要学习科学知识，又要特别重视学习和实践能力的培养，手脑要联合训练；须绝对的因地制宜，因材施教，不但着重职业智能，而且还要养成他们适于这种生活的习惯。培养的学生不能缺乏能力，而富于欲望；重视谋职能力和创业精神的培养。这样的职业教育才能区别于改良艺徒教育。华国津意识到，扶贫不仅需要资金投入、人才培训，也需要产业帮扶，帮他们建立起自己的产业。深思熟虑之后，华国津决定成立玉雕见习基地，给离校的学生提供更多进行玉雕创作的机会。2009年12月，在各级领导和广大师生的支持下，“潞西市职业教育中心玉雕见习基地（华国津玉雕器皿工作室）”正式挂牌成立。学生们在基地打造磨练之后，手艺日益纯熟，也对玉雕产业有了更深入的认识。

帮扶不是一蹴而就的，需要可持续机制，要帮助他们构建起自我发展的产业环境。在上海市民宗教委、上海工艺美术职业学院与云南相关部门的组织和精心安排下，华国津带领多名学生到上海老凤祥有限公司学习。同时，华国津推动云南省工艺美术协会等关注少数民族学员，引导他们加入行业组织，参与各类赛事展览活动，评定职称和荣誉，争取更多的资源和市场机会。

1991年出生的段大恒是第一届23个对口帮扶对象中的一员。他是华国津的得意门生，也是云南本土第一个省级玉雕大师。段大恒来自云南芒市中山乡贫苦农民家庭，父母靠种田维持一家的生活，收入微薄，家里还有一个尚在读书的弟弟。在学习期间，段大恒受到了系统的职业化玉雕技艺的教育，得到了华国津手把手的指导。对于徒弟的特点，华国津了然于胸："段大恒刚进班的时候，并不是最出色的那个。但是他是班长，特别刻苦，经常要练到很晚。"毕业以后，段大恒选择在芒市玉雕基地继续深造，其间也有机会来到上海参加培训。段大恒还记得在上海学习期间，华国津老师像亲人一样接待他，吃住都在老师家里。华国津既为他指导技艺，也为他指导人生，告诫他，一定要坚持做下去。段大恒回到云南后决定自己创业，开办工作室，几年时间就做得有声有色。段大恒不仅为弟弟交上了学费，挑起了家庭重担，甚至还帮助了一批人，也带动了家乡的经济发展。

玉乱是一位德昂族学生，全家靠父亲一个人种地与政府补贴维持生活，家里穷困到没有桌椅，甚至没有瓦片遮风挡雨，是大寨子里最贫困的家庭。但是玉乱悟性高、学习能力强，在华国津的指导下，他很快就掌握了玉雕技艺，并对自己的职业生涯有了规划。毕业后与师兄弟去了上海老凤祥有限公司学习深造，回云南后很快就开创了自己的工作室，让全家脱离了贫困的生活。

名师出高徒，在华国津的精心指导下，很多学生都被授予了"云南玉雕名师"称号，成为独当一面的行家里手。华国津说："要充分发挥优秀人才的带动作用，帮助更多的当地青年，尤其是少数民族青年实现就业。""工艺美术从业人员创业基地"的挂牌，给了他更大的动力。按照习近平总书记精准扶贫和全面建成小康社会的要求，上海市民宗委充分发挥上海的智力和资源优势，通过在云南省德宏州芒市职业教育中心设立"工艺美术从业人员创业基地"，把人才教育培训进一步深化为人员创业和产业发展，使少数民族和民族地区的"造血"能力得到进一步强化，使全面建成小康社会的目标更快地得到实现。

现在，华国津已经回到上海，每周在上海工艺美术职业学院有18节课，十分忙碌，但他心里还惦记着云南的学生们。只要有时间，华国津就会马上飞到云南，飞到工艺美术从业人员创业基地，他希望能够在那里探索出一条越走越宽的少数民族地区帮扶之路。

（执笔人：左娟娟）

杜　军：大爱无声

她躬耕特殊教育已近30年，莘梓无数；她指导各种技能比赛、美术比赛获得的奖状可以装满一个大纸箱；水粉画、丙烯画、剪纸、装饰品制作、唐卡……工艺美术的海洋，她涉猎极为广泛；她的数十篇关于特殊教育的论文获省、市乃至全国奖项。这是一次极为特殊的采访，虽然她只能用手语和我们交流，但我们一样能读懂她心中的大爱。

大爱无声，情系母校

“我有意识后，第一反应，就是听不见。”回忆起自己的童年，满身阳光的杜军，脸上掠过一丝阴云。“看到人们都在讲话，不明白为什么他们能说话我却不能。”出生时听觉神经受损的她，小时候备受同龄人的冷落，甚至差点进不了幼儿园。“那会儿就心情很沉闷、很迷茫，随手乱画，不知道出路在哪里。”幼年的记忆中，最美好的还是绘画。1987年，她考上了长春大学特教学院工艺美术系，完成三年学业后，于1990年又回到了培养自己的母校——上海聋哑青年技术学校。这一教，就是30年。

刚回到母校时，有老师在教陶瓷制作，杜军觉得很有趣，自己教学课余也

常参加学习。“同样作为聋哑人，我了解学生们的需求，他们很喜欢动手做一些手工艺活儿，所以希望学好这门手艺，教给他们，让他们也能乐在其中。”作为美术老师的她，没想到会以此作为起点，一发而不可收。校领导看她特别有钻研精神，就经常给她布置各种“勉为其难”的任务，而在这些任务中，有两项十分特别的内容——大型壁画创作和唐卡。

“这个壁画以前没做过，对我来说也是个全新的挑战。”杜军接到任务后，自己先考虑整体的设计，然后和学生一起参与讨论，把擅长画不同内容的学生整合在一起，大家形成了一个草图。草图很快过了审，然而接下来的工作才是真的困难重重——为了把草图投影到偌大的墙上描线，她想出用投影机的办法。然而白天光线太亮，只能晚上进行。线稿完成后，上色的颜料也是另一个问题。按照学校要求，壁画要保存一年以上，一般颜料根本抵挡不住室外的风吹雨打。她在反复研究比较后，发现丙烯颜料比较合适，就一头钻进去，掌握了颜料的特性后，再手把手教给学生。“第一次成功之后，后面就简单了。”于是此后不仅学校年年有新的壁画为教学环境添姿增色，杜军带着学生们创作的布面丙烯画还成为校礼，架起了学校和往来宾客之间友谊的桥梁。

教学生画唐卡的任务，始于2010年，其时学校承担起了支援西藏特殊教育的任务，每年都要收四五个西藏学生。如何让这些学生在九年制义务教育之外，学到一些本领呢？学校把这项任务交给杜军老师。此前从来没有和唐卡产生交集的她，抱着“这也是个学习机会”的想法，开始了刻苦钻研。“唐卡真的很有趣，和我们的国画完全不一样。那会儿相关学习资料很难找，我就拜托我的同学帮忙，结果他弄了一本很厚的唐卡研究书给我，我就一头扎了进去。”杜军表示接触唐卡后，才明白其创作的特殊性。“一定要内心清澄，尊重宗教，不能有杂念。”唐卡的绘制要求严苛、程序极为复杂，必须按照经书中的仪轨及上师的要求进行，包括绘前仪式、制作画布、构图起稿、着色染色、勾线定型、铺金描银、开眼、缝裱开光等一整套工艺程序。制作一幅唐卡用时也很长，短则几个月，长则数年。“我既然接触了这个东西，就不能够敷衍了事。唐卡是一种很神圣的艺术，一定要深入他们的宗教、他们的文化去努力学习，才能教好学生。怀着一颗春风化雨的心，杜军一头扎了进去，果然不负校领导的期望，教出了一批又一批优秀的藏族学生。有个叫索朗次仁的学生毕业后，回到拉萨特别学校当了实习老师。聪敏好学的他，不仅出色地完成了日常教学任务，还开设了自己的工作室，定制各种唐卡、软陶成品。

辛勤耕耘，硕果累累

在近30年的教学生涯中，杜军和学生们获得了很多奖项。在这众多的嘉誉中，最让她难忘的还是上海市中职校“星光计划”职业技能大赛。不仅因为她个人在这项赛事中曾斩获数次“优秀导师奖”，更重要的是因为它是一个全市中职校公平竞争的平台。这就要求这些特殊的学生要和健全的孩子在同一条件下竞争，所以当时第一次拿到二等奖时，心情特别激动。杜军在“叙述”这段故事时，手指翻飞，神采飞扬，充满了自豪和骄傲。后来也有学生拿过市里和全国的奖项，但是对于杜军而言，这个奖意义最特别。

其实杜军的个人绘画水平很出色，她自己创作的作品也曾多次受到专业艺术机构和组织的青睐。谈及时间分配，杜军坦言学生还是第一位。断断续续抽时间画一些，一上课她就放下了。虽然这么说，但杜军还是一有时间就在自己的工作室里学习创作。在她看来，艺术创作和教学工作并不矛盾。作为老师，专业水平一定要过硬，学生才会听，才能服帖，所以更需要自我提升和学习。

2011年3月，杜军加入了民盟，也因此成为全市唯一的聋人盟员。谈及杜军的入盟历程，支部主委季蓉芳赞不绝口：“杜军平时对于教研方面思考很多，很快成为组织建言献策的生力军。每年学校搞教工‘金点子’或合理化建议，她都是积极分子。”在季蓉芳眼里，杜军最大的优点就是从来不抱怨，总是能积极面对教学和生活的困难。“因为靠画画生活的学生毕竟不多，更多还是靠其他技能在社会上生存。”杜军说，“所以作为老师，首先还是要教会学生做人。”

“杜老师就是最好的教材，就是学生们最好的榜样，从她身上，学生们学到了自立自强。”校长杨七平由衷地感慨道。2018年9月，杜军老师被授予了“上海市自强模范”称号。就在前几天，她又被提名为“全国自强模范”候选人。面对接踵而来的荣誉，杜老师平静地表示：“我不喜欢说大话，还是一步一个脚印地踏实做好本职工作吧。”

（执笔人：王斯博）

吴寰宇：黑河抗疫“逆行者”

2021年11月8日，上海市统一战线（工作）先进集体和先进个人表彰大会上，一个名字被多次提及——吴寰宇。然而，这位“上海市统一战线（工作）先进个人”却错过了这场表彰大会，作为民盟上海市卫生健康委员会主委、上海市疾病预防控制中心副主任的他，正在黑河抗疫第一线，为现场流行病学调查处置殚精竭虑，为当地的疫情防控筑牢铜墙铁壁。

逆行者：战斗在黑河抗疫第一线

2021年10月29日深夜，一通电话打破了宁静的夜晚，吴寰宇接到国家卫健委应急办工作人员的电话，按照国务院联防联控机制要求，通知他前往黑龙江省黑河市驰援疫情防控工作。他立刻汇报请示，并得到了上级领导的批准。

就在他准备“出征”之际，又接到了中国疾控中心的指令，要求上海再增派两名同志一起前往黑河支援抗疫。不到两个小时，一支3人的应急队伍集结完毕。

“当时黑河本土确诊病例持续两位数增长，疫情防控形势严峻复杂、抗疫任务紧迫艰巨。”吴寰宇说，队伍组建后他们立刻动身赶赴现场，经哈尔滨转机后于10月30日傍晚抵达黑河，一落地便投入工作中。

“我们所在的流调溯源组有十几人，都是在国务院联防联控机制下由国家流调专家队队员和上海、湖北、江西等省市专业人员集结支援黑河抗疫的。”作为其中现场流调小组的组长，吴寰宇带领小组对每个病例的流行病学调查进行个案分析、趋势研判和风险评估，同时针对疑难个案、病例潜伏期、传播链等开展专项分析。“流调工作任务艰巨、责任重大，黑龙江省派出100多名流调人员与黑河当地工作人员一起从10月27日起奋斗在一线。我们小组的主要任务是负责协助疫情的分析研判，特别是针对重点病例的感染来源和传播风险，并提出有效的防控建议。”吴寰宇说，流调就像破案，抽丝剥茧，将调查中得到的一个个看似毫不相关的片段，串成一条条紧密相连的传染链条，找到防控盲点，并迅速采取果断措施，斩断病毒的传播路径。

眼下黑河疫情发展的趋势明显放缓，疫情快速发展趋势得到有效遏制。“咬咬牙，确保把收尾阶段的工作做得更扎实一些。”吴寰宇不敢有一丝一毫的懈怠，“疫情可能还会持续一段时间，加之进入冬季，病毒感染传播风险加大，存在很多不确定性，需要引起高度重视。我们接下来要梳理汇总本次疫情过程中发现的问题，及时总结经验教训，帮助黑河当地查漏补缺，全面加固疫情防控体系”。

疾控人：用“一级战备”换百姓常态生活

“我是伴随上海传染病防控的历程同步成长的，每次战疫都是一次经验积累，身经百战，方能百炼成钢。”长期从事急性传染病监测和突发公共卫生事件应急处置等工作的吴寰宇，已经是一位“老疾控人”了。2003年“非典”、2006年“H5N1人禽流感”、2009年“甲流”、2013年“H7N9禽流感”、2014年埃博拉出血热等防疫工作，他一次都没落下，如今又披甲战斗在抗击新冠肺炎疫情的第一线。

从2020年初任市疾控中心新冠防控现场工作组组长开始，吴寰宇的神经就一直紧绷着，没有固定下班时间，也没有周末双休，一有疫情，通宵作战便成了家常便饭。“疫情随时随地，说来就来，我们要始终处于‘一级战备’状态，这样才能换来百姓的正常生活和安全感。”他坚定地说道。

吴寰宇，这个频频出现在上海市新冠肺炎疫情防控工作新闻发布会上的名字，对普通百姓来说也并不陌生。他逻辑缜密、从容不迫地剖析着每个病例的来龙去脉，让百姓在透明公开的信息披露中真正放心。“上海防疫靠的是高效的机制、精准的防控、民众的配合。”吴寰宇介绍道，发现确诊病例后，上海市区两级疾控中心围绕病例开展流行病学调查、轨迹追踪以及相关接触人员排查，并对相关接触人员按照风险大小划定3个防控圈。“我们一直在和病毒赛跑，最大限度地缩小疫情的影响范围，守护好这座城。”

“疫情防控是动态复杂的过程，也是发挥疾控人智慧的战场。”吴寰宇表示，“动态清零”是上海乃至全国新冠肺炎疫情的主要防控策略，病毒变异和免疫突破都是正常现象，疫情防控要做到知己知彼，才能处变不惊。每一次战疫过后他们都会及时复盘，归纳总结，优化策略，对暴露的薄弱环节和问题打好“补丁”。

新主委：在专业领域发出民盟声音

吴寰宇的工作成绩得到了各方肯定，先后被授予“全国埃博拉出血热疫情防控先进个人”“全国抗击新冠肺炎疫情先进个人”“2020年上海市先进工作者”等诸多荣誉，如今又多了“2021上海市统一战线（工作）先进个人”的荣誉称号。在11月8日举行的2021年上海市统一战线（工作）先进集体和先进个人表彰大会上，中共上海市委常委、统战部部长郑钢森在讲话中高度赞扬了吴寰宇在疫情防控工作中的出色表现。

谈及从无党派人士到民盟盟员的身份转变，吴寰宇表示：“这是我人生中非常重要的时刻。”在2021年10月9日召开的民盟上海市卫生健康第八次代表大会上，他当选为新任主委。“这次当选新主委，也给了我一个很好的机会服务大家。”他说自己虽然入盟时间不长，但与盟内领导和盟友之间的数次交流，让他感受到民盟80年光辉历史传承下来的精神和品质。

因为驰援黑河，吴寰宇错过了表彰大会，也缺席了民盟市委的新任主委培训班，但他对于主委肩负的责任有自己的思考。他表示，首先要带领卫健委的盟员，在疫情常态化防控的大背景、大形势下，把民盟的作用发挥出来，特别是要凸显卫健委的专业特色。其次，作为主委，要担负起壮大民盟组织的职责，努力完成民盟市委交给自己的重要任务，不断加强组织建设。同时，要整合资源积极参政履职，在专业领域发出民盟声音。“我看到盟内有很多防疫一线的‘小伙伴’，我们要多交流、多探讨，发挥专业优势提高参政议政的水平，肩负起统战成员的使命与担当。”

此前，作为长宁区政协委员，吴寰宇总结抗击疫情的工作经验，提交了有关完善发热门诊运行机制、拓展发热哨点诊室功能等多篇社情民意信息，推动防控网织得更紧密。“公共卫生安全是我的事业，将事业中的思考与参政履职相结合，是我的责任。”吴寰宇说。

（执笔人：郭琪）

武霞敏：四十余载如一日，只为桃李尽芬芳

她3岁得小儿麻痹症，35年单腿站在交大的讲台，42年无偿义务家教，600多位弱势家庭出身的学生受益……今年她81岁了，她的故事，真实而平凡，却又饱含着深深的大爱。她，就是刚刚获得2019年全国道德模范提名奖的武霞敏。

“昨天刚来拍照，周日还要去彩排，最近整天忙这个事情，啊呀……”眼前这位头发略微灰白、精神矍铄、声如洪钟的奶奶，似乎很难和81岁的年龄联系在一起。谈及最近电视台要给自己拍短片，比起常人的欣喜和兴奋，武霞敏的语气中却有一丝“嫌弃”：“时间都给占了，都没时间做题了。”武老师口中的“做题”，大体来自最新的教辅书。“现在新题型题目层出不穷，不好好钻研，怎么给学生补课？”这位能从小学辅导到大学的数学教师，心里装的，都是学生。

因身体“不合格”结缘数学教育

“我1956年考大学，那个时候，想学医学，做一名儿科医生。”说起选择数学的原因，武老师却笑言是“华山一条路”导致的。原来，那个时候学校选材，必须要看身体条件。“物理化学要求站着做实验，地理考古那些要求能到野外考察，到头来只能选择数学了。”那时候考试合格，却被卡在志愿关的武

霞敏，最终走进了华师大数学系。然而不巧的是那段特殊的历史时期，让当时的学生们几乎没有安静学习的时间。“当时别的同学都睡了，我和一些同学就用夜里的时间，坚持学习做数学研究。”终于功夫不负有心人，到了1960年毕业分配的时候，武霞敏走上了上海交通大学的讲台。

在交大授课时，她一条腿打着钢板，全凭另一条好腿站在讲台上讲课。那个时候交大数学系是先进单位，而武霞敏更是先进典型。虽然行动不便，但无论刮风下雨，她从来不迟到早退。有时候，上课教学感觉学生没有吃透学习内容，她还会主动去学生寝室“加课”。“后来好腿一直受压迫，股骨头坏死了，没办法再坚持在讲台上……”回忆起离开讲台的时刻，武老师言语中颇有几分不舍：“否则真的还想再多教几年！”

高考补习出身的“金牌老师”

1978年高考恢复，成为武霞敏的人生转折点。她的“义务家教”，就是从那时候开始的。“当时住的条件很差，门一开，里面住着四户人家。那会儿邻居孩子要考大学，知道我是交大数学系，就找我帮忙。”把教书育人奉为人生哲学的武霞敏，自是不会拒绝。于是，自那时起，她开启了一段全新的人生旅途。

然而，“金牌教师”远非一蹴而就。一直在大学教数学的她，开始时也会陷入大学教授的思维定式，上手做题只找最简便的方法。然而学生们却瞠目结舌，完全看不懂她笔下的高等代数，这让她“痛苦”了好一段时间。于是，街坊邻里们经常看到她们夫妻俩开着残疾车，到附近书店的教辅书专柜上“补货”。“那时候就回家做题、钻研，找到深入浅出地用适合各年级的方式解题。”武老师淡淡一句话中，包含的却是四十余载如一日的努力和不懈。她逐渐把各年级的书本研究得烂熟于心。现在武老师拿到每一道题目，都可以找出适合每一个年级的解题方式。

从一开始，武老师的补习班就分文不取。“我觉得，作为教师，教学生天经地义，为什么要收费？”后来亲友们的同事朋友也都慕名而来，人太多了，让武老师开始思考如何更好地利用自己的时间。“所以，那时候就决定只教残疾人、外来务工人员和家庭有困难的孩子。”做这个决定，一方面是因为她和她爱人的情况对残疾人感同身受，更同情和理解他们的困难，另一方面是这些人经济条件也相对拮据，负担不起孩子辅导班的费用。为了能让这些孩子也有机会拥有更加灿烂的人生，从那时起，武老师的业余时间就奉献给了他们。

为了能够更好地照顾到每一个孩子，武老师一直坚持一对一的辅导。因为补课时间排得太满，来不及烧饭，速冻饺子成了老两口家中的常备食品。“有时候学生遇到了难题，晚上11点电话还会打过来。能解决的我当场把做题思路讲给他听，解决不了我就先让他休息，第二天我做好后再打电话给他。”业余时间被占满的武老师，根本来不及学习使用新的通信工具。她用得最多的还是座机，有时候学生问的问题多了，一个月单单电话费就要几百块。

“传道”先于“授业解惑”

在武老师眼里，和学生相处，也像朋友和家人一样，除了教好知识，更要好好开导他们，让他们走上正途。所以，第一次来武老师这里辅导的学生，武老师更多的是和他们谈谈心，了解一下他们的家庭及个人情况，方便因材施教。她认为，影响学习的因素有很多，家庭气氛是个很重要的方面，如果家长只顾看电视、搓麻将，不明白怎么教孩子学习，光靠补一两次数学课是无法提高成绩的。所以，她总是先把学生的思想情况摸清楚，让他们明白为什么学习，必要的时候家长应该一起“补习”。思想做通了，再告诉学生学习方法就会事半功倍。因此，家长们放心地把孩子交到武老师手中，学生们也把武老师当成自家长辈，什么心事都愿意先听一听武老师的看法。

低保家庭、父亲病故，这些足以摧毁一个孩子的求学之路，然而当武老师遇到了这位学生之后，她一路从班级里的差生行列挤入中上游，后来考上第二工业大学物流系。在这个学生毕业之际，有个自费去德国留学的契机出现了，然而从叔叔伯伯家东拼西凑借钱还是不够。武老师知道情况后，立刻给她送去了5000元。这份雪中送炭的情谊让她热泪盈眶，但想到武老师刚刚贷款买房，她说什么也不肯收下这笔钱。武老师不由分说，硬是把钱塞到她手里："不要紧，我们在上海有朋友，你在德国举目无亲，这钱也交不了学费，也就让你补贴补贴。"最终从德国留学回来的她，找到了一份体面的工作。"现在都结婚了，男朋友还是我介绍的。"言语间，武老师嘴角不禁流露出幸福的微笑，仿佛刚才说的不是她的学生，而是女儿一般。

曾有低保学生，考上民办高中，家里付不起学费，武老师立刻慷慨解囊。曾有学生要复印学习资料却口袋空空，武老师马上拿了50块给他。还曾有个父母都是残疾人的女学生，在考上大学前夕母亲走了，临走前对武老师说："我女儿就拜托你了。"仅仅因为这一句话，在她步入大学校门的时候，武老师亲自帮她操办了各种学习生活用品，还给了她3000块生活费。后来她在大学也做了志愿者，一直帮助弱势群里的孩子辅导功课，即使在毕业季也坚持不懈。在她眼里，正是武老师，教会了自己如何去帮助他人。

在武老师漫长的知识扶贫过程中，这样的故事数不胜数。很多受武老师帮助的家长感慨："没有武老师，我们孩子的学的习根本不可能上去。"武老师则欣慰于学生们能够成才，开启自己的人生篇章，为社会作出自己的贡献。"教书育人对我来说更像一份精神寄托，看着他们现在生活得很好，积极帮助他人，让我也很开心。"

人生意义在于奉献

武老师现在的居所，是在斜土路的一个普通的老式公寓里。而更早之前，她和丈夫都挤在一个18平方米的"鸽子笼"中，有亲友来家中，看到堆得满满的教辅书和陈旧的家具，不由感慨：“凭着你交大副教授的金字招牌，如果补课收钱，早就能买几套房子了。”然而武老师却不为所动。她说，“教学不是为了赚钱，而是为了育人成才。人生意义，不在索取，而在奉献”。

而正是因为这份为人师表的理念，让她走进了民盟。“那时候很欣赏数学系的朱有清教授，他很厉害，上课从来不带书和讲义，被称为‘一支粉笔老师’。”于是，在朱友清教授的影响下，1989年7月，武霞敏加入了盟组织，成为交大民盟的一名盟员。“当时那一批，很多盟员都是因为欣赏朱教授进来的。”武老师坦言朱有清对自己影响很深，他的言行始终像是一个坐标，引导着她努力钻研学术，教学育人。

在武霞敏家中，有两张特别的合影。一张是她获得全国文明家庭时，受时任中国共产党上海市委书记韩正的接见时的合影，画面中武老师就坐在韩正旁边。“当时评上全国文明家庭，老公不巧在医院开刀，还是女儿陪我去的。”另一张则是在中南海的紫光阁前，李克强总理接见第七届“中华慈善奖”的获奖者时的合影。当时为了上报评奖材料，街道工作人员来问武霞敏，辅导了多少学生？花了多少时间？“我根本算不出来，教学生本来就是义务的，又不会教一个记一笔。”后来根据武老师辅导学生的习惯和时间，这才大体算了个数字出来。“国家重视这块儿，宣传也是为了让社会上有更多人做好事。”在武霞敏看来，这些盛誉更多的是为了培养善的种子。“过去的也就过去了，关键是现在继续做事。我只是觉得自己做的事情有意义，这就够了。”

访谈之余环顾屋内，朴素的家具，书柜和桌子上都是教辅资料。客厅一角的橱柜里塞着“全国文明家庭”“慈善之星”和“助人为乐”道德模范等奖状和奖牌。“这些东西也无所谓，所以就塞在那里面了。”在武老师眼里，人活着的意义，就是继续“干”，为社会多做点好事。对于未来，她的计划也很简单。“我都81岁了，别的没什么，就希望在身体条件许可的情况下继续教学生，尽可能地帮助他们。”

（执笔人：王斯博）

周　薏：援鄂未能成行，援滇不留遗憾

中国医师节的前一天，远在云南的周薏看到了工作群里分享的一条新闻链接，那是习近平总书记对全国医务工作者的节日慰问，其中特别提到：医务工作者为抗击疫情付出了艰苦努力、做出了重大贡献，彰显了敬佑生命、救死扶伤、甘于奉献、大爱无疆的崇高精神。

周薏是上海市中西医结合医院消化内科的一名医生，也是民盟虹口区医务支部的一位盟员。在疫情形势最严峻的时刻，她主动请缨，第一时间报名参加援鄂医疗队。

“无论作为医生还是盟员，这都是我的使命和担当。”在整装待发的日子里，周薏以小组长身份，负责本院疑似留观病房的工作，沉着勇敢地坚守在疫情防控的第一线。“要战胜各种未知，要克服各种困难，确实蛮辛苦的，但一切都值得。”

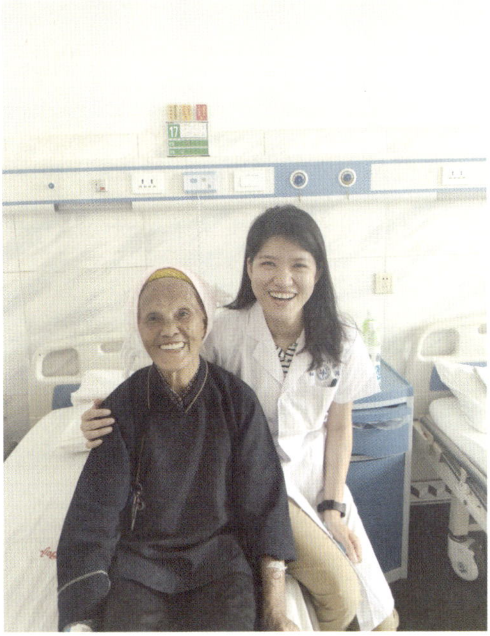

草长莺飞，万物复苏，在出征的指令到来前，湖北各地陆续解封了。准备了那么久，援鄂未能成行，肯定会有遗憾，但对周薏来说，国家有召唤、人民有需要的地方就是战场。去哪里其实不重要，重要的是如何服务大局，发挥表率作用，实现人生价值。

2021年6月中旬，虹口区派出新一批援滇医生，周薏自告奋勇，又冲在了前面。这一次，她如愿以偿。

此行目的地是云南省文山壮族苗族自治州。从1996年开始，虹口区和文山州的四个县结为“携手奔小康”行动关系，持续不断地开展资金、人才和产业帮扶。根据“文山所需、虹口所能”的宗旨，从事消化心身研究的周薏被安排在富宁县人民医院，她要主动融入当地生活并支医3个月——对于出门旅行从未超过一周的人来说，难度可想而知。

饮食差异、语言障碍，这是周薏碰到的两个最主要的难题。

在富宁，上海援滇人员的食堂设在医院隔壁的武装部，做饭的阿姨是少数民族，四菜一汤中的“四菜”都有辣椒，初来乍到的周薏只好慢慢适应。“当地的百姓爱吃辣椒，习惯高油、高盐的饮食结构，所以消化道疾病比较普遍。”令她意外的并不是这些“吃”出来的病，而是在生活安逸、节奏缓慢的西南边陲小城，因心理疾病引起消化道症状的人越来越多，“这让我的专业有了用武之地，但语言问题真的是头疼”。

不同于其他消化道疾病，消化心身的诊断相对“抽象”，无法参考实验室的量化指标，医生必须具备扎实的理论功底和丰富的临床经验，以及与患者充分有效地沟通。富宁人口75%以上的是少数民族，周薏在医院坐诊或下乡出诊时，一般情况下都离不开“同声传译”，有些是医院的同事，有些是陪同患者的年轻人。“仅有人传话是不够的，由于无法与患者做直接、深入的交流，我还要通过眼神、表情、肢体动作等补充信息，做出更加准确的判断。”

中国的消化心身医学起步没几年，在富宁这样的边远地区，接受度并不高，无论对于患者还是医生。周薏听说过不少类似的例子：有些人症状主诉特别多，检查的各项指标却是正常的，不得已的情况下只能转院，到100多公里外的广西百色另寻高明。

“不但延误了治疗的时机，还极大地增加了就医成本。”周薏相信，消化心身可以应对这些问题，因此她毫无保留地参与授课、研讨、分享学习资料，帮助当地医生建立并强化消化心身方面的认知，告诉他们如何将理论知识转化，运用于工作实践中。

“这件事不可能一蹴而就，如果后面有同样领域的专家来援滇，希望他们可以继续推动，共同提高富宁的医学素养和医疗水平。”周薏说，回到上海后，自己也可以远程辅导，做到有求必应，有始有终。

援滇任务即将结束，周薏用专业和坚持，为脱贫攻坚贡献了一份力量，也给青春留下了一段回忆——这个夏天，因热爱而行，为山海而赴，山是文山的山，海是上海的海。

（执笔人：民盟虹口区委）

周融华：一个结构工程师和北川的故事

2008年5月12日14时28分，四川省汶川县发生里氏8.0级特大地震，这是中华人民共和国成立以来破坏力最大的一次地震，也是唐山大地震后伤亡最严重的一次地震。在距离“5·12”特大地震震中汶川县映秀镇120公里的老北川县城遗址，一切都定格在10年前的样子。天崩地裂一刻的画面，仍在向来人诉说着灾难的无情和残酷。

处于山谷中的老北川县城，震前有22000名常住人口。地震几乎把这座小城夷为平地，近12000人在地震中丧生。

北川，是震后唯一异地重建的县城。如今的老北川，植被间建筑的残骸仍然清晰可见。泥土之下，是永远无法再见天日的法院、民政局、新华书店、供销联社、文化馆、幼儿园……“5·12”地震十周年之际，各界都在纷纷开展纪念，作为参与北川地震遗址项目结构设计者，民盟盟员、国家一级注册结构工程师、同济大学客座教授周融华此时此刻亦感触良多。

参与遗址项目的结构设计师

2009年，上海市支援《北川国家地震遗址博物馆》规划项目策划组提交专家组审定的《北川国家地震遗址博物馆策划与整体方案设计》（以下简称《方案设计》）通过。《方案设计》北川国家地震遗址博物馆控制面积为27平方公里，以“永恒北川”为主题。当时，三道拐观景平台和原北川中学山脚下的祭奠园两个设计项目是同济城市规划设计研究院院长周俭亲自操刀的，而他后来选择的结构设计搭档，就是周融华。

“其实2008年我就要去汶川的，”谈及去北川的缘由，周融华不禁回忆起当年的情况，“我们的主管单位是中国电信集团，‘5·12’地震后10天左右，上面让我们去评估通信机房楼。”然而2008年恰逢周融华儿子大考，于是单位特批他第二批去，还让他做第二批的负责人。然而第二批人马由于种种原因，最后却未能成行，这结果多少让周融华有些失落。

“到了2009年，大概命中注定我要去北川。”当时，时任四川省委书记刘奇葆写信给韩正，谈及上海对口支援项目的事儿，其中一个项目就是北川的国家地震遗址。任务布置下来后，观景平台和两个祭奠园的设计工作就到了同济城市规划设计研究院院长周俭手里，而他第一时间想到的搭档就是周融华。“当时两家单位有协作关系，他们专长搞设计，我们专长搞结构，于是就找到了我。”很多和周融华合作过的设计师都成了他的朋友，一有项目就爱找他，这让他也颇为开心。“我这人很实在，能做就尽全力给你做，不能做也会说清楚，大概大家就看中我这点吧。”直率的个性有时候让周融华也会和搭档们争执，但目的都是为了把项目做好。“有时候也吵，但吵完还是会回来找我，因为我这里做不了的，他们发现找别人也做不了，哈哈哈。”

尊重逝者，敬畏自然

2009年到了北川后，周融华坦言现场让他心灵由衷震撼：“当时，我就看到北川房子都斜着，地震时的状态都保存着，静静地在那里，仿佛诉说着一年前的灾难。”面对如此巨大的力量，他心里涌现出更多的是对死者的哀悼和对自然力量的敬畏。“一开始遗址计划要做三个点，一个观景平台，另外两个地方要做两个祭奠园。”然而到了现场，周融华他们才发现地形地貌变得很厉害，一年后堰塞湖的水还在流，水位一直在提高，地形地貌一直在改。无奈之下，只能放弃一个祭奠园不做了。所以最后工程确定做了一个观景平台和一个原北川中学祭奠园。

“后来又去了一次北川，在全国人民的支援下，建设得非常好。”周融华谈及后来的一次访问新北川甚感欣慰，然而面对北川地震遗址熙熙攘攘的旅游大巴和拍照的游人，他也表达了自己的担忧：作为一个让人祭奠逝者、记住历史的地方，应该更严肃一些。”

默默无闻是我的本分

“结构工程师不像建筑设计师那样，在台前光鲜亮丽地彰显着自己的存在，更多的是默默无闻地在幕后做着工作。”周融华聊起自己的本职工作，声音中多了几分深沉，然而他话锋一转，诙谐地补了一句，“如果哪天我们出名了，八成就是工程出安全问题了，哈哈哈”。从小数理特别好的他，1977年恢复高考时，就决定报了结构专业。当时他父亲也是做设计的，听说他报了这个专业，直接来了一句：“这专业可是连老婆都找不着的。”周融华笑言，当时父亲嘴上虽然这么说，心里却很是得意，逢人就说“我儿子考上大学啦”。

“做好专业，不只是要有专业知识，其他的也要通。”周融华表示在日常的工作中，不断学习、实践让他对自己的工作有了更多的认识。“做结构也不完全是被动，比如建筑要一个造型，我结构也可以动动脑筋，如何做得更好、更巧。”

“包括现在，我对设计工作也很喜欢。每个人从事行业一定要自己喜欢，喜欢就不会觉得累。”对于这么一个“幕后英雄”式的岗位，周融华并没有什么怨言，更多的是满满的热爱。他笑谈自己是个很专一的人，毕业后专业没换，单位没换，汽车12年没换。如今的周融华，还是杨浦专家库的安全专家。

他表示作为杨浦唯一一名当选安全专家的盟员，时刻牢记着自己的政治身份，为建筑结构安全建言献策。“安检局碰到大的结构问题，例如工地安全检查、临时的活动一类，都会叫我过去，今年创业活动搭场地、去年同济附中球赛搭平台等，我都会去看看，给点专业意见，避免出现意外。”

“我是个很幸福的人，从小到大虽然经历了很多波折，但基本都安然度过。”去过北川的周融华，对于现在的工作和生活，除了一如既往的热爱，更是多了几分珍惜之情。“专业决定了我加班很多，但没什么怨言。我觉得这个专业挺好，设计一个项目，交一批朋友。即使不做项目，他们有问题也会来请教。还有两年退休了，对自己职业真的挺满意的。”

（执笔人：王斯博）

胡　歌：让更多人去关注公益事业

正当由胡歌主演的电影《南方车站的聚会》在各大院线热映之时，2019年12月，胡歌又受邀参加了民盟中央“典型在身边”上海站宣讲会，他向大家介绍了与他一起从事“绿色江河”公益环保事业的伙伴们，让现场听众为之动容。本报记者致电胡歌，希望能采访他从事公益活动的事迹。胡歌谦逊地表示，自己只是“绿色江河”众多志愿者中的普通一员，他更希望把他的那些公益伙伴们介绍给读者，让更多的人去关注公益事业。

在胡歌的“牵线搭桥”下，记者与“四川省绿色江河环保促进会”（以下简称“绿色江河”）的创始人杨欣取得联系，进行了一次跨越千里的采访。

“长江保护第一人”

“绿色江河”是国内成立最早的环保公益NGO之一，创始人杨欣被称为“长江保护第一人”。这个名字，对很多中年人来说并不陌生。1986年，年仅23岁的杨欣加入“中国长江科学考察漂流探险队”，参与首次“长江漂流”，那是

一次举世瞩目的壮举——经历175天的惊涛骇浪，漂完长江干流6300公里全程，10名队员壮烈牺牲，杨欣是幸存者之一。30多年过去了，杨欣谈起往事仍心有余悸：“面对惊涛骇浪，看到身边的人

一个个消失，内心很恐惧，但是无形中有股强大的力量推着我们往前走，没有后路，必须漂过去，就看运气了！”

“是这十位壮士，衬托我们成为英雄。”站在长江入海口，杨欣的内心也波涛汹涌，“如果说，漂流长江是为了考察长江、征服长江，那么下一步，我要记录长江，让更多的人了解长江、热爱长江。”于是，杨欣独自肩扛起相机，溯流而上，一直往长江的源头走去。

在拍摄长江的过程中，杨欣发现不少野生动物在逐渐减少，尤其是藏羚羊。就在此时，发生了一件影响杨欣终生的事，在可可西里无人区，杰桑·索南达杰与18名“藏羚羊偷猎者”搏斗，子弹击穿了他的身躯，流尽最后一滴血后，被可可西里零下40℃的风雪塑成一尊“冰雕”。这件事深深触动了杨欣，他决定，要留在这里，保护长江，保护野生动物！

杨欣着手做的第一件事，就是建立野生动物保护站。为了筹备资金，他花了三年时间写书、卖书，以此来换钱买材料建站、招募志愿者。1997年，中国民间第一个自然保护站——索南达杰自然保护站在海拔4500米的可可西里矗立起来。冬天的可可西里，气温低至零下40℃，又严重缺氧，足以对人造成生命威胁。“早晨掀开被子时，就像推开一扇门板，呼吸出来的气都冻住了，屋里像冰窟窿。”他们就这样365天驻守在进入可可西里的必经之路上，每天在方圆几十公里的范围内来回巡视，引起社会和政府的关注，最终建立可可西里国家级自然保护区，随着保护力度的加强，偷猎者就此绝迹。

藏羚羊得到了有效的保护，索南达杰自然保护站也交给了可可西里国家级自然保护区管理。杨欣又把“绿色江河”的基地从可可西里搬到了沱沱河，那里是万里长江的源头，他觉得有更多需要关注却被忽略和遗忘的区域。

没有明星架子的志愿者

2013年6月，胡歌作为“守护斑头雁形象大使”首次去到三江源，“当时我情不自禁地跪了下来，向她磕了三个头”。出生于长江入海口上海的胡歌，被这里深深地震撼了。

在沱沱河，胡歌与眼前这位不苟言笑的“大胡子老人”一见如故。临走前，胡歌试探着问杨欣：“我以后还想来，我可以来当志愿者吗？不是形象大使，而是一名真正的志愿者。”杨欣笑笑说：“小伙子，志愿者可与形象大使不一样啊，志愿者只能一个人来，没有人帮你。”原以为一位影视明星会就此放弃，没想到三年后，胡歌拍摄完《琅琊榜》《伪装者》等多部影视热播剧后，兑现了他最初的诺言，“我终于有时间了，所以我来了。”

“我曾以为自己来这里，是施与爱，但其实，是大自然施与了我。”从2016年至今，只要一有空，胡歌便会来到这里，持续他的公益旅程。胡歌与志愿者们沿着青藏公路可可西里一侧20米宽的范围进行地毯式的垃圾捡拾，登上班德山调查和提取红外相机拍摄野生动物的资料，寻找通天河口草原上的藏羚羊产羔地，调查通天河口白唇鹿交配地的周边环境，临走时还不忘打包垃圾带回到格尔木的垃圾回收点……他还凭借专业特长，在斑头雁孵化的监测、拍摄中给予团队技术上的支持与指导。

胡歌的到来，无疑加速了公益的传播，也让更多人关注到了斑头雁。2018年，作为东方航空形象大使的胡歌，还把东方航空宣传片的摄制组带到长江源，为保护斑头雁拍摄了宣传片。

2021年，志愿者们在班德湖拍到了一段视频：黑颈鹤要“鸠占鹊巢”，斑头雁母亲拼死保护了自己的孩子。当胡歌打开这段视频时，默默流下了眼泪……胡歌说：“当你天天和大自然在一起的时候，你会对生命有重新的认知，也会对其他生命带有一份敬畏的心。”

在杨欣的眼里，“胡歌确确实实是名优秀的志愿者，没有一点明星的架子，而且看得出来，这是一种发自内心的自觉。”车子每到一个地方，胡歌都默默帮大家扛行李箱，但是绝不让别人帮他搬行李。保护站的条件十分艰苦，胡歌却每天乐此不疲地拖地、打扫厕所、打水、烧饭……有一次在悬崖边拍摄结束后，大家坐下来休息，没注意到胡歌一个人默默扛起巨大的太阳能板往回走。大家一抬头都吓坏了：这多危险，万一被风刮下去可怎么办！可他却毫不在意："你们就把我当作一个志愿者，一定不能照顾我。"

像蒲公英一样去四处播撒善的种子

在"绿色江河"里，很多人都和胡歌成了好朋友。

人称"孙爷"的孙建军，今年已经64岁，摄影、驾车、做饭，样样都是高手。他和胡歌的关系特别好，是"绿色江河"资历最老的志愿者。土旦旦巴是出生在沱沱河边的藏族人，和胡歌相识在2013年的斑头雁保护项目活动中。还有高山病医生寒梅大夫、退役空军上校李崴夫妇……胡歌说，在高原进行体力劳动，身体要经受各种考验，但"身体越沉重，心却越轻盈"，他发现每个人的笑容都是一样的，在那里不仅是一览众山小，更重要的是在大自然面前感受到自己的微不足道，把自己放下了，才是真正的豁然开朗。

杨欣说："我和胡歌有共同价值观，我们都想让这片土地变得更好，让更多的人了解这个地方，帮助这个地方，保护这个地方。"

胡歌说："除了演艺工作，公益是我生命中更有意义和价值的部分，我希望自己能够像蒲公英一样，去四处播撒善的种子，让更多的人能看到、感受到世界的美好。"

（执笔人：戴砚君）

韩宝三：十年西部情

走进新华医院乳腺外科主任办公室，空间不大，里面堆满了医学书籍，患者赠送的锦旗放在桌边，并没有挂在墙上，韩宝三医生起身亲切地和笔者打招呼："好久没见！"第一次见到韩医生是十年前，那时他刚加入民盟，在浙大医学院攻读博士学位后进入瑞金医院临床医学博士后流动站，是瑞金医院一位敬业的青年外科医生。在随后几年中，韩宝三连续获得瑞金医院优秀青年教师、"优青"外科组组长、规范住院医师"优秀指导教师"等荣誉，2012年年底引进新华医院普外科乳腺疾病专科担任学科带头人，引领新华医院成为国内著名的乳腺外科手术学培训中心。

虽然有十年盟龄，韩宝三不好意思地说，民盟的事他还是了解得不够多。其实在社会服务工作上，他一直有求必应，多次义务为杨浦盟员提供科普讲座和义诊检查，自担任民盟市委医卫专委会委员以来，热心助力盟市委组织的义诊，上个月刚刚赴安徽参加了由增爱基金、安徽省蒙城县政府和民盟医卫专委会共同举行的大型义诊活动，不仅帮助了当地的患者，甚至一百多公里以外的患者都纷纷前来咨询求诊。韩宝三把所有的辛苦和忙碌都归结为一句话：

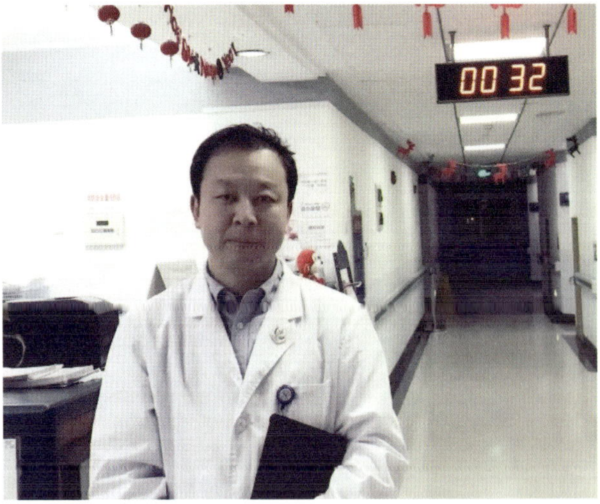

开心就是这样简单——每每助人，也是助己，自然开心。

事业于我，是生命中不可分割的部分

韩宝三是公益系列活动“与美丽同行·志愿者西部行”的总召集人，也是国内科普连续号最多的公益科普“与美丽同行·乳腺健康科普全国巡讲”总发起人，好大夫在线个人网站访问量超过3400万，在乳腺专业排名第一。他在24个学术委员会兼任职务，倡导的“精准·精心·精美”手术学模式受邀在国内100余个会议主题演讲并被广泛借鉴，在18个省56家医院手术演示，2017年在6个学术会议上担任手术直播主刀，去年收治的住院患者人数居新华医院普外科第一。

一连串的数字背后，是韩宝三近乎没日没夜、不眠不休的超额工作量，没有双休日，也没有国定节假日，每天早上7点前出门，几乎都是凌晨才回家。常人实在难以理解如何能坚持这么多年，韩医生用这段话回答：“最美好的生活方式，是和一群志同道合的人，一起奔跑在理想的道路上，回头有一路的故事，低头有坚定的脚步，抬头有清晰的远方！”谈起他所做的一切，韩宝三的神情不仅仅是无怨无悔的坚定，而是发自内心的热爱和情怀，他眼神瞬间温柔起来，“说是工作肯定不够，确切地说，就是自己的孩子一样，这是我生命中不可分割的部分。”

而谈起自己的儿子小牛牛，韩宝三满心歉疚，所有的业余时间都用来手术、巡讲、进修、学习，以及帮助西部的患者和孩子，在家的短短几个小时都是儿子熟睡的时候，“孩子整个小学阶段的成长，我都没有什么印象”，因此备受妻子的数落而不敢辩解。可是，他仍然不后悔用满腔的爱和全身的力去付出，不求回报，他说我的价值观就是这样，医生要有社会责任感。

竭尽全力，史上最拼的志愿者们

很多人会说：“你现在是网红医生，成明星啦！”韩宝三毫不留情地回答：“网红也要靠实力，做到优秀都不行，必须拼尽全力做到卓越、做到极致！”在成为明星医生之前，韩宝三默默地一个人坚持每年去新疆义诊做手术、开讲座，并设立金兰奖学金鼓励西部的孩子们健康成长。在他的影响下，带动了一批医生志愿者们相随，直至今天的一呼百应，只要公布一个义诊项目，十几分钟内就能招满。

每位志愿者都与他一样充满激情和爱心，因为韩宝三的“招募令”内容都是如下：“没有手术费，没有讲课费，全部往返路费AA制自理，要有足够的心理和体力准备，将有满负荷无停歇的工作等待着你。”然而报名的志愿者们的答复也言简意赅：“明白，没问题。”韩医生回复：“准备好时间和钞票，带上爱心出发！”是的，这些对话简单易懂，然而细细品味，却不禁湿润了双眼。

志愿者们往往夜以继日，甚至创造了在高原连续工作23小时完成15台手术的纪录，中间只能抽空吞几口拌面，有的医生一边吸氧一边工作，看到拍照还连忙躲闪道“不要摆拍，不要摆拍”。看到医生们如此拼命，当地医院和政府的领导深受感动。志愿者们边克服高原反应边通宵达旦地工作，食宿条件也极其简陋，县医院院长盛情款待的午餐就是萝卜、蒜苗等三四个蔬菜，大家围坐在破旧的条凳上，爱和温情却漫溢出来。

情牵西部，只为亲手交付医者真心

2015年国庆节，韩宝三带领9名医生志愿者不远万里来到西藏。4小时飞机，16小时火车，6小时汽车，连续的赶路之后医生们就立刻开始工作。而韩医生则继续坐车翻山越岭5个多小时赶往大山深处的小学校，不顾疲劳再增加往返11个小时的颠簸，只是为了将全国各地医务工作者捐献的爱心书亲手交给孩子们，让付出真心的人得到一个回馈，不辜负捐赠者的信任，替他们去看一眼高原深山里的渴望。

在新疆，韩宝三设立的金兰奖学金已连续多年按期颁发，北屯的患者早已习惯看到韩医生的身影；在甘肃，韩宝三带头自掏腰包捐款给孩子们，自制荣誉证书只是为了能给志愿者们一点小小的鼓励；在西藏，韩宝三与其他医生夜以继日地工作，尽可能地帮助更多的西部百姓。了解到当地的多发疾病是沙眼、肝包虫之后，还专门上网请教上海相关专家，远程治疗。听说现场患病的僧尼们对乳腺疾病一无所知，还当即申请在寺庙中开设科普讲堂，惠及众人。看到有几位先天唇腭裂患儿，马上联系嫣然基金会给予后续援助……这样的事例数不胜数，这样的“闲事”一直在管，韩宝三坚持了近十年，把医者的一片真心亲手交付。他说，我是从西部走出来的草根，我会一直牵挂西部。

四月里这春日的和煦暖风，悄悄越过千里万里，吹化西部的冰霜，治愈患者的伤痛，抚慰孩子的心灵。韩宝三和志愿者们的共同努力如涓涓细流，终能与其他溪水一起汇成江河湖海，带去更多绿意盎然。春风已绿江南岸，春风更度玉门关。

（执笔人：朱盈）

蔡钦生：民盟好人

民盟中央社会服务工作委员会副主任、民盟上海医学产业总支主委、上海民盟志愿者服务总队队长蔡钦生不幸于2020年4月3日在华山医院去世，年仅50岁。

蔡钦生，1969年12月12日出生于广东省西部山区化州县。1992年毕业于上海交通大学。2004年获复旦大学理学博士学位。2005年加入民盟以来，一直热心盟务工作，多次被民盟中央和民盟市委表彰为社会服务工作先进个人。他所带领的上海民盟志愿者服务总队荣获上海市社会力量参与社区矫正和安置帮教工作优秀志愿团体，他本人荣获第二届“平安卫士·和谐使者”称号。

穷且益坚，不坠青云之志

蔡钦生从小家境贫困，一年中只有过年几天可吃到饭，平时大都吃粥和杂粮。年仅8岁的蔡钦生在上课之余要帮母亲上山砍柴、下地种稻、挖荒地种杂粮，一天下来，常常是伤痕累累。生活的艰辛更让他能刻苦学习，他深知，只有读书才能摆脱困境。1988年，他考取上海交通大学，因为4

个弟妹都在读书，家里实在没有钱供他读大学。凑够来上海的路费后，他就开始了勤工助学的生活，从此没有再花家里一分钱。1995年研究生毕业后，家里的困难让他放弃了报考复旦大学博士的念头，长期勤工助学的阅历促使他决定下海创业。

1996年，上海富兰迪生物工程有限公司正式成立。注册公司花去了他的所有积蓄，仅剩50元买了一辆旧自行车，作为跑销售和送货用，这也是他唯一的固定资产。富兰迪成立时只有职员一人，那就是他自己。公司的地址就在寝室里，没有任何现代办公设备，名副其实的一穷二白。经过努力，公司稳步发展。创业一段时间后，他发现科技在企业中运用的重要性。2001年，他考取复旦大学博士，常常白天在实验室，晚上回到公司处理事务。回到家里往往凌晨两三点，倒头便睡，早上8点又准时出现在复旦大学的实验室。尽管困难重重，但他义无反顾、誓不低头，正是凭借这种执着和信念，读博期间他发表了12篇学术论文，2004年获复旦大学理学博士学位。因为在校时常听到复旦大学苏步青、谈家桢等民盟领导的故事，2005年他加入民盟。

盟务工作的“带头大哥”

2011年6月，民盟上海医学产业支部成立，蔡博担任主委职务，他给自己定了准则：热爱盟务、团结班子、勤奋参政、创新活动、培养人才、关爱盟员。

他是没有休息日的。有人说，他一天只休息4个小时。他有自己的诊所，门诊从早上一直看到晚上9点，其间他是连喝水上厕所的时间也没有的。盟务工作硬是从他的剩下不多的休息时间中挤出来的。

他勇于创新，2011年担任医学产业支部主委伊始，他就策划了支部首届学习节活动。这一年是中国共产党成立90周年、民盟成立70周年，结合以上纪念主题，他风风火火地开展创支部首届学习节活动，带领大家开展周公馆、费孝通故里、南湖一大会址等红色之旅，邀请民盟市委专家进行盟史讲座。此后每年开展学习节活动。

他带领支部确保每月至少开展一次支部活动，如调研考察、专家讲座、互动沙龙、讨论学习等活动不断提高了支部的活力、吸引力和凝聚力。2018年，上海并购博物馆作为民盟医学产业总支部，“盟员之家”正式揭牌，此后在此举行了多次盟内活动，真正成为盟员学习和交流的温馨之家。

他把参政议政作为支部命根子来抓。自己带头每年完成10篇以上的社情民意信息，亲自对支部进行参政议政写作培训，亲自编写参政议政范文，为新盟员提供写作模板，还对盟员的社情民意信息进行修改补充，将参政议政融合到组织活动中。就这样，逐步形成了一支参政议政写作骨干队伍。

他把支部当作和谐温暖的大家庭，作为班长与家长，事事关心。盟员有喜事好事必祝贺，盟员有困难患病定要慰问。节假日短信问候盟员，新年给盟员家属寄去充满新春祝福的感谢信，感谢家属对盟员及支部工作的理解与支持。

真心真情“做实事、做好事”

从2009年起，民盟市委成立“上海民盟为农民工义诊工作小组”，组织盟内医疗专家为农民工义诊。

因为义诊的对象是参加市政工程重大项目的农民工，工期紧，任务重，往往这些人身上臭汗熏天，有的手脚部位有溃烂，散发阵阵臭味，旁边的人都是掩鼻而过。有的农民工很不好意思来看病，躲在拐角，紧张局促，犹犹豫豫。蔡博一看到这情形，脸上就会露出他一贯憨憨厚厚的微笑，一句“我也来自农村，来自山区”的话语犹如春风拂面，让农民工的紧张情绪顿时放松下来。在一次世博会工地的义诊中，来自贵州的农民工小徐，在世博工地担任开吊车工种，岗位极其重要，但由于不适应上海的潮湿气候，加之工期紧，进度快，压力大，患上水土不服与严重的脚气，全身红肿奇痒，蔡博亲自给他脚上流着烂脓散发异味的十多处伤口消毒上药，并告诉他如何定期清洗用药，结果不到三天，小徐的伤口很快好转，一周就彻底痊愈，小徐来电感谢民盟，并下定决心要安心、专心、尽心把世博工程做好。

这样的事例数不胜数。只要上海民盟有义诊，蔡博那高高大大的身影就会出现在那里。上海世博会的工地有他；地铁、保障房工地、大飞机项目建设工地也有他。上海民盟为市政重大工程农民工开展的50多场义诊，多达13200多人次的就诊活动，使农民工感受到了社会的关怀与关爱。蔡博几乎参加了全部义诊活动。

2013年，民盟市委成立上海民盟志愿者服务总队，他担任总队长。2014年3月，民盟市委启动了“黄丝带”社区矫正工作，建立由律师、教师和心理咨询师组成的“三师助一”团队，蔡钦生担任阳光矫正团队总领队。如何使矫正更加有效？这是蔡钦生不断思考的问题。工作中，他会设计多种情形与应对方案，反复调整矫正对白与台词，还常常一个人模拟演练，认为有百分之百把握后才放心。张某是一位智商很高的服刑人员，是美国某著名杀毒软件的破解者和盗版者。蔡钦生选定“倾听—尊重—引导—创业”方法。在矫正结束后，张某创办了属于自己的有知识产权的杀毒软件公司。对在金融方面有天赋的方某，蔡钦生见面先“拜师”，等方某消除心理戒备，再逐步讲道理，现在方某成了投资高手，有一个很美满的家庭。……“有教无类，因势利导，因人施策，一人一策。”蔡钦生总结了一套对症下药的规律。

2014年8月，时任司法部副部长张苏军来到龙华街道调研，巧遇蔡钦生带领民盟志愿者正在进行的一场社区矫正工作。张部长观摩后动情地说：“我深受感动，民盟志愿者探索的社区矫正模式值得当前社区矫正改革借鉴！”

蔡钦生作为民盟市委社区矫正团队的大队长，以敢为人先责任感和使命感，大胆创新，摸索出一套行之有效的社区矫正方法与模式，把“黄丝带”社区矫正帮教工作做好，做出了民盟的品牌。从2014年起，民盟市委与江苏路街道、龙华西路街道、芷江西路街道、曹家渡街道和梅龙镇合作建立社区矫正工作项目，阳光矫正团队采用“三师对一”（律师、心理咨询师、教师对一名社区服刑人员）的模式，制订个性化矫正方案，70多名盟员志愿者陆续开展矫正活动逾300场，完成对60名矫正对象的矫正工作，另开展讲座十余场次，矫正服刑人员700多人次。

蔡钦生还担任民盟市委企业家联谊会副会长，每年都慷慨解囊，带头为烛光助学活动捐款。除了带领盟内医生专家为农民工提供义务医疗咨询服务，每年盛夏，总队暑期敬老的队伍中也总能看到他忙碌的身影和暖人的笑容。新冠肺炎疫情暴发后，他第一时间联系防疫物资购买渠道，费尽周折从海外购入一批医用物资，配合民盟市委将物资全部运至湖北黄冈。

他的工作得到了民盟中央和民盟市委的肯定，2018年他担任第十二届民盟中央社会服务工作委员会副主任。

民盟先贤费孝通先生曾说，“我这一生，得之于父母，也得之于社会，我要做些事情，对得起这些人。像我这样思考问题的人不是我一个，是一群人。在这个方面有共识的人聚合起来，成为一个团体，一个组织就产生了，他的名字就叫中国民主同盟”。

蔡钦生正是这样的人，为了民盟的事业，他是可以拼命的，他说：“我对民盟有着极其深厚的感情，对盟务工作更是充满了无比的热爱。”蔡钦生是真正地说到并做到了。他是如此赤诚而纯朴善良，让我们记住：民盟好人蔡钦生。

（执笔人：刘友梅）

薪火相传

苏贝妮：在“苏步青星”的照耀下，脚踏实地前行

2020年11月13日，在复旦大学举行的“苏步青星”命名仪式上，苏步青的孙女、民盟上海文广影视集团委员会的盟员苏贝妮，作为家属代表从复旦大学党委书记焦扬手中接过了命名证书，激动之情溢于言表。她说，给予“苏步青星”国际命名是莫大的荣耀。“爷爷的子女众多，这次能在命名仪式上聚集起来，也特别不容易。”

仪式上，复旦大学“玖园”项目也正式启动，其中就包括苏步青旧居的修缮工程。“玖园”是复旦大学的第九宿舍，位于国顺路650弄，这里曾居住过多位名师大家，如陈望道、苏步青、谈家桢、谷超豪、胡和生等。苏步青旧居位于“玖园”东南侧，为三栋独立式砖木结构。在这里，苏贝妮和爷爷苏步青一起生活了二十五年。

那些与爷爷朝夕相处的岁月

谈起爷爷苏步青，苏贝妮倍感亲切，她自小便和爷爷一起生活在“玖园”。“小时候和一大家子人一起生活，随着父辈们成家后陆续搬离，走向大江南北

甚至世界各地，最后只有我们一家陪伴在爷爷身边。”苏贝妮的父亲苏德新是苏步青最小的儿子，一直在“玖园”照顾苏老。朝夕相处中，苏贝妮的心中对爷爷的敬重和爱戴也越发深厚。

“不熟悉的人可能会好奇，你爷爷是苏步青，是学界泰斗，家里应当是怎样怎样的。其实爷爷特别平易近人，完全没有架子，对小辈也十分关爱，时常教导我们要刻苦学习，鼓励我们奋发向上。”苏贝妮说，家里与普通家庭一样，物质上没有什么优越之处，但确实给后辈留下了宝贵的精神财富。“爷爷那一辈的知识分子，大都淡泊名利、大气谦和，他们专注于自己的事业，也为祖国的发展呕心沥血，这种品质对后辈影响很大。”

苏步青对诗词的热爱尽人皆知，但很少有人知道他还喜爱种植花草，打理自家的小院子也事必躬亲。苏贝妮回忆道，有时候爷爷在院子里焚烧落叶，也会看到他将一些文件付之一炬，“他对学术和工作都十分严谨，文件都是自己分类归档，我们也很规矩，从不会随便看。爷爷有独立的书房，也是不能擅进的”。在这种言传身教的熏陶下，苏贝妮做事也认真严谨、一丝不苟，在她身上可以看到一名优秀新闻从业人员的职业素养，她说：“严谨的工作态度不仅是对自己负责，也是对观众负责。”

那个坚守新闻理想的媒体人

受苏步青的影响，苏家很多后辈都从事教育事业，苏贝妮从小耳濡目染，浸染书香门第之风。“读书时，语文、英语、体育和生物都挺好的，但是很遗憾没遗传到爷爷的数学基因。”苏贝妮笑道。自复旦附中毕业后直升上海外国语大学，喜欢文学的她选择了新闻专业，毕业后如愿进入上海广播电视台工作至今。

忙碌是新闻工作者的常态，还经常有突发情况，有时做一个大型项目可能几个星期都不着家。但苏贝妮一直坚守着，坚守着自己的工作，也坚守着新闻理想的“初心”。她说，做新闻要“甘于清贫”，不求物质回报，脚踏实地、兢兢业业，这也是她从家里长辈身上学到的。“社会高速发展中，一定要有一部分比较踏实的人，坚持做这些事情。他们可能自己得不到太多，但是他们为社会留下很多财富。”苏贝妮也愿意做这样的人。

从事新闻工作让苏贝妮有机会采访到很多不同的人，其中不乏一些“大人物”，也参加过很多大型项目，跟着前辈学到很多。这些经历都让她开阔了眼界，看待问题的角度、高度变得不一样，也得到了锻炼和成长。这其中让她印象最深刻的，是从“无”到“有”打造看看新闻App。“2009年的时候，我从当时的电视新闻中心被选派筹备看看新闻，当时新媒体还处于野蛮生长的阶段，所以大家都没有什么概念。但台领导高瞻远瞩，选派骨干筹备这个新媒体平台，当时还叫网络新闻台，开启了传统媒体的转型之路。”然而，这对于在传统媒体身经百战的苏贝妮来说却是新的挑战，无论是从技术架构、新闻语态，还是与受众的互动方式等都与她所熟悉的传统媒体不一样。“我们几个‘臭皮匠’一起做了很多调研，一路披荆斩棘，最终看看新闻App腾空出世。”苏贝妮说，现在回头看看，这些对自己的成长有很多帮助。

从“零”到“一”的过程最锻炼人，也让她切身体会到传统媒体转型不易，“就像是一艘大船，它要转航跟上新的时代，这么大的体量运作起来其实很累，它的平稳运行需要每个成员的共同努力。”如今，苏贝妮已经是融媒体中心的国内部主编，对于所从事的新闻事业，她也有自己的看法。“疫情期间，自媒体的信息从四面八方扑面而来，但是很多都没有经过求证难辨真伪，这时候传统主流媒体的公信力就体现出来了，必须承担起更多的责任。”她坦言，那段时间感到自己身上的担子很重，不仅要报道新闻，还要提振民众的信心，传播正能量，“这是一种责任，也是一份荣耀”。

那段自小结下的“盟”缘

谈到与民盟结下的缘分，苏贝妮的思绪又回到了爷爷苏步青的身上。苏老不仅是蜚声中外的数学家、教育家，也是民盟的老领导、老前辈，他一直关心时政、建言献策，并积极投身于社会工作中。从小便听爷爷说着学校和政协的事情，而父母双方又都是知识分子家庭，家里时常有民主党派人士来访，可以说她是在参政议政的氛围中成长的。工作后，苏贝妮接触了更多的民主党派人士，同事中也有盟员，在和他们交流过程中，让她对中国共产党领导的多党合作制度有了更深刻的了解，并最终决定加入民盟，传承爷爷的民盟精神。

不久前，苏贝妮作为一名新盟员，参加了民盟市委举办的“我与主委面对面”代表性人士座谈会。“感觉特别好，陈群主委特别亲切，他阐述的民盟精神让人向往。与会的盟友们也都在各自专业领域颇有建树，值得我好好学习。”苏贝妮的话语间，既有加入民盟大家庭的欣喜之情，也有在民盟搭建的平台上交流学习的切切之意。而盟员的新身份也激励着她积极作为、参政履职，“加入了民盟，就要为民盟贡献自己的一份力量！”

（执笔人：郭琪）

沈钧儒先生部分在沪后代：传承“衡山精神”

中国民主同盟创始人之一沈钧儒先生（号衡山）的孙女沈松曾说：“爷爷这辈子，老老实实做人，不拍马屁，不搞人前一套背后一套。这种态度和人生观对全家都有影响。”那么，家人眼中的沈钧儒是怎样的？如何传承“衡山精神”？上海民盟中就有几位沈家后人，我们来听听他们怎么说。

“他就是站在毛主席、周总理左手边的那个人”

最近，民盟上海市委机关青年干部沈铟，又有一项新任务：她的桌子上堆着厚厚的与沈钧儒相关的史料书籍，“我在准备一次讲座，这次想讲沈钧儒先生和新政协的关系”。这不是她第一次讲沈钧儒，早在2015年，沈铟就从人生观、教育观、婚姻观和道德观四个层面向盟员们讲述过民盟先贤沈钧儒的事迹。

“从小就听家里人说，我们是沈钧儒的后代，记得爸爸还告诉我，沈钧儒就是天安门城楼上站在毛主席、周总理左手边的那个人……”沈铟的爷爷沈谊是沈钧儒四弟沈恺儒的孩子。沈谊4岁时，因父亲离家出走，他便自小由伯父沈钧儒抚养，与沈钧儒共同生活了30年之久。沈钧儒视沈谊如己出，与其子沈谦、沈谅共同教育，并请教师教授《资治通鉴》《古文观止》等书。这些对沈谊及其后代都产生了积极的影响。在沈钧儒的影响下，沈谊以优异的成绩毕业于燕京大学，但他婉拒了沈钧儒让他留在北京工作、生活的建议，甘心回到上海市浦东郊区做一名普通的小学教师，先后在楼下村小学担任校长，在高桥中学、凌桥中学、新陆中学担任语文老师。

2003年，沈铟以优异的成绩考入清华大学化学系。在北京读书时，她还专程拜访了沈钧儒先生的女儿沈谱。早在20世纪30年代就读于金陵女子大学化学专业的沈谱，得知沈铟攻读的也是化学，非常开心，并勉励她好好学习，为国家建设多做贡献。

2012年，沈铟考入民盟上海市委机关后，对祖辈沈钧儒先生有了更深刻的了解。“从长辈口中的沈钧儒，到民盟历史中的沈钧儒，再到和沈钧儒一样众多的民盟前辈……我对前辈们精神和风骨的了解越来越深刻。”而她觉得，传承民盟先辈的精神，首先就是要踏踏实实地做好手里的工作。多年来，沈铟一直负责民盟市委机关的人事工作，事务十分繁杂，但她一直以极大的细心和耐心完成各项工作。

在同事们的眼中，沈铟为人低调，很多人甚至都不太清楚她是沈钧儒的后代。“其实，沈家后人大都过着平凡的生活，老老实实、勤勤恳恳地做好本职工作。”沈铟接着说道，“我的大伯沈人干和堂姐沈铱都是民盟盟员，多年来，他们还利用自己的业余时间，为传承‘衡山精神’做了很多工作。”

“伯祖父的一生是达观快乐的”

在沈谊长子沈人干先生的印象里，“伯祖父是位长得矮矮的、一把长长胡须、和蔼可亲的长辈，一点儿也不像一个‘大家长’。”他回忆道：“父亲虽然后来离开了伯祖父，但伯祖父一直关心着他，无论在苏州老家还是在上海，总是趁出公务时，抽空来看他。在我记忆里，每次伯祖父来上海时，都会事先

电报通知我父亲，由于我们居住在浦东郊区，每次我父亲带我去见伯祖父时，都会在早上四五点出发，伯祖父见到我时也会特别关心地问我是否吃了早饭、累了没……他还十分关心和重视我的学习。伯祖父一生不抽烟、不嗜酒、不赌博，在他的以身示范和教导下，父亲和我都不吸烟、不喝酒、不赌博。记忆中，伯祖父很少面红耳赤，即使小辈犯错误时，也无家长作风，而是轻声细语、循循善诱。”

沈钧儒经常教育后人们：“任何时候，亲情不可淡忘。”沈家后人之间一直保持着联络：“至今我还保留着沈谱、沈谅、沈人骅寄给我父亲的书信。还有两张珍贵的照片，其中一张是我父母亲结婚的第二天在苏州老家中的合影，伯祖父坐在屋内整理公文；另一张是1958年4月，伯祖父因公来沪，住沧州饭店时抽空见了在沪亲友，并摄影留念。”

1966年，沈人干于华侨大学毕业后继承父业，成为一名数学老师。任教期间，他与其他教师一起培养了一批奥林匹克数学竞赛和上海市数学竞赛一、二、三等奖的学生。他还是中国象棋一级棋士、国家田径二级裁判，曾在第三届全国运动会上担任国际象棋裁判，还在上海市教育工会举行的中国象棋比赛荣获过冠军。他组织洋泾中学象棋队、桥牌队多次参加上海市比赛，并取得了好成绩。

“1984年5月，我加入了伯祖父沈钧儒先生创立的中国民主同盟。”沈人干自豪地说。退休后，他把大部分精力放在了民盟活动中，除了参加纪念活动，撰写回忆文章，还自愿担任沈钧儒纪念馆的“义务讲解员”，并给洋泾中学学生党校讲课，宣传沈钧儒先生的法治精神和教育思想。

“我的伯祖父与我的这些长辈、亲人，每一位都要求我们要和全国老百姓一样过简朴日子，每一位都从来不计个人得失，从来不把荣誉看重，虚怀若谷、谦和待人、气骨凛然，我们都是从小在这些谆谆教导下，一步一个脚印、踏踏实实走过来的。伯祖父的一生是达观快乐的，也是令人尊敬缅怀的，让我们这些后辈继续把他的品格发扬光大。”沈人干谈道。

“作为盟四代，我倍感自豪”

作为父亲的“小跟班”，沈人干的女儿沈铱从小就跟随父亲参加各类纪念活动。她回忆道：“每次到嘉兴大姑妈家，父亲都会抽空带我去老宅（现沈钧儒纪念馆）周边看看，给我讲述曾伯祖父的故事。记得1991年9月，沈钧儒半身铜像在上海衡山公园落成，我父亲也参加了当天的揭幕仪式，北京的亲戚在揭幕仪式后还由市委统战部安排到高桥看望我卧病在床的爷爷。现在在沪的沈家后人每年都会组织到衡山公园开展纪念活动。这些经历对我的影响是巨大的。”

在此影响下，2009年，沈铱在父亲沈人干和姑父黄玉昌的介绍下加入了民盟。

“作为盟四代，我倍感自豪。”入盟的11年来，沈铱以宣传“衡山精神、民盟精神”为己任，组织盟员赴嘉兴沈钧儒故居开展参观实践活动，宣传沈钧儒先生的思想，并在各类纪念活动上回忆沈钧儒对家族后辈的教育和影响。作为民盟市委参政党理论与盟史研究会会员，她还撰写《传承古典诗词、丰厚文化底蕴》《沈钧儒教育思想简论》等多篇文章，从教育的角度解读民盟先贤的文化担当。

2018年，沈铱又多了新的身份：上海市第十五届人大代表。“除做好本职工作外，只要会议不冲突，无论是酷暑还是休息日，我总是积极主动参加人大代表的履职活动，认真参加座谈、视察活动，全面掌握社情民意，积极严谨建言献策。”她已撰写代表书面建议11件及附议议案7件，内容涉及环境、交通、教育、乡村建设、养老等领域，多篇被刊登在《人大月刊》上。今年人代会期间，她还接受了东方卫视和新闻综合的现场采访，就如何解决拉链路现象进行了深入探讨。她提出的关于规范城市道路交通标示的建议，得到相关部门高度重视，纳入今年智慧交通的课题研究之一。

“作为沈钧儒的后人，继承、学习他忠于祖国、忠于人民的坚定立场，铭记他实事求是、认真负责的工作精神是我一贯奉行的，‘为民实践中守初心担使命’是我一直坚持的。”沈铱说道。

（执笔人：殷志敏）

陈晓帆：记忆中的爷爷陈望道

“爷爷逝世时我才4岁，那天正好我生日，当时太小，不知道为什么竟有那么多人为爷爷送行。”谈及对爷爷的第一印象，陈晓帆的记忆定格在了阴霾的陵园、黑白色的葬礼，以及哀伤的心情。随着访谈的进行，他的眉宇间的灰色逐渐散开了。“我想，一个人可以让这么多人记得他，送他走完最后一程，不仅来自他的威望与号召力、他的资历，更多的是来自他独特的人格魅力。后来长大了慢慢才知道，爷爷在大家眼里是怎样的一个人：他终身追求理想，始终不渝；正直不阿，容不得半点尘埃；资望很高，不事张扬；为党做了许多工作，却非常低调。”

陈晓帆幼年对于陈望道先生的记忆，有很多像这样的碎片，有些几许灰暗，有些则充满了鲜亮的色彩。随着采访进程，我们悄悄地拾起、拼出来的，是一个温和而又令人敬畏的长辈。

“爷爷治学态度非常严谨，以至于不苟言笑，只有我和哥哥绕着他玩的时候，他才会露出难得一见的笑容。”这张小时候的老照片上，身着浅灰色毛衣，白色衬衫，黑裤黑布鞋，一身朴素的望老右手牵着的，便是幼年的陈晓帆，比他大三岁的哥哥则在望老的左手侧。“当时，是我对爷爷说：我来搀你！”陈晓帆坦言幼年对爷爷的严肃，多少有点心生怯意。“据母亲说，爷爷比较喜欢我们哥俩，我哥喜欢拿一把父亲给他的玩具小手枪当解放军；而三岁后的我很有表达欲望，常常要讲故事给别人听，父母工作忙没空听我讲，只有爷爷是我最忠实的听众。慢慢地，日常不太爱笑的爷爷，把大多数笑容都给了我们。”

在另一张的照片中，幼年的陈晓帆在望老的臂弯中和他讲故事。这张照片中，望老的微笑正如阳光般洒在孙子陈晓帆身上，满脸天伦之乐。背景左侧一角，是院子里的车库。“当时复旦给爷爷有配车，记忆中好像是一辆奔驰。”在当时的上海，能够享受公务配车待遇的人并不多，至于奔驰就更没有几辆了。然而望老对于这种“优待”却是特别淡然和谨慎。在陈晓帆的记忆里，除了少数外事接待和大型活动，这辆车一直“赋闲”在家。“记得那辆车总在车库里停着，也不见爷爷用，家人就更不让用了。”

陈晓帆小时候住的房子，就是现在毗邻复旦大学，坐落于国福路51号的陈望道故居。这栋掩映在绿意之中的三层洋房，在2018年修缮一新后，作为《共产党宣言》展示馆重新走进了公众视野。“我们住的51号房子，最初爷爷坚决不同意搬入，他思来想去觉得太大了，不合适。”陈晓帆说，当时一家也就爷爷、奶奶和父亲，还有一个帮忙的阿姨。后来经学校再三劝说是因为要接待外宾的需要，并同意望老提出的将复旦校内的语法、逻辑、修辞研究室迁至51号底层，一家人才在1956年搬入了这栋小楼。

“爷爷在世最后两年住在华东医院，两年里父母日夜守护爷爷，也常带我们去看望爷爷。每当我和哥哥去看望爷爷，爷爷都特别开心，看着我们就会笑着拿出预先准备好的各种好吃的水果给我们吃。后来病重了，我们只能在门口看一眼，然后父母就把我们带走了……”对于望老生前最后的岁月，陈晓帆只有在病室门口的匆匆记忆。除了那一抹温情的微笑，还有望老对于毕生事业的矢志不渝。“他当时在定稿《文法简论》，抱病在床工作，床边堆满了各种资料。”

《共产党宣言》中文全译本首译者、我国现代修辞学体系的开拓者和奠基人、复旦在任时间最长的校长……在公众视野里，望老一生成就斐然。而在家人眼中，这些“成就”对于望老来说却非人生的目标。“翻译《共产党宣言》只是他追求信仰第一步，他的目的是让中国人民过上更好的生活，他一生为党、为国家的奉献其实远不止如此。”在陈晓帆心中，爷爷做很多事儿，压根没有考虑过个人得失。“他是个教育家，从复旦的学科完善到修辞学建立，他也是功不可没的。然而做这些事情，他的初衷只是为了让国人整体文化素质提升，希望大家能够更好地使用母语，表达自己的想法。”

对于家人的教育，望老更多的是精神上的引导。“虽然爷爷对于家人言行上多有律己约束，但是对于我们个人兴趣爱好并没有限制。”陈晓帆的哥哥后来就读复旦大学电子工程系，他自己就选择了同济的建筑学专业，从事设计工作。“爷爷并没有要求我们延续所谓的‘家学’，你喜欢什么，真正愿意去做，他就鼓励我们去坚持。”

现在，陈晓帆自己开了一家公司，从事建筑设计创作。前几年，一次偶然的机会，让他得以“重新认识”自己的爷爷。“刚好那次回老家义乌，义乌城西街道的领导找到了我，问我能否参与分水塘村和陈望道故居的整体修缮整治设计。”查历史、翻资料，在短时间内走遍一个大山深处的小村庄，陈晓帆感慨自己这才算是真正完整地了解了爷爷的生平事迹。“那时候真正地了解了他如何从分水塘走出来，走出义乌，走到上海，一步步为共产主义信仰奉献自己的一生。”项目不仅涉及陈望道故居，更包含整个村子的改造项目。

如今，在一期工程结束后，分水塘村整个变了个样。“故居、纪念馆、望道红色旅游线一期目前已经展现面貌，二期会更贴近村民的生活需求和切身利益进行改造。”陈晓帆说，去年一年，分水塘村已经有七八十万的旅客流量了，红色旅游让整个村子焕发出新的光彩。

也是这次“再了解”的机会，让陈晓帆跟随着爷爷的脚步，在2018年加入了民盟，目前任民盟杨浦区委新盟员支部副主委。入盟后，陈晓帆深深地感受到一种使命感。他坦言，作为望老的后代，要更加严格要求自己，立足岗位，多做贡献。“对信仰的坚持、对自身的严格要求、为了国家和人民的利益努力奋斗，这样的精神传承，在于当下还是很有必要的。中国这么大，我们需要有一个凝聚人心的力量，把大家团结起来。我想，爷爷和无数革命前辈身上体现的这种共产主义信仰，是永远散发着光芒的。”

（执笔人：王斯博）

陶　侃：想像曾祖父那样，为教育献出自己的一切

曾经，陶行知先生奔走于祖国大地，捧着一颗心来，于战火纷飞的时代，躬耕于国民教育。

而今，他有一位后人，也行走在教育探索的路上，传承着曾祖父的遗志，投身于教育事业，努力培养着新时代的接班人。

他是陶行知的曾孙，也是行知中学的一名信息科技教师，他的名字叫陶侃。

投身教育

“其实我一开始对家谱故事了解并不深，投身教育，更多的是受我父亲的影响。”眼前的陶侃说得很是坦然。在他的回忆中，大学前的经历主要是学习迎考。直到要选择方向的时候，他父亲语重心长地对他说：“陶家只有两位曾孙，而你表哥现在不从事教育事业了，家学不能没有传承，你还是去考个师范吧。”父亲的这席话，让陶侃走上了从事教育事业的道路。

躬耕基础教育的陶侃，背影逐渐和自己的曾祖父重合起来。他开始读曾祖父的全集等书籍，向家人和前辈们了解他过往的故事，最重要的是开始理解

并贯彻他的教育理念。“在深入了解曾祖父的过程中，我越发感受到他的教育是道，而非术，他的教育理念是经过时间洗礼，经得住考验，能永远熠熠生辉的。”陶侃感慨在这些年的教书育人过程中，从曾祖父的教育实践故事中吸取了大量的养分，其中让他最自豪的就是“小先生制”。“任何学科只是学习的载体，最终我们就是要通过活动和教学，让学生掌握双基的同时，真正能够掌握解决问题的思维、素养和方法，最终实现学生的自主化学习。”

1923年冬，陶家搬到北京后，陶行知先生在推进平民教育运动时发现了一个推行运动的有效方法，即“连环教育法”，说的是大儿子（陶宏）和二儿子（陶晓光）都教奶奶和老妈子、厨子读千字课，奶奶读得非常有兴趣，也非常用功，一不懂就问他们，同时她也在做“即知即传”的工作，鼓励佣人们也读书，同时还教会他们读书。这便是“小先生制”的萌芽。

后来在创办山海工学团时，“小先生制”得到了衍生、推广和发展。“小先生制”是以小孩子做教师，利用识字的小孩子教授不识字的小孩子或成人，以解决普及教育运动中师资奇缺的主要矛盾。这种方法不是“把一个班小学生交给一个小先生去领导”，不是用小孩子去代替传统班级的教师，也不是关在学校内由“大同学教小同学”，“他的职务是教人去教人”。一个小先生教会两个人识字，这两个人又去教其他不识字的人，这样像滚雪球一样，不断地“教人去教人”，普及教育的力量就越来越多、越来越大。在他看来，“小先生制”是推行生活教育的理想途径。在推广实践“小先生制”的过程中，陶行知总结归纳出不少在普及教育中很有实用意义的原则和方法。

“我在班上就用‘小先生制’，让学生走上讲台，给他们10~15分钟去讲课、讲题。”在原任教上海市行知实验中学时，为实践曾祖父的教育思想，陶侃主动请缨当班主任，他接手的是年级中成绩落后的一个班级，为此，他由信息科技改任教初中数学学科。“上课只是很少一部分，更多的是在课下，让学生们互相教学，共同进步。”针对有些基础差的学生，陶侃也鼓励他们去讲一些基础性的内容，从点滴积累，培养他们的自信心和处理问题能力。后来随着时间的推移，这些学生的成绩也渐渐有了起色。午休时，别的班级学生都在闲聊休息之际，陶侃班上学生都在交流学习。“好学生主动去帮差生，对好学生的表达力和领导力也是一种提升。到了八九年级，最后的大题也都是学生们自己上台或互相讲解。”“小先生制”的推广，不仅对班级数学成绩产生了积极促进作用，对其他学科也有巨大提升效果。

后来陶侃班级的成绩节节提升，到了毕业时已经和学校重点班相差无几了。通过运用“小先生制”，学生们的素养和关键能力得到了相当大的提升，学生们普遍掌握了解决问题的思维和方法。班中原有一位小学三门不及格的孩子，后来数学考了136分，正好考入高中，2021年，他也考入了本科——江西科技学院。陶侃说：“好的教师真的是能改变学生的人生轨迹，让他们向往向上向前的生活。”

光荣入盟

陶侃能够加入民盟，也是源于一个活动的契机。“2021年就是曾祖父130周年诞辰了，我是在他120周年诞辰之际时，应邀参加了民盟市委在奉贤的纪念活动。先辈的故事是那样让人感动又热血澎湃，于是我毫不犹豫就决定加入民盟。”

在工作中积极上进的陶侃，也不忘身为盟员的责任。他积极参政履职，从教育角度出发，提出多篇有质量的社情民意。其中《关于规范校外培训机构的三点建议》被市政协采用，《关于适度增加新开办学校教师编制人数》被区教育局采用。“现在很多百姓对培训机构又爱又恨，爱的是能补足孩子课堂学习的缺失；恨的是怕机构不正规，万一对方卷款走人或者换老师，只能自己吃亏。”2018年年底，陶侃经过多方面调研后，发现由于上级管理部门规定上的一些不完善，导致很多培训机构无所适从，个别机构还趁机钻空子。于是他提出要由主管部门出面，对培训机构进行规范化指导，从源头杜绝各种家长们担心的问题。

现在，已经成为宝山政协常委的陶侃更觉得使命在肩。“要用好政协和盟内的社情民意平台，更多地为百姓面临的现实问题发声。”

服务社会

进入民盟后，陶侃在盟务活动中结识了民盟市委志愿者服务总队队长蔡钦生。当蔡钦生问他对“三师助一，社区矫正”是否感兴趣时，他毫不犹豫地加入了团队。“当时让我负责民盟市委与长宁区江苏路街道的主要矫正工作。我们有7组同志，大概20多人在那边开展社区矫正工作。”

方某是陶侃面对的矫正对象之一，此前因为金融犯罪判了三年有期徒刑，缓刑4年。“他当时就觉得自己冤屈，觉得这样的行为是行业的潜规则，不算是犯罪。”陶侃所在小组的史学敏律师首先从法律专业角度出发，和他解释了判刑依据，让他明白国家司法公正所在。然而，方某依然显得有些沉默。“我就在想，要找到他内心的需求，才能真正打开他的心结。”陶侃在此后4年一直坚持每个月和方某联系，逐渐摸清了他内心的渴望。“他比我大两岁，还没结婚，从心底来讲，他很想回归社会，但是又害怕被社会拒绝。”当时正在筹备婚姻的陶侃，耐心地坐下来和方某聊人生、谈未来，逐步打开了他的心扉。“后来他又重新进入了自己擅长的金融行业，还成了老板，现在我们有相关问题也会咨询他。”陶侃开心地说着，脸上充满了阳光。

陶侃说，社区矫正为司法矫正开创了一条非常棒的道路，相信人只要做得好，即使一时走岔了，最后都会发出属于自己的光芒。“我很感激蔡博士给我这个机会去做社区矫正，让我认识了很多优秀的朋友，也让我重新反思了自己的定位，以后有机会我还是要全身心地投入其中。”

在加入民盟之前，陶侃也为原工作学校的信息化建设做了很多事情。在他看来，都是事务性和基础性工作，加入民盟后，能够站在党派角度去看待民生问题。“诚如曾祖父所说，教育的最终目的是改造学校，改造社会，事实上民盟就是做这些事，没有利益驱动，就是知识分子的那份情怀和崇高的信念。”

现在的陶侃除了躬耕教育，积极投身盟务，还在编写《我的曾祖父陶行知先生》。这本30万字的书籍，不仅包含对于陶行知先生历史过往的研究，包含陶先生教育思想的精髓，还包含陶侃自身对历史的思考和对当下的关怀。“这本书花了我很多心血，一直不敢收稿，恐有所负。因为明年是我曾祖父130周年诞辰，所以作为后人的我也想把这十多年的所做所悟和广大的教育工作者进行分享，我打算在明年正式推出。”

对于未来，陶侃还是想要立足教育，为祖国教育事业贡献自己的力量。他还想更深入研究陶行知教育理念和当下的契合，把曾祖父的教育思想发扬光大。“我未来的梦想，就是像我曾祖父陶行知先生那样，为中国的教育事业献出自己的一切。”

（执笔人：王斯博）